O psicodrama em foco
e seus aspectos terapêuticos

Dados Internacionais de Catalogação na Publicação (CIP)

(Câmara Brasileira do Livro, SP, Brasil)

Kellermann, Peter Felix
     O psicodrama em foco: e seus aspectos terapêuticos /
Peter Felix Kellermann; | prefácio de Jonathan D. Moreno;
tradução Eleny C. Heller | . — São Paulo: Ágora, 1998.

     Título original: Focus on psychodrama.
     Bibliografia.
     ISBN 85-7183-522-5

     1. Psicodrama 2. Psicodrama — Uso terapêutico 3.
Psicoterapia I. Moreno, Jonathan D. II. Título.

98-1421   CDD-616.891523
                                           NLM-WM 430

Índice para catálogo sistemático:
1. Psicodrama: Uso terapêutico: Medicina   616.891523

O psicodrama em foco
e seus aspectos terapêuticos

Peter Felix Kellermann

ÁGORA

Do original em língua inglesa
Focus on psychodrama: the therapeutic aspects of psychodrama
Copyritht © 1992 by Peter Felix Kellermann
Edição original publicada no Reino Unido, em 1992, por Jessica Kingsley Publishers Ltd, representada por The Cathy Miller Rights Agency, Londres

Tradução:
Eleny C. Heller

Revisão Técnica:
Moysés C. Aguiar Neto

Capa:
Renata Buono

Proibida a reprodução total ou parcial
deste livro, por qualquer meio e sistema,
sem o prévio consentimento da editora.

EDITORA AFILIADA

Todos os direitos reservados pela
    Editora Ágora Ltda.
    R. Itapicuru, 613 - cj. 82
    05006-000 - SãoPaulo, SP
    Telefone: (011) 3871-4569
    http://www.editoraagora.com.br
    e-mail:editora@editoraagora.com.br

A minha mãe, Lívia Kellermann, que sempre esteve ao meu lado com seu amor, apoio e cuidados. Sem ela, é possível que nem este livro, nem eu, tivéssemos existido.

E, a Zerka Moreno, com minha gratidão, por me haver apresentado o psicodrama.

Sumário

Prefácio 9

Introdução 13

1. Definição 21

2. Teoria 39

3. O Psicodramatista 52

4. Liderança Carismática 67

5. Aspectos Terapêuticos 77

6. Catarse 87

7. *Insight* de Ação 97

8. Tele 109

9. Como Se 124

10. *Acting Out* 139

11. Magia 149

12. Resistência 158

13. Encerramento 174

14. Processamento 184

Roteiro de Processamento do Diretor de Psicodrama 193

Referências Bibliográficas 199

Prefácio

Peter Felix Kellermann concedeu-me a extraordinária oportunidade de redigir o prefácio de sua instigante obra sobre a contribuição intelectual de meu pai, o médico J. L. Moreno. Essa abordagem sistemática e provocativa da teoria e da prática do psicodrama me remete a uma observação do grande filósofo norte-americano William James, ao afirmar que a atração que permitimos que determinado ponto de vista, entre tantos outros, exerça sobre nós, tem muitíssimo a ver com nossa personalidade. Para ilustrar sua afirmação, o autor usa um exemplo: os empiristas (tais como John Locke e David Hume) tendem a voltar-se para os fatos, enquanto seus colegas racionalistas (dentre os quais inclui-se Hegel) são atraídos pelo sistema e pela ordem. Aqui, certamente, William James falava como psicólogo e não como filósofo, pois essa explicação do humano é irrelevante no que diz respeito à questão sobre qual desses dois pontos de vista será o verdadeiro — se é que se pode levantar tal questão.

No entanto, a observação de cunho psicológico de William James é válida porque reflete o contexto presente na grande dinâmica das psiquiatrias do século XX. Consideremos, por exemplo, os diversos tipos de pessoas que parecem se sentir atraídos, seja como estudiosos, seja como pacientes, mais por Jung do que por Freud. Ainda mais gritantes são as diferenças entre os que se sentem fortemente atraídos pela psicanálise — em qualquer de suas ramificações — e aqueles que o são por modalidades mais ativas, tais como o psicodrama.

Falo sobre essa questão com alguma autoridade, uma vez que desde cedo tomei consciência de que em minha casa eu me constituía um elemento um tanto estranho. Cercado como fui — e de todas as maneiras possíveis — pelos seguidores de meu pai, em sua maioria brilhantes, passei a notar que todos eles tendiam a mostrar-se mais expansivos e, por assim dizer, mais espontâneos do que eu. Tratava-se, geralmente, de pessoas que pareciam estar muito mais interessadas em realizar do que em escrever sobre o que realizavam. A própria formação em psicodrama que recebi (embora, sob alguns aspectos, tenha sido precoce) nunca me atingiu tão naturalmente quanto meu interesse por sua filosofia e por sua teoria.

Assim, ao remexer a biblioteca de meu pai, enquanto estudante universitário, excitava-me a descoberta de que inúmeras pessoas já se haviam interessado, tal como eu, pelo desenvolvimento dos aspectos teóricos do psicodrama. Essas pessoas já atuavam bem antes de meu nascimento, em meados dos anos 50, dentre elas numerosos e proeminentes cientistas sociais e teólogos. Nessa época, foram publicadas várias monografias sobre o assunto e a Beacon House é testemunha disso: o *Psychodrama* (volume 2) é o mais conhecido exemplo desse fato.

Talvez não seja necessário nos determos aqui, e, a meu ver, seriam as razões da ocorrência do período de cerca de trinta anos de relativa calmaria no desenvolvimento das teorias psicodramáticas. Digo "relativa" porque não é absolutamente minha intenção menosprezar o trabalho daqueles autores (relativamente poucos) que contribuíram para ampliar a compreensão dos processos psicodramáticos — dentre os quais se inclui minha mãe, Zerka Moreno. Mas o fato entristecedor é que eles se constituíram exceção, e que no campo do psicodrama houve um certo grau de estagnação conceitual.

Eu me repito na minha primitiva "psicologização" dos movimentos intelectuais como meio de celebrar a possibilidade de que Peter Felix Kellermann prove que estou errado, como o fez a geração anterior; que uma nova geração já amadureceu e está pronta para desmentir a impressão "óbvia" de que as pessoas que se sentem atraídas pelo psicodrama não têm paciência necessária para um trabalho acadêmico, tantas vezes solitário. Na verdade, durante as viagens que realizei nos últimos dez anos, impressionou-me a quantidade de psicólogos e médicos mais jovens que, em especial na Europa, se dedicam ao enriquecimento teórico do psicodrama.

Isto me conduz ao que é, talvez, a mais importante lição deste livro, uma lição que se encontra implícita no projeto que Kellermann traçou para si mesmo: a de que existe no psicodrama, de fato, um aparato teórico rico e peculiar. Essa riqueza teórica, geralmente, é menosprezada, e as técnicas psicodramáticas têm sido desenvolvidas sob outras rubricas conceituais, particularmente aquelas oferecidas pelos vários ramos da psicanálise. O problema que ocorre em relação a essas manobras é que elas criam uma separação artificial entre a teoria e a técnica. Ou, para dizê-lo em outros termos, pensar que o psicodrama é apenas um conjunto de procedimentos terapêuticos vagamente associados entre si é o mesmo que pensar, equivocadamente, que J. L. Moreno "inventou" o psicodrama. Mas mesmo uma investigação apressada mostrará que o psicodrama se desenvolveu ao longo do tempo da mesma forma que os conceitos de meu pai. Embora isso não possa obrigar ninguém a aceitar a teoria do psicodrama, a honestidade intelectual exige que, no mínimo, a teoria não seja ignorada.

Assim, Kellermann tomou para si a formidável tarefa de sistematizar e esclarecer certos aspectos teóricos e práticos fundamentais do psicodrama. No decorrer desse seu projeto teve oportunidade também de colocar de lado certos mitos antigos e de preparar o terreno para conceitos novos. Pôde fazer isso porque é dotado de um incomum conjunto de atributos, dentre os quais se inclui um impressionante domínio da literatura psicoterapêutica, uma grande e extensa experiência clínica, uma generosa imaginação filosófica e o instinto de um inovador.

É impossível subestimar-se a importância desse tipo de trabalho. Se, em última instância, o psicodrama não deve ser mutilado por outras orientações teóricas, e tomado pela história da intelectualidade apenas como mera curiosidade, é crucial que prove a continuidade de seu valor como fonte contínua de estímulo a novas idéias e a novas possibilidades. Nenhuma filosofia ou teoria conseguiu manter-se como parte viva da cultura sem se ter provado rica o suficiente para poder ser cada vez mais profundamente reformulada. Quando não é esse o caso, trata-se apenas de meros vestígios inertes, ultrapassados como a cosmologia ptolemaica, como a medicina baseada na teoria dos humores ou como centenas de tentativas de compreensão e de controle que se tornaram menos conhecidas.

Por toda uma década os leitores interessados na literatura psicodramática tomaram conhecimento das vigorosas análises teóricas de Kellermann. Seu empenho, agora, alcançará um público mais amplo. Com este volume, seu trabalho inteligente e altamente original ajudará não apenas a criação de uma base mais profunda para a terapia psicodramática, como também posicionará Kellermann como um dos mais valiosos e significativos pensadores a respeito dos fundamentos do psicodrama. Meu maior desejo é o de que seu trabalho estimule conversações e controvérsias variadas e produtivas — e que estas possam contribuir para a criação de uma onda de criatividade, uma onda em cujo cume o psicodrama poderá manter-se, no seu segundo século de contribuições originais para a existência humana.

Jonathan D. Moreno

Introdução

O estabelecimento de papéis dramáticos é atividade mantida desde o início da civilização. O *role-playing*, o *play acting* e outras ténicas tomadas de empréstimo ao teatro compartilham da meta comum de apresentarem a vida comum das pessoas sob sua perspectiva dramática. Não é de surpreender, portanto, que essas mesmas técnicas tenham sido incorporadas como parte do processo de cura e utilizadas na psicoterapia. J. L. Moreno (1889-1974) foi o pioneiro dessa aplicação de elementos dramáticos ao método terapêutico, que denominou de psicodrama. Muita coisa aconteceu desde que essas bases foram lançadas. Hoje, o psicodrama se encontra solidamente estabelecido como alternativa viável ante outras abordagens, tendo se desenvolvido como forma sistemática de tratamento, com estratégias e técnicas já estabelecidas — o que, em muito, se deve ao trabalho de Zerka T. Moreno, cujas contribuições foram incalculáveis.

O psicodrama baseia-se no pressuposto de que as pessoas são atores que passam por vários palcos de vida.

> O mundo é um palco,
> Todos os homens e mulheres são atores,
> Eles têm suas próprias saídas e
> entradas.
> E cada um, a seu tempo,
> desempenha vários papéis
> e cada ato dura por sete eras.

Este trecho da peça *As you like* (II.vii), de Shakespeare, contém em si a essência do psicodrama. Ultimamente, a noção de que as pessoas são atores tem sido alvo da atenção dos psicólogos sociais, clínicos e do desenvolvimento, os quais têm formulado, como conseqüência, teorias gerais a respeito do ciclo de vida humano e às maneiras pelas quais os indivíduos se ajustam ao seu meio. Chegaram à conclusão de que, no decorrer do tempo, as pessoas apresentam várias fases, sendo que cada uma representa um tipo de inflexão que tanto pode vir a se constituir em oportunidade de crescimento como de crise pessoal. Em todo caso, a complexidade da vida humana exige uma extraordinária capacidade de trabalho, de adaptação e ajustamento.

No psicodrama, com o auxílio do grupo, os participantes são convidados a reproduzir cenicamente suas experiências significativas e a apresentarem seu universo subjetivo. Da infância à velhice, cada aspecto da vida pode ser representado: a chegada e a partida dos filhos; o choro do bebê; as discussões dos pais; os encontros dos adolescentes; a discussão do casal sobre seu casamento ou divórcio; a morte de um idoso numa cama de hospital; a jovem que considera a hipótese de abortar; um acidente de carro; a morte de um soldado em batalha; a mulher vítima de estupro, que tem sede de vingança; um alcoolista conversando com sua garrafa de bebida vazia. As cenas do psicodrama tanto retratam eventos previsíveis de vida como suas crises inesperadas, os conflitos íntimos e os relacionamentos complicados. As representações são tão diferentes entre si, assim como a vida das pessoas que as apresentam. A despeito dessas diferenças, porém, todos os psicodramas compartilham de um elemento único e comum, que lhes confere seu caráter terapêutico: a apresentação da verdade pessoal dentro dos limites do universo protegido do faz-de-conta como forma de enfrentar e dominar, de maneira criativa e adaptativa, os momentos estressantes da vida.

Freqüentemente, as pessoas enfrentam situações difíceis de maneira significativamente preestabelecida; a cada nova dificuldade, fazem arcar seus próprios ombros sob um novo fardo, como no caso abaixo (adaptado de Witztum, Hart e Friedman, 1988):

Era uma vez um homem que saiu para viajar, carregando nos ombros uma enorme mala. No decorrer da viagem, a mala se tornava cada vez mais pesada porque sempre que lhe acontecia algo desagradável ele tinha o hábito de colocar um *souvenir* na bagagem. Quanto mais longe ele ia, mais ele sentia a dor do peso em suas costas. Um dia chegou a uma encruzilhada e deparou-se com um grupo de atores de rua que improvisava uma peça. Decidiu-se por descansar um pouco, enquanto assistia ao ensaio. Um dos atores, vendo-o tão carregado, começou a imitá-lo e a zombar dele. O ator andava de um lado para outro, caminhava em círculos e pegava coisas do chão, lutando cada vez mais para carregar a mala, até que caiu exausto no chão. Ao reconhecer-se nessa pantomima, o viajante olhou para sua mala e começou a chorar em silêncio. Os atores se aproximaram dele perguntando-lhe o porquê de estar tão triste e ele lhes contou que empreendera uma longa jornada com sua mala, mas que não possuía mais forças para continuar a carregá-la. Enquanto falava, tirou um *souvenir* da mala e contou a história relacionada àquele objeto; os atores, então, muito inspirados, começaram a encenála imediatamente. Logo o viajante também se viu emocionalmente envolvido com a dramatização e passou a desempenhar o papel de protagonista do drama de sua própria vida. Quando terminou de mostrar ao grupo todos os seus *souvenirs*, os atores sugeriram que ele reunisse todos aqueles objetos e construísse uma estátua, como um monumento a todas as dificuldades que havia encontrado em sua jornada. O homem fez isso e, ao contemplar a obra, compreendeu que poderia deixá-la para sempre ali, agora como símbolo de sua própria liberdade. Despediu-se dos atores e continuou sua viagem, sentindo-se particularmente leve, como se tivesse descarregado o peso de seus ombros.

Desde a primeira sessão de psicodrama de que participei há duas décadas, impressionam-me os momentos espontâneos de mudança que ocorrem, momentos que produzem uma espécie de cura misteriosa para a qual não parece haver nenhuma explicação satisfatória. Muito do que ocorre em uma sessão de psicodrama supera qualquer esquematização fácil, que faz com que o trabalho se torne fugidio e estranho e, ao mesmo tempo, excitante e familiar. Desde o início, senti um desejo irresistível de descobrir o que é que tornava o psicodrama um instrumento tão eficaz. Em função dessa curiosidade, comecei a observar as sessões de maneira sistemática e a entrevistar literalmente centenas dos que delas participavam, tentando assim familiarizar-me com seus pontos de vista sobre o processo; estudei cuidadosamente a literatura disponível sobre o assunto, acompanhei as pesquisas empíricas e tirei conclusões a partir de minha própria experiência.

Focalizando alternativamente os diversos aspectos do processo, publiquei alguns dos resultados dessas pesquisas em vários artigos e em minha tese de doutorado, apresentada junto à universidade de Estocolmo. O presente livro representa um desenvolvimento e uma revisão desse trabalho, tentando apresentar uma análise sistemática dos elementos terapêuticos essenciais ao psicodrama. Ao delinear as variáveis que atuam nesse método e ao propor definições mais uniformes de alguns de seus conceitos centrais, espero contribuir para aprimorar a qualidade global da prática e da pesquisa e para reduzir um pouco da confusão que cerca a teoria da técnica psicodramática. Embora as aplicações práticas do psicodrama já tenham sido descritas detalhadamente, pouco se tem escrito, comparativamente, sobre seus fatores terapêuticos; e nosso entendimento a respeito do que é verdadeiramente útil no processo psicodramático tem se mantido bastante limitado. Espero que este livro possa constituir-se num passo à frente, no sentido de preencher essa lacuna de nosso saber.

O presente volume destina-se a estudantes em formação e também aos psicodramatistas que desejam aprofundar seus conhecimentos. Pode, também, ser de utilidade para terapeutas individuais, de família e de grupo que se utilizam de técnicas de ação e dramaterapia em sua atividade prática, assim como também para os profissionais da área da saúde em geral.

São várias as publicações que fundamentam esta obra. Resenhá-las seria um comentário exaustivo a respeito do processo básico do psicodrama capaz, provavelmente, de vir a prestar um desserviço às conceituações já conhecidas e consagradas por sua clareza. Já foram escritos excelentes introduções e manuais dedicados à descrição do psicodrama: Blatner (1973, 1988), Corsini (1967), Fox (1987), Goldman e Morrison (1984), Greenberg (1974), Haskell (1975), Holmes e Karp (1991), Kahn (1964), Kipper (1986), Leveton (1977), Leutz (1974), Petzold (1978), Schutzenberger (1970), Starr (1977), Warner (1975), Williams (1989) e Yablonsky (1976), para citar apenas os mais importantes. Leituras introdutórias e avançadas sobre este assunto devem incluir também os escritos de J. L. e Zerka T. Moreno, bem como os trabalhos essenciais sobre o assunto, que são apresentados nas referências bibliográficas.

O Capítulo 1 descreve algumas das dificuldades envolvendo a definição do psicodrama clássico e sugere uma definição de psicodrama aplicável ao trabalho da maioria dos psicodramatistas, incluindo-se aí os que não são puramente morenianos. Essa definição é necessária e útil porque enseja uma caracterização das várias aplicações e dos vários estilos do psicodrama.

Além disso, nele se discutem algumas linhas-mestras comuns à prática do psicodrama centrado no protagonista — dentre as quais se incluem sugestões quanto à duração e à freqüência das sessões, ao ambiente físico e às características do cliente, do terapeuta, do grupo e dos auxiliares. Uma sessão real de psicodrama é apresentada, com a gentil permissão do protagonista e da diretora, Zerka T. Moreno. O capítulo é uma versão ampliada do trabalho "A proposed definition of psychodrama", originalmente publicada na revista *Journal of Group Psychotherapy, Psychodrama & Sociometry*, 1987, 40, pp. 76-80 e reproduzida aqui com a licença de Helen Dwight Reid Educational Foundation (Heldref); 1319 Eighteenth Street, N. W., Washington, D. C. 20036-1802, USA.

O Capítulo 2 representa uma tentativa de desenvolver uma base sólida sobre a qual se possa fundamentar, adequadamente, a técnica do psicodrama. As teorias de Moreno são convalidadas a partir de um ponto de vista metacientífico, sendo que os pressupostos do psicodrama são examinados a partir da perspectiva das ciências humanas e naturais. As soluções de caráter integrativo do psicodrama sugerem que essas duas perspectivas podem ser interpolinizadas.

Esta é uma reedição do trabalho intitulado "An essay on the metascience of psychodrama", originalmente publicado na revista *Journal of Group Psychotherapy, Psychodrama & Sociometry*, 1991, 44, pp. 19-32, aqui divulgado também sob licença da Heldref.

O Capítulo 3 define os papéis profissionais assumidos pelos psicodramatistas e as capacidades que cada um deles demanda. Como analistas, os psicodramatistas devem transmitir uma compreensão empática; como diretores da dramatização, devem criar produções teatrais que obedeçam às exigências estéticas; como terapeutas, devem tratar do sofrimento mental; e, como líderes grupais, é necessário que possam gerenciar esse processo. Finalmente, como seres humanos e por intermédio do impacto de sua própria personalidade, espera-se que influenciem positivamente o processo psicodramático.

No Capítulo 4 são discutidas a influência exercida pela liderança carismática e pela personalidade no processo psicodramático, concluindo-se de passagem que, embora a situação carismática seja inevitável nos estágios iniciais do tratamento, a longo prazo tem caráter nocivo a um processo independente de desenvolvimento. Este capítulo apresenta também algumas orientações gerais para a liderança em psicodrama.

É uma reedição do texto "Charismatic leadership in psychodrama", originalmente publicado na revista *Journal of Group Psychotherapy, Psychodrama & Sociometry*, 1985, 38, pp. 84-95, aqui divulgado também sob licença da Heldref.

No Capítulo 5 é apresentado um modelo para a compreensão dos aspectos terapêuticos do psicodrama e um resumo de minha dissertação de doutorado, publicada pela Universidade de Estocolmo no ano de 1986. Nele se enfatiza que qualquer compreensão de como o psicodrama funciona terapeuticamente tem que avaliar um campo variado que inclui não apenas os aspectos particulares discutidos separadamente nos capítulos seguintes, mas também os vários aspectos atuando conjuntamente.

No Capítulo 6 é discutido o valor terapêutico da catarse e da abreação emocional, chegando-se à conclusão de que reviver eventos traumáticos originais e a liberação das emoções reprimidas não bastam para a produção do progresso terapêutico. A ab-reação emocional deve ser complementada por uma integração cognitiva.

Trata-se de uma revisão do trabalho intitulado "The place of catharsis in psychodrama", publicado originalmente na revista *Journal of Group Psychiatry, Psychodrama & Sociometry*, 1984, 37, pp. 1-13, sob licença da Heldref.

No Capítulo 7 investiga-se o significado do *insight* de ação no psicodrama. O *insight* de ação produz uma espécie de rememorização intensa, capaz de propiciar experiências mais profundas de aprendizagem do que as permitidas pela mera consciência cognitiva, e torna mais fácil traduzir os *insights* obtidos em comportamento efetivo fora do ambiente terapêutico.

No Capítulo 8 focalizam-se os relacionamentos interpessoais que se desenvolvem entre os participantes de um grupo de psicodrama. Trata-se aqui da questão relativa à possibilidade de um relacionamento verdadeiro, despido das distorsões características da transferência. Neste capítulo, chega-se à conclusão de que o emprego dos assistentes terapêuticos (os auxiliares), como objetos de transferência, facilita o desenvolvimento de tele-relações autênticas.

Trata-se de uma versão revisada do trabalho intitulado "Transference, countertransference, and tele", publicado originalmente na revista *Group Psychotherapy, Psychodrama & Sociometry*, 1979, 32, pp.38-55 e divulgado aqui com permissão da Heldref.

No Capítulo 9 é dada ênfase à importância da imaginação e do "como se" em psicodrama. Aqui, a discussão principal está centralizada na questão da autenticidade no âmbito do *role-playing*. Conclui-se que o psicodrama permite a utilização do faz-de-conta e da imaginação da mesma maneira como a criança se utiliza do "teatrinho" para resolver, de forma simbólica, preocupações que lhe causam tensão intrapsíquica. Trata-se de uma tradução para o inglês, revisada, do trabalho intitulado "Psychodrama eine 'Als-Ob' Erfahrung", publicado originalmente em *Integrative Therapie*, 1982, 8, pp. 14-23, devidamente autorizada por Junfermann-Verlag, de Paderborn.

No Capítulo 10 investigam-se as várias formas de emprego do conceito de *acting out* no psicodrama e na psicanálise. Embora esse conceito apresente conotação positiva no psicodrama e negativa na psicanálise, o presente capítulo demonstra que, na verdade, essas duas abordagens não se contradizem. Também é uma versão revisada do trabalho intitulado "Acting Out in Psychodrama and in Psychoanalitic Group Psychotherapy", publicado originalmente em *Group Analysis*, 1984, 17, pp. 195-203 e divulgado aqui sob licença dos editores.

No Capítulo 11 apresentam-se algumas idéias preliminares sobre os aspectos "mágicos" ou não específicos da cura psicodramática.

No Capítulo 12 são apresentadas as manifestações contra-terapêuticas de resistência, descrevendo-se algumas de suas funções mais comuns. O capítulo inclui uma descrição do amplo espectro de técnicas úteis para o manejo dessas resistências, seja análise ou por manipulação. Trata-se de uma versão modificada do trabalho intitulado "Widerstand in Psychodrama", publicado originalmente em Petzold, H. (ed.), *Widerstand: Ein strittiges Konzept in der Psychotherapie*, Paderborn, Junfermann-Verlag, 1981, pp. 385-405, e depois traduzida na revista *Journal of Group Psychotherapy, Psychodrama & Sociometry*, 1983, 36, pp. 30-43, cuja inclusão foi permitida pelos editores originais.

No Capítulo 13 discute-se o conceito de encerramento em psicodrama, com exemplos de estratégias de finalização.

É uma versão revisada do trabalho "Closure in psychodrama", publicado na revista *Journal of Group Psychotherapy, Psychodrama & Sociometry*, 1988, 41, pp. 21-19, reeditada sob licença de Heldref Publications.

O Capítulo 14 está voltado para a descrição dos procedimentos básicos do processamento psicodramático e para a discussão de algumas de suas questões básicas. Como técnica de treinamento, o processamento tanto pode focalizar questões pessoais como profissionais ou grupais. Se as dificuldades de manejo são resolvidas, o processamento pode vir a tornar-se uma importante experiência de aprendizado, capaz de oferecer aos que dela participam a oportunidade de alcançar o sentido dos complexos processos ativados pelo psicodrama. Acrescenta-se a este capítulo uma lista de itens de processamento, como auxílio à avaliação da capacitação profissional dos psicodramatistas.

1
Definição

O termo psicodrama é complexo, multifacetado, e uma revisão da literatura leva à conclusão de que inexiste concordância sobre seu significado. O termo é vagamente empregado com a conotação, entre outras, de *role-playing* clínico, ensaio comportamental, análise de ação, arte dramática criativa, dramaterapia, teatro improvisado e, até mesmo, *happening* espontâneo. Definições mais simplistas, do tipo "ciência que explora a 'verdade' por meio de métodos dramáticos" (Moreno, 1972, p. a), ou "teoria, filosofia e metodologia de J. L. Moreno" (Fine, 1979, p. 428) são inadequadas. Da mesma forma, é inaceitável afirmar-se que o psicodrama não pode ser claramente definido por basear-se na experiência pessoal.

Por inúmeras razões, é necessário que se estabeleça uma definição breve e precisa de psicodrama. Primeiro: para que se possa conduzir uma pesquisa empírica sobre o processo ou sobre os resultados propiciados pelo psicodrama, é necessário que se disponha de uma definição exata que permita diferenciá-lo das demais abordagens. Segundo: ao apresentar o psicodrama a um cliente ou a grupos sociais mais amplos, é necessário podermos dispor de breve definição, que nos ajude a esclarecer o que se pode ou não esperar dele. Terceiro: uma definição sobre a qual todos concordem poderá facilitar a discussão entre psicodramatistas de orientações diferentes.

Infelizmente, o psicodrama evoluiu até chegar a um ponto no qual nem todos os que se autodenominam psicodramatistas podem aceitar a todos aqueles que também reclamam este título para si. Entre eles existem não apenas conflitos de ordem teórica básica; divide-os também uma ampla variação em termos de objetivos e métodos terapêuticos. O objetivo deste capítulo é o de lançar luz sobre o problema da definição, discutir algumas das causas desse problema e sugerir uma definição abrangente capaz de ser aceita pela maioria dos pesquisadores e profissionais da área. Além disso, serão sugeridas aqui algumas orientações básicas a respeito de quando, onde, para quem, por quem e com quem utilizar o psicodrama clássico.

Acredito que existem seis razões principais para a dificuldade de se estabelecer uma definição de psicodrama. Sem muito rigor, seriam enquadradas nas categorias de história, sistema triádico, ecletismo, aplicação, estrutura e teoria.

História

O problema da definição se origina na terminologia de J. L. Moreno. Embora originais, as definições de Moreno se mostram, na maioria das vezes, inconsistentes e contraditórias, especialmente no que diz respeito aos objetivos do psicodrama. Moreno definiu-o, em ocasiões diferentes, por exemplo, como teologia com postulações religiosas (Moreno, 1920); forma de arte dramática regida por ideais estéticos (Moreno, 1923); sistema político composto de valores sociais (Moreno, 1953); ciência movida por ambições de pesquisa (Moreno, 1953); método terapêutico com objetivos de cura e filosofia de vida. Mesmo levando-se em conta as várias fases relativas aos primeiros desenvolvimentos do psicodrama, nada permanece que se assemelhe a um paradigma psicodramático consistente. Sugiro que o psicodrama seja definido não como uma teologia, nem como uma forma de arte dramática, nem como um sistema político, ciência ou estilo de vida, mas como um método específico de psicoterapia, uma abordagem de tratamento de problemas psicológicos.

O Sistema Triádico

Uma segunda fonte de confusão, ou seja, aquilo que Moreno em geral definia como "sistema triádico" e que incluía a sociometria, a psicoterapia de grupo e o psicodrama. Pode-se questionar se a sociometria e a psicoterapia fazem ou não parte do sistema psicodramático, ou se seriam métodos específicos que podem ou não ser empregados, de acordo com a orientação adotada pelo profissional. A posição que defendo é a de que, embora a sociometria e a psicoterapia de grupo geralmente representem elementos valiosos para a terapia psicodramática, não se constituem como partes inerentes dela e, portanto, devem ser conceitualmente separadas do psicodrama propriamente dito.

Ecletismo

Um terceiro obstáculo para a definição do psicodrama decorre de seu caráter eclético e de sua similaridade com outras abordagens terapêuticas, tais como as terapias de papel definido (Kelly, 1955), aprendizagem do modelo social (Bandura, 1971), a terapia gestáltica (Perls, Hefferline e Goodman, 1973), o grupo de encontro (Schutz, 1971), o dramaterapia (Jennings, 1986; Landy, 1986) e outros métodos de ação similares. Embora muitas dessas abordagens possam incluir um ou outro elemento do psicodrama, sob meu ponto de vista nenhuma delas abrange todo o sistema psicodramático tal como este é descrito a seguir. Portanto, nenhuma delas pode ser definida como psicodrama.

Aplicação

Em quarto lugar, muitos psicodramatistas não chegam a estabelecer uma distinção entre as aplicações de ordem terapêutica e as de natureza não-terapêutica. As aplicações terapêuticas envolvem clínicos profissionalmente formados, que tentam tratar de clientes afetados por um maior ou menor grau de distúrbios. Em contraste, as aplicações não-terapêuticas do método abrangem atividades de caráter experimental desenvolvidas com pessoas saudáveis, que delas participam em função apenas de seu crescimento pessoal: como passatempo, treinamento ou por qualquer outra razão.

Embora a psicoterapia possa apresentar características de entretenimento dramático, o psicodrama não pode ser simplesmente caracterizado como teatro. Não importa o quanto sejam ampliadas as aplicações dos métodos de *role-playing*, em vários contextos, o psicodrama é, definitivamente, uma forma de tratamento. Assim, os outros métodos de *role-playing*, apesar de úteis para os que deles venham a participar — o emprego de métodos de ação em um ambiente estritamente industrial, por exemplo —, devem ser diferenciados do psicodrama clássico propriamente dito, devendo também receber uma denominação que lhes seja adequada, tal como treinamento de papéis. Quando a dramatização é empregada tendo-se em vista o aprimoramento de uma situação social, deve ser denominada como sociodrama ou teatro comunitário. E, finalmente, quando aplicado num contexto educacional, parece adequado empregar um termo descritivo, tal como arte dramática criativa.

Estrutura

Uma quinta razão para as dificuldades na definição de psicodrama decorre da ênfase na experiência espontânea e na ação improvisada, bem como na semelhança que apresenta com o jogo. O fato de cada sessão de psicodrama diferir tanto de qualquer outra dificulta generalizações a respeito de uma trajetória característica dessa forma de terapia. Para mim, porém, o psicodrama possui, sim, uma unidade e uma estrutura, que definem seus limites em termos de tempo, lugar e conteúdo. Embora no psicodrama se ofereça aos protagonistas um nível ótimo de liberdade de expressão, segue-se um certo processo, com estratégias de intervenção e fases de desenvolvimento previamente estabelecidas. Dessa forma, o mero jogar, embora emocionalmente recompensador, não pode ser caracterizado como psicodrama porque lhe falta a necessária estrutura (como descreveremos adiante).

Teoria

O fato de a maioria das definições de psicodrama incluir alguma referência à teoria é a sexta e última causa de discordância. A terminologia do psicodrama permanece obscura, faltando aos psicodramatistas uma teoria coerente, capaz de ajudá-los em sua batalha no sentido da (co)existência conceitual. Em minha opinião, o psicodrama deve ser definido de maneira que não se lhe confira uma orientação teórica específica. Tal definição não deve repousar sobre os objetivos da terapia ou sobre os resultados que se pretende alcançar, mas, antes, sobre a descrição dos procedimentos, sobre aquilo que, em realidade, se faz.

As definições de procedimentos (ou "operacionais"), exigidas nas pesquisas empíricas, tanto podem ser de caráter estrito como amplo (Kipper, 1978). Uma definição estrita do psicodrama, por exemplo, exige a dramatização de ao menos uma cena ou o emprego de, no mínimo, uma das técnicas do repertório psicodramático. Uma definição ampla exige a dramatização de, no mínimo, três cenas e o emprego de mais de uma técnica. Essas definições operacionais podem ser complementadas com uma descrição do processo psicodramático. Em minha opinião, deve-se dar ao psicodrama uma definição ampla, que exija o desempenho de várias cenas e o emprego de várias técnicas de ação, em uma única sessão.

Definição Abrangente de Psicodrama

Tomando como ponto de partida as questões que acabamos de mencionar, proponho a seguinte definição de psicodrama:

O psicodrama é um método psicoterápico no qual os clientes são estimulados a continuar e a completar suas ações, através da dramatização, do *role-playing* e da auto-apresentação dramática. Tanto a comunicação verbal como a não-verbal são utilizadas. No aqui-e-agora, são representadas várias cenas que retratam, por exemplo, lembranças de acontecimentos específicos do passado, situações vividas de maneira incompleta, conflitos íntimos, fantasias, sonhos, preparação para futuras situações de risco ou expressões improvisadas de estados mentais. Essas cenas tanto se aproximam de situações reais de vida como representam a externalização de processos mentais interiores. Quando necessário, os outros papéis podem ser desempenhados pelos demais membros do grupo ou por objetos inanimados. São empregadas várias técnicas, tais como a inversão de papéis, o duplo, o espelho, a concretização, a maximização e o solilóquio. Em geral, identificam-se no psicodrama as fases de aquecimento, dramatização, encerramento e compartilhamento.

A principal vantagem apresentada por esta definição é o fato de deixar em aberto a opção para uma divisão mais clara das várias aplicações e estilos da prática terapêutica, segundo as seguintes dimensões:

1. contexto: individual, grupal, familiar ou ambiental;
2. focalização: na pessoa, no grupo ou no tema;
3. localização: *in situ*, no palco, na escola, no hospital, na clínica;
4. afiliação: moreniana, freudiana, adleriana, rogeriana;
5. teoria subjacente: psicodramática, psicanalítica, comportamental, existencial, humanista;
6. objetivos terapêuticos: remissão de sintomas, intervenção na crise, resolução de conflitos, mudança de personalidade;
7. intervenção do terapeuta: diretiva, suportiva, de confronto, reconstrutiva, expressiva, interpretativa;
8. fatores terapêuticos enfatizados: liberação emocional, *insight* cognitivo, *feedback* interpessoal, aprendizagem comportamental;
9. duração e freqüência das sessões: periódicas, contínuas, únicas, intensivas, de tempo limitado;
10. clientela: idade, sexo, diagnóstico etc.

Essas aplicações podem ser encaradas como variáveis capazes de influenciar, insoladamente ou em conjunto, tanto o processo como os resultados do psicodrama, paralelamente aos seis requisitos, amplamente aceitos, relativos ao planejamento da pesquisa psicoterápica (Fiske, Luborsky, Parloff, Hunt, Orne, Reiser e Tuma, 1970).

Embora haja uma grande variedade de aplicações do psicodrama, pode-se sugerir algumas orientações práticas básicas quanto à duração e à freqüência das sessões ("quando?"), à sua ambientação física ("onde?"), às características do cliente ("para quem?"), às características do terapeuta ("por quem?") e às características do grupo e dos auxiliares ("com.quem?"), dentro do psicodrama clássico, centrado no protagonista. Da mesma forma, a despeito da enorme variação, é possível estabelecer algumas generalizações sobre os resultados do psicodrama.

Duração e Freqüência das Sessões (Quando?)

Uma sessão de psicodrama pode durar de uma a quatro horas, situando-se seu tempo médio (e ótimo) em duas horas e meia. Esse tempo inclui: um período de cerca de meia hora para a fase de aquecimento, aproximadamente uma hora e meia para a dramatização e o resto da sessão para a fase de compartilhamento. É necessário, às vezes, um período adicional de meia hora para um processamento pré ou pós-sessão, ou para uma discussão grupal. Pela minha experiência, se o tempo disponível é menor do que esse, todo o processo emocional desencadeado permanecerá incompleto. Por outro lado, as sessões mais longas, sem intervalos, resultam em fadiga e falta de concentração entre os participantes.

O psicodrama pode ser feito uma vez na semana, na forma de *workshops* intensivos de final de semana, ou em seminários de uma semana de duração, com até três sessões por dia. A maioria dos psicodramatistas concorda que os *workshops* intensivos aceleram o processo terapêutico, pois favorecem também a auto-abertura, o envolvimento afetivo e a coesão do grupo. As sessões semanais geram um ritmo mais lento, mas a continuidade, o gradual desdobramento e o trabalho repetitivo sobre questões centrais podem auxiliar os participantes a integrar melhor ao seu cotidiano os ganhos obtidos no psicodrama.

Numa tentativa de investigar qual o ritmo mais favorável às sessões de psicodrama, Hall (1977) tomou uma população de estudantes de enfermagem do sexo feminino e comparou os resultados obtidos numa experiência psicodramática intensiva de fim de semana com aqueles produzidos por um conjunto de seis sessões semanais. Os resultados demonstraram que, enquanto o *workshop* intensivo, de final de semana, contribuiu para reduzir significativamente os sentimentos de ansiedade, depressão e angústia entre as estudantes, as sessões espaçadas não apresentaram efeitos significativos.

Minha prática me permitiu concluir que é mais favorável combinar sessões semanais com *workshops* intensivos periódicos algumas vezes por ano. A experiência demonstra que esse esquema apresenta vantagens não apenas porque se encaixa com facilidade nas agendas de final de semana dos participantes, mas também porque, na terminologia de Mahler (1968), parece combinar as vantagens da "aproximação continuada" semanal com "regressões simbióticas", intensivas e periódicas. Minha experiência me permite concluir que ambos esses processos são efetivos no que diz respeito ao desenvolvimento da individuação no âmbito do grupo.

Na maioria das pesquisas a respeito de psicoterapia, em geral se assume que o tempo é um fator importante. Uma das explicações mais freqüentes para os resultados negativos do tratamento é a insuficiência de tempo. No entanto, a experiência — corroborada por recentes descobertas a respeito de terapias breves e terapias com prazo limitado — sugere que a exposição extensiva ao psicodrama é fator de influência relativamente pequena sobre os resultados alcançados. Uma revisão das pesquisas indica que é possível obter resultados positivos em casos de exposição relativamente curta ao tratamento psicodramático (Kellerman, 1987a).

O psicodrama pode ser caracterizado, portanto, como um método de psicoterapia breve, partilhando das características técnicas mais comuns às terapias de crise, focais e de sessões únicas descritas por Butcher e Koss (1978). O psicodrama de sessão única tem duração relativamente curta, com metas limitadas e ação focalizada em uma questão específica, básica e concreta. Muitos dos estudos de caso psicodramático que aparecem na literatura se referem a sessões únicas. A partir disso, no entanto, concordo com Kipper (1983) quanto ao fato de que "mesmo que não tenham essa intenção, tais relatos de casos de uma única sessão podem transmitir a mensagem de que 'basta apenas uma sessão para se chegar lá'". É importante que não se perca de vista essa possibilidade e que nos asseguremos de que os que nos lêem não sejam levados a essa conclusão, equivocadamente (p. 125).

O Local Físico (Onde?)

O psicodrama pode ter lugar em qualquer espaço aberto que permita movimentação física e que tenha garantia de privacidade, sem perturbações. Atualmente, é raro utilizar-se o palco circular clássico de Moreno, assim como o tablado e o balcão. Geralmente se trabalha em aposentos de dimensões médias, carpetados, com alguns colchonetes, almofadas, cadeiras confortáveis e iluminação com focos moduláveis.

As intervenções psicológicas são muito sensíveis ao ambiente onde são levadas a efeito. Segundo Moreno e Moreno (1969) "a configuração do espaço como parte do processo terapêutico é da maior importância" (p. 14). A atmosfera criada por um dado ambiente tem reflexos sobre o estado emocional do grupo. Um cômodo grande e espaçoso, por exemplo, será capaz de eliciar sentimentos de liberdade, otimismo e alegria, enquanto que um menor, sem janelas, pode dar a algumas pessoas um sentimento de prisão. Durante anos trabalhei num abrigo antibombas municipal, em Jerusalém, que mobilizava uma mistura de sentimentos de clausura, de sufocamento e de repressão subterrânea e, paradoxalmente, de segurança e de liberdade de expressão. Contrastando com isso, quando trabalhei num hotel de lazer, na Noruega, sentia-me literalmente "no topo da montanha", inspirado pela fabulosa paisagem e pelo poder da natureza que me cercavam. Enquanto o abrigo antibombas induzia fantasias de destruição e de defesa, o *resort* na montanha inspirava visão ampla e crescimento, tanto a mim como aos participantes do grupo.

As Características do Cliente (Para Quem?)

O psicodrama não tem uma única clientela-alvo. Embora a maioria dos que dele participam se situem na faixa entre os vinte e cinqüenta anos, alguns se encontram em idades acima ou abaixo destas. Os participantes mais jovens e mais idosos são geralmente incluídos em grupos mais homogêneos em termos de idade, tais como grupos de crianças, de adolescentes ou de terceira idade. Podem ser de qualquer sexo, embora pareça ser fenômeno internacionalmente reconhecido, tanto em psicodrama como em outros métodos de psicoterapia, o fato de seus participantes serem, na maioria, do sexo feminino. A razão dessa predominância feminina ainda não é clara, mas ela se reflete nas normas e atitudes do método como um todo. E eu concordo com Davies (1976), que afirma que o psicodrama "tem um apelo natural aos extrovertidos" (p. 204). No que diz respeito à inteligência, o psicodrama pode ser usado não apenas com indivíduos altamente inteligentes e escolarizados como também com pessoas menos inteligentes e com menor grau de cultura, as quais podem encontrar no amplo espectro de técnicas não-verbais, próprias ao psicodrama, um excelente instrumento de comunicação. Segundo Kipper, parece não existir nenhuma relação entre o potencial de utilização do psicodrama e o *status* étnico ou socioeconômico (1978). O mesmo se aplica à religião que, em minha experiência, mostrou ser critério irrelevante na seleção de clientes para o psicodrama.

A questão: "Quem participa do psicodrama?" é, então, de fácil resposta. Mais difícil de responder é a que vem a seguir: "Para quem o psicodrama é a terapêutica de eleição?". Sob determinado ponto de vista, todos podem beneficiar-se do psicodrama, nas mais variadas etapas de vida, particularmente aqueles que se encontram em sofrimento emocional. Por outro lado, existe uma categoria de pessoas para as quais o psicodrama é o tratamento de eleição, ainda que não exista nenhuma forma de identificá-las. Não é possível identificá-las considerando-se sintomas, síndromes ou categorias diagnósticas. Uma indicação útil poderia ser a capacidade de enfrentamento ou força de ego que a pessoa apresentasse. Mas há pouco consenso neste aspecto. Goldman e Morrison (1984) recomendam o psicodrama a pacientes que apresentam todo tipo de diagnóstico: depressões situacionais, distúrbios graves de comportamento, dependência química, esquizofrenia, doenças maníaco-depressivas, distúrbios psicóticos e de alimentação. "Vemos [no psicodrama] literalmente tudo o que pode ser englobado no 'Diagnostic and Statistical Manual of Mental Disorders, III'", (p. 3).

Esta reivindicação (feita também por J. L. Moreno), de que o psicodrama é o tratamento de eleição para todos os problemas mentais, é um enorme exagero. Minha experiência me permite concluir que, embora uma ampla variedade de pessoas possam vir a se beneficiar do psicodrama, para outras, tanto para o psicodrama em si como o ambiente no qual ele é conduzido são inadequados. Outras, ainda, são mais eficientemente tratadas quando se utiliza em paralelo uma terapia individual, grupal, familial ou farmacológica. Este ponto de vista se assemelha ao de Polansky e Harkins, que afirmam que o psicodrama não deve ser visto "nem como

28

uma panacéia nem como uma nulidade, mas, sim, como um modo de tratamento que pode ser útil para uma substancial parcela de pacientes, durante um tempo considerável, o que se pode dizer também de qualquer uma das demais formas de psicoterapia" (1969, p. 74).

O psicodrama, naturalmente, pode ser útil não apenas para aqueles indivíduos que são capazes e motivados para participar dos rituais bastante complexos que caracterizam esta abordagem. A capacidade de participar do processo imaginário do *role-playing*, por exemplo, sem perder o contato com a realidade externa, parece constituir exigência mínima para a participação. Além disso, os participantes devem ser capazes de vivenciar ondas de sentimentos sem perder o controle sobre seus impulsos; devem possuir, no mínimo, alguma capacidade de estabelecer relacionamentos interpessoais, um mínimo de tolerância à ansiedade e à frustração (força do ego), de "pensamento psicológico" e de condições para uma regressão adaptativa, a serviço do ego.

> Poder-se-ia, provavelmente, elaborar uma longa lista de pacientes, por assim dizer, contra-indicados, e a variável essencial, aqui, não é tanto a categoria diagnóstica específica, embora ela possa ser um dos fatores, mas sim o fato de o paciente estar ou não capacitado para participar do processo, seja como ator, seja como membro da platéia, de forma que o beneficie sem interferir nos procedimentos. (Wolson, 1974, p. 327)

Existem ainda aqueles para os quais o psicodrama pode ser considerado contra-indicado. É o caso de pacientes crônicos, com pouca atividade e que necessitam de alguma modalidade de reabilitação constante. Esses indivíduos podem beneficiar-se das técnicas de ação estruturadas, de exercícios de treinamento de papel e de um grupo de apoio (Ossorio e Fine, 1959), mas em geral se mostram sem condições de se integrar às experiências corretivas emocionais do psicodrama clássico. Além disso, segundo a literatura psicodramática e de grupo, os psicóticos agudos, paranóicos, suicidas, maníacos, os lesionados cerebrais, os sociopatas e os depressivos — tanto quanto as personalidades do tipo "como se" — não são bons candidatos à terapia psicodramática ambulatorial de grupo (Gonen, 1971; Wolson, 1974; Petzold, 1979; Yalom, 1975). Os histriônicos, os narcisistas, os limítrofes e personalidades afins, embora possam beneficiar-se do psicodrama, exigem ambientação especial e equipe de auxiliares especialmente treinada. Segundo Sacks (1976a), os candidatos que apresentam deficiências de ordem física, tais como enfermidades cardíacas — para os quais o esforço físico ou emoções intensas podem representar um perigo —, devem ser automaticamente descartados. Sacks sugere também que os pacientes narcisistas demais para terem que aguardar sua vez num grupo de psicodrama clássico seriam melhor alocados num grupo de interação livre.

Vários tipos de pessoas têm sido bem-sucedidas com o tratamento psicodramático, entre eles prisioneiros, alcoólicos, dependentes de drogas, gagos, crianças e famílias problemáticas e pessoas em crise. Holmes e Karp (1991) descreveram o emprego com bons resultados do psicodrama com adolescentes, crianças autistas, criminosos de alta periculosidade, anoréxicos, vítimas de abusos sexuais, alcoólicos e pacientes terminais de câncer. Segundo Leutz (1985a), o psicodrama é indicado no caso de problemas de relacionamento de pessoas mais ou menos normais, assim como de neuróticos, psicóticos, narcisistas e limítrofes. "O psicodrama auxilia o cliente normal na solução de seus problemas concretos; os neuróticos, na descoberta de seus conflitos infantis; os psicóticos, no reencontrar a realidade, por meio de ações concretas; e os narcísicos e limítrofes, em seu processo de separação e de individuação" (p. 246). Além disso, há relatos favoráveis ao uso do psicodrama em alguns casos de enfermidades psicossomáticas (Leutz, 1985a).

Acredito que as pessoas com egos relativamente fortes e que reajam às tensões ambientais de maneira não adaptativa são especialmente beneficiadas pelo psicodrama. No entanto, uma vez que a maioria dos relatórios sobre seu fracasso ou sucesso apresenta um caráter mais anedótico do que experimental, temos evidências empíricas ainda incompletas a respeito das indicações e contra-indicações do psicodrama. Meu levantamento de 23 relatórios de pesquisas controladas publicados entre 1952 e 1985 é tão limitado em seu escopo que qualquer generalização de seus resultados deve ser muito superficial. Essa revisão indica, no entanto, que o psicodrama é uma alternativa válida se comparada com outras abordagens terapêuticas, especialmente no que diz respeito à promoção de mudanças comportamentais no caso de problemas de ajustamento, e de quadros anti-sociais e correlatos (Kellermann, 1987a).

Em suma, o psicodrama pode ser útil a uma ampla gama de pessoas, das mais diversas categorias diagnósticas em problemas nas áreas social e individual, bem como em todo um espectro de problemas de comportamento.

Características do Terapeuta (Por Quem?)

A influência das características do terapeuta no processo terapêutico tem recebido tradicionalmente pouca atenção na literatura, exceto, eventualmente, quanto à expectativa de que ele seja uma pessoa experiente, competente e bem treinada. Os psicanalistas, que enfatizam a influência prejudicial da contratransferência, chegaram a suprimir até mesmo a persona do terapeuta da ação e o confinaram a um espaço fora do ângulo de visão do paciente. Ultimamente, porém, demonstrou-se que várias características dos terapeutas exercem significativa influência no processo terapêutico.

Quais são essas características potencialmente influentes? As áreas nas quais os terapeutas podem variar incluem: inclinação ao distanciamento pessoal, atividade, flexibilidade ou preferência por uma terapia de objetivos limitados (Wogan e Norcross, 1983); estilo de liderança (Scheidlinger, 1982), auto-abertura (Dies, 1977; Curtis, 1982) e tipo de relacionamento estabelecido com os clientes. Foram também realizadas pesquisas sobre os efeitos produzidos no processo terapêutico pelos sentimentos, interesses, preconceitos, expectativas e assertividade do terapeuta (Janzen e Myers, 1981). Todos esses estudos levaram à conclusão de que as características pessoais, a experiência clínica e as atividades profissionais do terapeuta influenciam profundamente suas técnicas, suas atitudes e afetam o processo e os resultados apresentados pela terapia.

Os papéis profissionais desempenhados pelo psicodramatista têm sido encarados como centrais ao processo psicoterápico desde o início (ver Capítulo 3), sendo óbvios os efeitos causados pela personalidade do terapeuta, como uma variável importante da terapia (ver Capítulo 4). Qualquer pesquisa sobre o processo e os resultados do psicodrama que não leve em conta as múltiplas características de personalidade do psicodramatista será incompleta.

Características do Grupo e dos Auxiliares (Com Quem?)

Segundo Moreno, todos os participantes de um psicodrama são agentes terapêuticos em potencial em relação aos demais. O grupo se torna um microcosmo social que fornece o ambiente no qual poderão emergir novas formas de relações interpessoais. É crucial, portanto, que se organize o grupo psicodramático de maneira tal que se possa desenvolver um clima terapêutico. Algumas regras para a organização de grupos terapêuticos, tais como as formuladas por Yalom (1975) e outros, podem ser aplicadas também ao psicodrama.

Um critério para seleção do grupo que enfatize a coesão como fator primordial à sua composição é a força do ego. Se os participantes possuem força do ego equivalente, geralmente desenvolvem um certo tipo de "química" interpessoal ou de "linguagem comum", que favorece resultados positivos no psicodrama. Essa sensibilidade interpessoal, ou "tele", como era chamada por Moreno, é "o fator responsável pelo aumento dos índices de interação entre os membros de um grupo" (1953, p. 312). Outros critérios, como sexo, idade e ocupação, podem variar amplamente, uma vez que os grupos mistos e heterogêneos em termos de sexo e idade permitem um tipo de compartilhamento e de aprendizagem interpessoal de caráter mais amplo e mais realista do que os grupos homogêneos. Em seu nível ótimo, os membros do grupo devem ser selecionados de forma a poderem representar vários estágios de vida e vários tipos de personalidade, para assim poderem desempenhar os vários papéis desejáveis, fazer duplos com empatia e propiciar, ao final do psicodrama, um compartilhamento multifacetado.

O tamanho do grupo psicodramático pode variar consideravelmente. Vai desde um mínimo de cinco participantes, até mais do que cem, mas a maioria dos psicodramatistas considera de 10 a 15 um número ótimo. Um grupo desse tamanho possui participantes em número suficiente para assumirem os vários papéis exigidos, mas é pequeno o suficiente para que o psicodramatista possa dar atenção às questões interpessoais emergentes que envolvam seus membros. Em grupos maiores ocorre uma diminuição na participação ativa de seus membros, individualmente considerados, e o grupo apresenta dificuldades de construir a coesão.

Há pessoas que se beneficiam imensamente da participação em grupos maiores e em sessões abertas de demonstração. De certa forma, para alguns, sua presença em uma grande platéia evoca o sentimento de estar diante do público em geral (Sacks, 1976a). Isso nos dá uma idéia da importância daquilo que ocorre no palco e, para muitos protagonistas, a auto-exposição "pública" que acontece nessas ocasiões pode ter um efeito altamente positivo no sentido de aliviar culpa e vergonha. No entanto, para pacientes mais problemáticos, recomendam-se grupos menores e mais fechados.

Os Resultados do Psicodrama

Alguns profissionais que nunca tiveram experiência significativa com o psicodrama temem por sua eficácia como método terapêutico. Muitos dentre eles tendem a superdramatizar seu processo e a enfatizar seus possíveis perigos. Outros exageram suas virtudes de maneira ingênua e superficial, o que violenta os mais elementares preceitos da psicologia social. Ambos esses grupos se mostram ignorantes a respeito das tentativas relativamente recentes no sentido de se investigar cientificamente o potencial terapêutico do psicodrama (Kipper, 1978; Schramski e Feldman, 1984; Kellermann, 1987; D'Amato e Dean, 1988; Schneider-Duker, 1991). Essas pesquisas demonstraram que, quando empregado por profissionais relativamente bem formados e conscientes de seus limites, o psicodrama pode contribuir por si mesmo ou em conjunto com qualquer dos vários ramos da psicoterapia comportamental, psicanalítica ou existencial-humanística.

Em virtude da dificuldade técnica de se estudar de maneira científica os resultados do psicodrama — são tantas as variáveis nele envolvidas que é impossível controlá-las todas —, a maioria dos relatos a respeito de sua efetividade tem sido "quase-naturalista" ou anedótica. As conclusões tiradas a partir desses estudos, tanto quanto a avaliação feita pelos participantes do psicodrama, têm-se demonstrado amplamente positivas. Quando muito, as respostas negativas caracterizam o psicodrama como aborrecido, perda de tempo, ou curto demais. Quase nenhum efeito colateral negativo foi referido.

Por serem poucos, os estudos de acompanhamento não indicam de forma clara a capacidade de os participantes colocarem em prática, fora do grupo, as mudanças dramáticas que ocorrem durante os *workshops* intensivos de psicodrama. Da mesma forma, minha experiência demonstra que os efeitos do psicodrama podem ser percebidos muito depois do final da terapia. Isso coincide com as conclusões de Polansky e Harkins (1969): "a situação psicodramática pode ser utilizada para colocar em jogo poderosas forças psíquicas. Em alguns pacientes, quando se consegue ativá-las, podem-se obter resultados surpreendentes no sentido de eventual cura" (p. 87).

Exemplo de uma Sessão de Psicodrama

O exemplo a seguir baseia-se numa sessão realizada com um grupo de mais de cinqüenta alunos em formação, que participaram de um *workshop* de psicodrama com Zerka T. Moreno. A sessão durou cerca de uma hora e meia e foi gravada em vídeo. O que se segue é uma versão editada da descrição da sessão feita pelo protagonista, depois de tê-la assistido em vídeo.

Quem Vai Dirigir Meu Carro Verde?

Bill, o protagonista, era um homem de 29 anos, escolhido por Zerka Moreno dentre sete dos membros do grupo que haviam se apresentado voluntariamente para trabalhar. Ele foi bem aquecido e apresentou seu tema da seguinte maneira: "Tenho um filho pequeno que está dirigindo meu carro. Eu não quero mais que isso aconteça. Quero encontrar em mim a parte que permite que o garoto dirija o carro. Quero dirigi-lo, eu mesmo".
Zerka indaga Bill a respeito do carro: "Como é o seu carro? De que tipo? Quem o dirige?". Bill explica que era um carro verde de quatro lugares. "Sentam-se duas pessoas no carro, uma dirigindo e outra sentada no banco traseiro, representando duas partes de mim: O Billzinho e o Billzão. O Billzinho dirige o carro enquanto o Billzão se senta atrás." Zerka: "Vamos ver isso!".

CENA 1: O CARRO VERDE
O cenário é construído com quatro cadeiras que simbolizam o carro: duas para representar o banco da frente e duas para o de trás. Escolhe-se uma auxiliar para representar o papel de Billzinho, sentado no banco dianteiro, e o próprio Bill senta-se atrás. A auxiliar entra no papel de Bill, que lhe mostra como fazer o papel de Billzinho. Bill, então (como Billzão), senta-se no banco traseiro e expressa seu desejo de dirigir o carro. Mas Billzinho se recusa dizendo que não vai permitir que Bill dirija o carro. A despeito de seus desesperados esforços para persuadir Billzinho a trocar de lugar com ele, Billzão não consegue demover Billzinho da posição.

Zerka estimula Bill para que seja forte; todo o grupo tenta motivar Billzão para que se levante e tome seu lugar no carro, mas Bill fica travado, aparentemente esmagado e paralisado pelo medo, incapaz de mover-se em qualquer direção.

Zerka sugere que Billzão troque de papel com Billzinho, para mostrar a Bill como tomar para si o lugar do motorista. Zerka: "Você é forte, está consciente do amor que deseja de seu pai. Você é o único que se lembra e sabe". Mas, no papel de Billzinho, ajoelhado à frente da auxiliar que faz o papel de Billzão, Bill ainda se mostra incapaz de elaborar qualquer idéia e permanece imóvel e silencioso.

> Zerka: Quem você quer encontrar, por trás de tudo isso?
> Bill: Meu pai.
> Zerka: Ah! Vamos então descobrir o que foi que o Billzinho não obteve quando criança.

CENA 2: BILLZINHO NO QUARTO

Na segunda cena, o protagonista — agora com oito anos de idade — está deitado em sua cama, em seu quarto, numa noite de outono, chorando em silêncio. Não pode dormir porque se sente amedrontado e sozinho; perturba-o o ruído de uma festa que está acontecendo na sala de estar.

> Zerka: Por que você está chorando?
> Bill: Tenho medo do escuro.
> Zerka: Quem pode estar aí no escuro?
> Bill: Meu tio Walter...
> Zerka: Vamos encontrar o tio Walter.

A mesma pessoa que fez o papel de Billzinho, na primeira cena, é escolhida agora para representar Walter, sendo colocada no papel por Bill. Este (como Walter) explica que o tio Walter era uma espécie de patriarca da família, um homem imenso, com voz poderosa, que sofria de uma espécie de rigidez em um dos pés, além de possuir um olho de vidro — que amedrontava Bill mais do que tudo.

> Bill (como Walter): Nem sempre eu estou bravo, mesmo que minha voz sugira isso. Sou capaz de ver em você, Bill, alguma coisa que nunca percebi em mim.
> Zerka: Walter, o que você quer dizer a Bill?
> Bill (como Walter): Cuide-se, Bill. Você está tendo oportunidades que eu nunca tive.
> Zerka: Agora você é o Bill amedrontado, que está na cama.

Invertem-se os papéis.

> Bill: Você é feio, tio Walter.

Zerka: Você não precisa ter medo dele, mesmo que ele possua um olho de vidro...

Walter: Você não precisa ter medo de mim. Eu sei que sou feio, mas você não é. Seu pai me contou o quanto você é um bom menino. Eu gostaria de ser como você, Bill.

Bill: É, talvez eu também pudesse usar alguma coisa sua.

Walter: Olha, Bill, o que aconteceu com meu olho foi um acidente... Um anzol se prendeu no meu olho.

Bill: O papai sabe que você está aqui?

Walter: Não. Você quer que eu vá até a cozinha e conte a ele?

Bill: Não. Eu mesmo posso ir até lá!

Zerka: As mães e os pais não entendem que uma criança tem o direito de ter medo. Despeça-se de Walter, vamos mudar a cena.

Eles se despedem e Walter sai.

Zerka: Walter esteve aqui, aquele de quem você mais tem medo. Agora devemos observar o que é que faz com que sua mãe e seu pai não aceitem o fato de você ter medo. Com quem você vai se encontrar?

Bill: Com papai.

Entra um auxiliar, no papel de pai.

Bill explica que seu pai era um operário que trabalhava num lugar tão barulhento que esse fato acabou afetando sua audição.

Zerka (ao auxiliar que desempenha o papel de pai): Você tem um filho que está lá no quarto dele, com medo.

Bill: Não, eu encontro meu pai na cozinha.

Zerka: Mostre-nos.

CENA 3: BILL COM O PAI

Primeiramente, Bill instrui o auxiliar sobre como desempenhar o papel de seu pai. Bill (como pai) entra na cozinha para pegar álcool; enquanto isso, o auxiliar (no papel de Bill) fica sentado em frente ao fogão, tremendo.

Auxiliar (como Bill): Walter esteve aqui. Estou com medo e não consigo dormir.

Bill (como pai): Você está com medo, Bill. Não sei como cuidar de você. Quer que eu chame a mamãe?

Bill: Não, eu quero ficar aqui!

Bill (como pai): Mas nós estamos numa festa e... você não pode ficar aí, sentado! (O pai leva Bill para o quarto.)

Zerka (ao pai): Você não vai chegar a lugar nenhum com seu filho se continuar a tratá-lo dessa forma. Bill, saia do papel de pai e mostre-nos você mesmo de que tipo de pai você precisa. Pelo menos aqui você pode fazer com que seu pai seja do jeito que você quer que ele seja. Mas lembre-se Billzinho, dentro de você existe uma pessoa humana, dotada de pensamentos, idéias e sentimentos. E essa pessoa tem direito a ser ouvida.

A cena da cozinha é repetida, mas dessa vez na versão idealizada. Depois de dar ao auxiliar instruções sobre como desempenhar o papel de "Pai Ideal", Bill assume o papel do Bill de oito anos, que está na cozinha, enquanto o auxiliar assume o papel de Pai Ideal.

> Pai: Bill, o que você está fazendo aqui, na cozinha?
> Bill: Estou com muito medo! Walter esteve aqui.
> Pai: Você está com muito medo? (O pai abraça o filho e Bill começa a chorar nos braços do pai.)
> Bill: Tenho muito medo de que você fique bravo comigo!
> Pai: Agora vamos ficar juntos. Vamos para a sua cama, conversar um pouco, só nós dois?
> Pai (ao lado da cama): Sua cama é tão pequena, Bill, e minha barriga é tão grande! (Deitam-se juntos na cama, conversando em tom de brincadeira, por alguns instantes. Bill está satisfeito, contente, e dorme nos braços do pai.)
> Zerka: Agora temos duas possibilidades: você tanto pode mostrar a forma pela qual cuida da criança que existe em você, como pode mostrar como cuida de seu filhinho. Sugiro que a gente faça a primeira cena novamente.

CENA 4: DE VOLTA AO INÍCIO

A cena é montada da mesma forma que a primeira, com Billzão e Billzinho sentados no carro.

> Zerka: Agora, mostre-nos como você deseja trazer o Baixinho para junto de você, em sua vida. (Dirigindo-se a Billzão.) Você deve mostrar-nos como o Baixinho pode ajudá-lo a ser bem-sucedido.
> Bill (em parte para o grupo e em parte para Billzinho): Ele é o melhor companheiro que eu tenho, de verdade! Mas você é inteligente, também. Por isso, de agora em diante, sou eu quem decide a velocidade do carro. Vou dirigi-lo, mas vou deixar que você venha comigo, sempre que quiser!
> Bill troca de lugar com Billzinho e mostra para o grupo como ele dirige o carro, com o Billzinho no banco de trás.

A sessão é encerrada com o compartilhamento.

Discussão

Esta sessão tratou, claramente, da assertividade frente às autoridades internas e externas. Para seu protagonista, dirigir o carro significava assumir sua própria vida e erguer-se por si mesmo. A cor verde do carro simbolizou crescimento, fato especialmente significativo, uma vez que esse crescimento havia sido interrompido. Mas a sessão também esteve ligada ao conflito entre suas partes fraca e forte, assim como a necessidade de encontrar um equilíbrio intrapsíquico apropriado entre elas.

Bill cresceu como o filho caçula da família e, como tal, a ele sempre foi reservado o papel de "o menorzinho", aquele que, esperava-se, se sentasse no "banco de trás". Esse papel foi reforçado pelo medo que Bill experimentava em relação a seu tio, o patriarca da família e, também, pela ausência de apoio demonstrada por seu pai. Assim, em certo sentido, Bill ainda se sentia como uma criança dominada por amedrontadoras figuras internas de autoridade. E, embora tivesse crescido e se tornado o "Billzão", o "Billzinho" ainda guiava sua vida — e isso fez com que Bill permanecesse "sentado no banco de trás", imobilizado pelo medo.

Neste psicodrama, Bill recebeu o auxílio que lhe permitiu confrontar-se com as figuras amedrontadoras de sua infância e trocar de papel com elas. Isso ajudou-o a entender o que estava obstaculizando seu crescimento como homem e, à luz dessa compreensão, dar um passo no sentido de tornar-se sua própria autoridade.

O psicodrama "imaginário" ou "figurativo" (ver Capítulo 9) permitiu que o protagonista apresentasse seu mundo interno, protegido pelo "como se", expressando seus sentimentos de medo e de rejeição que trazia enclausurados e alcançasse, também, um significativo *insight* de ação. Para o próprio protagonista, a parte mais significativa do psicodrama foi receber o apoio de seu pai e poder, assim, internalizar uma figura paterna mais positiva. Nas palavras do próprio Bill: "Para mim, foi esta a essência do meu psicodrama. Para um filho pequeno, o pai representa o ponto mais próximo de Deus a que ele pode chegar. Um deus deve ter consciência de seu papel e deve desejar caminhar com seu filho: de Deus ao instrutor de um aprendiz, do professor à separação, da separação ao amigo. Mas quando o Pai está ausente, o filho é abandonado como um modelo negativo do papel e com um treinamento masculino insuficiente. O pai vai ser um modelo de papel fraco. E é isto o que veio à tona em meu psicodrama. Ninguém me havia ensinado a dirigir o carro. Levando-se em conta este padrão, algo poderia ser mudado, ainda que vagarosamente. Comecei a aprender a me autodirigir e a tornar-me um homem por mim mesmo. Isso foi o que tornou possível a inversão de papéis entre o Billzão e o Billzinho na última cena da dramatização".

Conclusão

Defini aqui psicodrama como uma forma de psicoterapia: um método de cura que se utiliza de métodos de ação. Esse delineamento, porém, não implica que o psicodrama deva ser utilizado apenas para o propósito de se removerem sintomas e de se mediarem padrões de comportamento comprometidos. Como exemplificamos, o psicodrama é também um método para promover o crescimento e o desenvolvimento da personalidade; seus efeitos se estendem para além dos limitados objetivos de se auxiliar o controle de sintomas, avançando no sentido da liberação dos ricos potenciais humanos de crescimento e de criatividade. Isso introduz uma nova ou, pelo menos, mais ampla dimensão no campo da psicoterapia: uma dimensão que trata, por um lado, dos problemas de comportamentos das assim chamadas pessoas "normais"; e, de outro, da imaturidade associada à inibição do crescimento. Neste caso, o psicodrama tem como meta remover os bloqueios ao desenvolvimento psicossocial, permitindo assim ao indivíduo aspirar a uma auto-realização mais completa e espontânea, a atitudes mais efetivas perante a vida e a relacionamentos mais gratificantes.

2
Teoria

O psicodrama parece ser conhecido mais por suas aplicações do que por suas teorias. De acordo com os levantamentos bibliográficos, são comparativamente poucos os autores que se dedicam ao desenvolvimento da teoria psicodramática, e há pouca continuidade na pesquisa sistemática. Por outro lado, encontramos um grande número de psicodramatistas que fazem uso das técnicas sem nenhuma base teórica. Farson (1978) aponta que a maioria dos psicólogos humanistas é antiteórica. Acredito que isso se aplica também aos psicodramatistas em geral. Parece-me que os psicodramatistas têm preferência pela ação espontânea, pela experiência emocional e pela liberação de sentimentos, em detrimento de um ceticismo saudável, de um questionamento crítico e de uma pesquisa sólida. Conseqüentemente, as teorias sobre as quais o psicodrama se baseia não foram suficientemente ampliadas, revisadas ou testadas, tendo permanecido como um caldeirão de pensamentos não correlacionados, não integrados por nenhum enquadramento sistemático.

No Capítulo 1 foi proposta uma definição operacional do psicodrama, "livre de teorias". Fiz isso não porque acreditasse que o psicodrama deva ser visto de maneira pragmática, como um conjunto assistemático de intervenções terapêuticas, mas apenas para pintar os psicodramatistas das diversas abordagens dentro de um referencial comum. Espera-se que ele seja amplo o suficiente para abranger toda uma enorme gama de visões teóricas do psicodrama. A resposta oferecida por Kipper (1988), de que "um procedimento (um método) requer uma base lógica, um modelo ou um fundamento teórico próprio" (p. 165) não exige maiores discussões. Mas, no meu modo de entender, essa base teórica ainda não foi desenvolvida. Concordo com Boria (1989), que "a estrutura teórica do psicodrama ainda não é mais do que um esboço, o 'esqueleto' de um corpo ainda a ser construído" (p. 167). Esta é, segundo Polansky e Harkins (1969), uma das razões pelas quais o psicodrama ainda não adquiriu maior popularidade: "A maioria dos terapeutas prefere um método de tratamento baseado em uma teoria geral da personalidade, razoavelmente bem desenvolvida, tal como a psicanalítica" (p. 74).

Se quisermos que o psicodrama se desenvolva, teremos de nos comprometer com a teoria. A teoria psicodramática deve proporcionar ao profissional uma referência para sua compreensão do protagonista e uma base racional para cada intervenção. Deve ser continuamente avaliada e revisada, segundo o andamento das observações que forem sendo realizadas.

Diversos psicodramatistas justificam sua prática com o apoio de teorias adaptadas da psicanálise, da psicologia social, da Gestalt, da análise transacional, das psicologias do *self* e do ego, da aprendizagem comportamental, do ecletismo, da filosofia existencial, das abordagens interpessoais ou da psicologia humanista. Mas a maioria dos psicodramatistas, quando solicitada a demonstrar a base lógica de seu trabalho, ainda se refere às formulações clássicas de J. L. Moreno. "As raízes científicas do psicodrama se encontram entranhadas nas filosofias morenianas da espontaneidade, criatividade, do momento e nas teorias dos papéis e da interação" (Yablonsky e Enneis, 1956, p. 149). Na minha opinião, embora as teorias de Moreno sirvam para explicar muitas situações clínicas, não conseguem propor uma estrutura teórica suficientemente uniforme e abrangente para a terapia psicodramática. Moreno foi um inventor criativo, a seu modo; mas nunca se preocupou o suficiente com uma validação de seu sistema. Em seu esforço desesperado para criar uma teoria unificada do universo, ele tentou unir pontos de vista que se excluem mutuamente, baseados, muitas vezes, em pressupostos contraditórios.

O objetivo deste capítulo é estudar as teorias formuladas por Moreno, a partir de um ponto de vista metacientífico, examinando-se os pressupostos fundamentais do psicodrama vistos como ciência natural e/ou humana e discutindo as possibilidades de soluções de caráter integrativo. Espero que esse exame venha a pavimentar o caminho para o desenvolvimento de uma base teórica consistente, para a prática do psicodrama, baseada nas idéias que integram os conceitos morenianos.

O Referencial Metacientífico

Muitos autores, de dentro e de fora do campo da psicologia, preocuparam-se com o modo como a teoria é utilizada em ciência (Kuhn, 1970; Radnitzky, 1970; Hempel, 1965; Lesche, 1962). O presente estudo originou-se das sugestões dos autores, que utilizaram a "metaciência", ou a "filosofia da ciência", como meio de estruturar ou de entender as teorias, permitindo descrevê-las num metanível.

Esquematicamente, os níveis de observação são ilustrados na tabela 2.1, com exemplos do psicodrama.

Tabela 2.1 Um Referencial Metacientífico

Metateoria	Metaciência	ciência natural ou humana
Teoria	Teoria da pessoa	teoria da espontaneidade
	Teoria da psicoterapia	teoria da catarse
Prática	Prática terapêutica	*role-playing*

De acordo com a divisão proposta por Dilthey (1944), existem duas "escolas" altamente influentes de metaciência: as ciências naturais e as humanas, cada uma refletindo uma perspectiva própria em face do universo social. A abordagem das ciências naturais se caracteriza como empírica, positivista, reducionista, objetiva, analítica, quantitativa, determinista, preocupada em fazer previsões, pressupondo um observador independente. A abordagem das ciências humanas volta-se para o sentido, para a descrição, para as diferenças qualitativas, para os processos de explicação, investigando relações intencionais, articulando fenômenos da consciência e do comportamento humanos, dentro do contexto de uma concepção mais ampla de natureza, presumindo a posição privilegiada do mundo da vida, a primazia das relações e a presença de um cientista envolvido (Giorgi, 1970).

Tabela 2.2. Os Fatores Primordiais do Psicodrama Como Ciência Natural e Humana

Metaciência	*Psicodrama como Ciência Natural*	*Psicodrama como Ciência Humana*
Prática Terapêutica		
	Psicodr. Comportamental	*Psicodr. Existencial*
Normas:	saúde mental	consciência da existência
Valores:	comportamento normal	emancipação, experiência
Metas:	eliminação do sintoma	espontaneidade
	ajuste	auto-atualização
Diagnóstico:	relevante	irrelevante
Respondentes:	pacientes	indivíduos
Intervenções:	terapêuticas	auto-apresentação dramática

Pressupostos teóricos

Fenômenos de interesse	*comportamento aberto em um* role player	*comportamento aberto em um ator co-produtor*
Imagem da Pessoa:	organismo biológico ser mecânico	pessoa intencional ser espontâneo
Pessoa Ideal:	adaptada	autêntica
Ideal de Ciência:	"quase naturalista"	humanística
Ideal de Saber:	neocomportamentalismo explicações causais descrição de regularidades	contextos intencionais entendimento dos atos história biográfica
Ontologia:	monismo materialista	monismo idealista
Epistemologia:	determinismo	não determinismo
Interesse que norteia a pesquisa:	empirismo lógico	dialética da hermenêutica
Status de pesquisa Objetos	sujeito-objeto	sujeito-sujeito

Correspondentemente a essas duas escolas de metaciência, a metateoria do psicodrama também se divide em duas partes: a ciência natural e a humana; a abordagem da ciência natural é ilustrada pelo psicodrama "comportamental" e a humana, pelo "existencial" (ou fenomenológico). A razão dessa divisão não é a de criar dois sistemas separados, mas, sim, determinar os pontos de vista fundamentais e os pressupostos dominantes que guiam o pensamento de cada tradição de prática científica.

Poder-se-ia argumentar que é impossível separar o psicodrama dessa forma dualista e que essa separação pode dar origem a uma divisão artificial, desnecessária e talvez danosa, que distorceria o sistema psicodramático como um todo. Concordo que a integração é desejável e isso aparece na ilustração do "psicodrama integral", mas insisto nessa diferenciação temporária, tendo em vista objetivos heurísticos. Na tabela 2.2 apresenta-se uma visão geral dos fatores predominantes da teoria psicodramática.

Prática Terapêutica

O psicodrama comportamental (Sturm, 1965) se baseia no pensamento médico, cuja meta é curar a enfermidade, eliminar sintomas, modificar comportamentos ou promover o ajustamento social. A saúde mental corresponde ao comportamento "normal" e o diagnóstico é relevante e necessário. A principal função do psicodramatista é de ordem técnica: prescrever aos pacientes as intervenções técnicas específicas que lhes possibilitem atingir determinadas metas. Alguns traços desse pensamento podem ser encontrados nos escritos de Moreno, tais como: "O psicodrama coloca o paciente sobre um palco, onde ele pode trabalhar seus problemas com a ajuda de alguns poucos atores terapêuticos. Trata-se de um método de diagnose assim como de um método de tratamento" (Moreno, 1937/1972, p. 177). No entanto, a despeito dessa linguagem quase médica, na maior parte dos casos, o psicodrama adota uma abordagem mais humanista em relação à mudança da personalidade.

No psicodrama existencial não existe um conceito de saúde, de normalidade ou de patologia; o diagnóstico, portanto, é irrelevante e desnecessário. O psicodrama não é "terapia" no sentido médico do termo, mas, sim, uma experiência emocional que se dá dentro do enquadre de um encontro interpessoal, com os valores espirituais que lhe são próprios. Esta experiência pode ou não tornar os que dela participam mais conscientes de si mesmos, ou mais equilibrados. De qualquer forma, sua meta não é a de produzir "cura", mas, simplesmente, fazer com que cada indivíduo se torne o mais espontâneo e criativo possível, dentro das limitações pessoais de cada um. Pode parecer uma definição generosa. Mas para que se possa diferenciar essa atividade do entretenimento dramático e do jogo espontâneo em geral, eu ainda prefiro definir o psicodrama existencial, de maneira ampla, como um tipo de psicoterapia.

O psicodrama integral pode ser atingido pela adaptação dos objetivos técnicos às necessidades dos respondentes. Os conflitos de valores que se estabelecem entre a saúde no psicodrama comportamental e a consciência no psicodrama existencial talvez possam ser solucionados pela aplicação do sistema hierárquico de valores de Maslow. O psicodrama comportamental é empregado em casos de pacientes que demandam a satisfação de necessidades mais fundamentais, tais como a remissão de sintomas. O psicodrama existencial é usado quando a pessoa está motivada para liberar-se de concepções falsas sobre si mesma e das percepções irrealistas a respeito dos demais. Esses protagonistas já têm preenchidas suas necessidades básicas e, assim, podem empenhar-se em obter maior auto-realização e espontaneidade.

Pressupostos Teóricos

Fenômenos de Interesse

O objeto da investigação do psicodrama comportamental são os atos comportamentais abertos do sujeito, abstendo-se de toda referência aos fenômenos da vida interna e mental. Os exemplos do raciocínio comportamental de Moreno incluem a ênfase sobre a teoria da ação, sobre a linguagem da ação e sobre os eventos motores em psicodrama, assim como o enfoque sobre o "psicodrama comportamental" (Moreno, 1963) e a depreciação genérica da teoria psicanalítica do inconsciente. Mas Moreno jamais adotou uma teoria behaviorista do mundo radical e pura. Na realidade, também investigou processos mentais ocultos, experiências subjetivas, impulsos e energias psíquicas de forma mais existencial.

O psicodrama existencial traz para o campo de investigação a consciência subjetiva recôndita de uma pessoa intencionalizada. Em seu trabalho *Existentialism, daseinanalyse, and psychodrama*, Moreno e Moreno (1959) afirmam que "o completo envolvimento do ator na ação é um procedimento regular, com a ênfase continuamente colocada sobre um quadro de referência subjetivo, até o limite" (p. 215). Alinhando-se com este pensamento, Jonathan Moreno (1974) caracterizou o psicodrama como uma forma de psicoterapia fenomenológica.

Deve-se mencionar que o psicodrama não estuda apenas o comportamento aberto e a consciência encoberta de um indivíduo, mas também todo o reino das relações interpessoais. De acordo com Marineau (1989), o território do psicodrama, tal como é descrito na obra de Moreno, *As palavras do pai*, é "a família, o grupo, o mundo, o universo — o lugar onde a pessoa se expressa em dado momento" (1920, p. 108).

Moreno e Moreno reconheceram os dois princípios paradoxais que operam na investigação terapêutica: "um deles é a situação francamente subjetiva e existencial do sujeito; o outro, são as exigências objetivas do método científico. A questão que se coloca é como reconciliar essas duas posições extremas" (1959, p. 216). A fissura fundamental entre os que dão ênfase à experiência íntima subjetiva e os que enfatizam a objetividade e o racionalismo pode ser reparada por uma síntese desses dois pontos de vista. E essa síntese é tentada no psicodrama integrativo.

O psicodrama integrativo pode ser melhor compreendido no âmbito da teoria do papel de Moreno, que leva em consideração tanto os fenômenos abertos como os encobertos. O papel, segundo Moreno, é "uma unidade sintética de experiência, na qual emergem elementos privados, sociais e culturais" (1937/ 1972, p. 184). A teoria psicodramática de papel inspirou-se no funcionalismo de William James e John Dewey e na psicologia social de Mead.

> Na psicologia social chegamos ao processo social tanto pelo seu lado interno como externo. A psicologia social é comportamentalista no sentido de que parte de uma atividade observável — o processo social dinâmico, que está em curso; e os atos sociais, que são seus elementos constitutivos. Mas ela não é comportamentalista no sentido de ignorar a experiência íntima do indivíduo. (1934, p. 7)

A Imagem e o Ideal de uma Pessoa

Para discutir o ideal de uma pessoa na teoria de Moreno, tomaremos em consideração seu conceito básico de espontaneidade, definido como "o grau variável de resposta adequada a uma situação que apresenta um grau variável de novidade" (Moreno, 1953, p. 722). Esta definição é claramente comportamental e dá ênfase ao comportamento normal, adequado e com ótima adaptabilidade.

No entanto, a definição de espontaneidade de Moreno tem sido constantemente criticada como inconsistente, como por exemplo em Aulicino (1954).

Tanto quanto posso entender, e de acordo com as obras de Bergson (1928) e de Peirce (1931), que são freqüentemente citados por Moreno, o conceito de espontaneidade é um fenômeno existencial. No psicodrama existencial, a espontaneidade seria definida como uma resposta desinibida, imediata e de primeira mão, impossível de ser mensurada ou quantificada. Na linha desse entendimento, no psicodrama a imagem e o ideal de uma pessoa são explicitamente humanistas; e os seres humanos são vistos como autênticos e dotados de intenção, lutando por uma genuína expressão de dentro para fora. Os seres humanos deveriam ser considerados como um todo, como seres que vivem e se transformam, dentro e fora do universo, em uma situação específica e em um encontro pessoal com outras pessoas, fazendo alguma coisa que expresse algo significante de sua vida.

Mas Moreno não assumiu uma posição do tipo ou/ou porque ele sentia que o "homem é mais do que um ser psicológico, social ou biológico" (1951, p. 210). Esta visão da pessoa levou Bischof (1964) a classificar a teoria da personalidade de Moreno como uma teoria de interação biossocial: que postula que os seres humanos são dotados de funções de desenvolvimento que tomam forma pela constante interação entre o organismo biológico e o meio social e que essa dualidade complexa se mantém dinâmica em todos os sentidos.

Assim, tanto a imagem como o ideal da pessoa são explicitamente holísticos para o psicodrama integral, que tenta oferecer um quadro mais completo do que parcial dos seres humanos. O holismo, de acordo com Farson, "considera a pessoa como um sistema dinâmico complexo, em interação com um contexto em contínua expansão física, social e temporal" (1978, p. 27).

Ideais de Ciência e de Saber

De um lado, as investigações de Moreno têm o ideal da ciência natural, de um raciocínio lógico-dedutivo com pesquisa experimental e o escopo da objetividade. Por outro lado, Moreno era um existencialista, profundamente envolvido com a filosofia fenomenológica e com especulações metafísicas, seguindo os ideais de subjetividade.

Um exemplo do ideal das ciências naturais nos escritos de Moreno pode ser observado em seu trabalho (1953) que advoga a pesquisa empírica sociométrica da espontaneidade: "A sociometria tomou o conceito de espontaneidade metafísico e filosófico e o trouxe para o teste empírico" (p. 39). Esta posição é incompatível com um ideal puramente humanístico de ciência. No entanto, a pesquisa de Moreno nunca foi pura ciência natural. Quando ele se referia a "teste empírico", esse teste não preenchia os requisitos gerais de uma pesquisa experimental ou quase experimental.

Na verdade, o viés humanista de Moreno aparece na maior parte de seus escritos, como, por exemplo, em seus estudos sobre o "encontro". Segundo Moreno: "O encontro clínico é o método básico de estudo da personalidade do outro e os dados que dele decorrem nos oferecem os critérios dentre os quais deverão ser avalizados todos os demais dados possíveis" (1960b, p. 145). Os estudos humanistas de Moreno enfatizam as dimensões espirituais recônditas da realidade e as fontes intuitivas, místicas da verdade, que não podem ser investigadas por meio da abordagem experimental. Moreno (1953) sentia que a civilização científico-tecnológica denegria os valores humanistas e ameaçava a sobrevivência humana, e que os métodos objetivos do saber negligenciavam as dimensões criativas da experiência.

Moreno afirmou que sua pesquisa não tinha nem a subjetividade nem a objetividade como ideais, mas, sim, uma quase-objetividade (Moreno e Moreno, 1959, p. 215). Ele acreditava que os fenomenologistas, os existencialistas e os cientistas empíricos poderiam alcançar melhor entendimento entre si por meio da teoria sociométrica, capaz de demonstrar que as validações "objetiva" e "subjetiva" não eram mutuamente exclusivas, mas poderiam ser edificadas como um *continuum*.

Sob uma perspectiva histórica, Moreno sofreu a influência da filosofia existencialista européia até 1925, quando se mudou para os Estados Unidos. Observou, nessa época, que a "psicologia da ação está mais próxima dos norte-americanos" (1972, p. 11) e se deixou influenciar pelo pragmatismo de C. S. Peirce, W. James e J. Dewey, bem como pelo comportamentalismo empírico que então dominava a comunidade acadêmica norte-americana. Mas nunca assumiu uma posição radical.

Uma abordagem integrativa da pesquisa psicodramática defenderia a posição de que nenhuma ciência verdadeiramente rigorosa pode acontecer enquanto não analisarmos os dados fenomênicos em si, livres de quaisquer pressuposições. Assim, para tentar resolver as dicotomias subjetivo-objetivo e interno-externo, seriam consideradas fontes de saber: interioridade, introspecção e envolvimento do sujeito e experiência subjetiva, que constituem o material do humanista; e os dados da exterioridade, empíricos, coletados por meio dos sentidos, que são o material do cientista natural.

Ontologia

Partirei do pressuposto de que a maioria dos psicodramatistas concorda com a visão ontológica do senso comum, segundo a qual corpo e mente interagem e que, no psicodrama, tanto os eventos comportamentais como os existenciais devem ser enfatizados. No entanto, alguns psicodramatistas terão, provavelmente, preferência pela opção comportamental, adotando um monismo materialista (apenas o corpo existe) enquanto que outros terão preferência pela opção existencial, adotando um monismo idealista (apenas a mente existe).

Este fato possui relevância mais que teórica, pois se acreditarmos que *somos* nosso corpo, que somos algum corpo, podemos então enfatizar a expressão física na terapia, concretizando sentimentos e utilizando técnicas bioenergéticas. Mas se, por outro lado, enfatizarmos a "mente", então vamos enfatizar as imagens mentais e o *insight* cognitivo.

Nenhum desses posicionamentos ontológicos reflete o ponto de vista de Moreno tão bem quanto a solução pluralista de William James (1909). Esse ponto de vista partia do pressuposto de que "mente e corpo não são senão dois, dentre os muitos aspectos da realidade, podendo existir um *continuum* de consciência cósmica por detrás do mundo material" (Knight, 1950, p. 72).

O psicodrama integral talvez seja mais compatível com a posição monista de Spinoza, que afirmava que mente e corpo nada são senão dois aspectos de uma única realidade subjacente. O que aparenta ser mente, sob determinada perspectiva, sob outra aparentará ser corpo. Isso pode ser exemplificado pela utilização de técnicas psicodramáticas de ação, que dão ênfase à expressão da pessoa como um todo (corpo e mente).

Epistemologia

A epistemologia se preocupa com a questão de como conhecemos, com o relacionamento entre corpo e mente, com o problema da causa e efeito e com o determinismo. A dicotomia metodológica introduzida por Dilthey (1944) sugeria que as ciências naturais estão voltadas para a *explicação* enquanto que as ciências humanas buscam a *compreensão*.

O psicodrama comportamental, exigindo uma explicação científica dos eventos comportamentais em termos de variáveis independentes, está baseado no determinismo. E, assim também, o psicodrama psicanalítico, à medida que tenta explicar o comportamento de uma pessoa em termos de eventos que o antecedem.

O psicodrama existencial — ao tentar entender os motivos e intenções humanas — é não-determinista. Os psicodramatistas existenciais preferem perguntar *como* a pessoa atua, de maneira descritiva, em vez de perguntarem *por que* uma pessoa se comporta de determinada forma. Uma vez que as realidades da existência são mais prováveis do que absolutas, o psicodrama existencial não pode responder à questão, pois parece exigir causas últimas e absolutas, tais como as assumidas pelos psicanalistas.

Moreno criticava Freud por apoiar-se muito no determinismo psíquico, não deixando espaço suficiente para a espontaneidade; ele criticava Bergson por ter se encaminhado para o extremo oposto. Em sua teoria da espontaneidade, Moreno tentou criar um determinismo funcional, operacional:

No desenvolvimento de uma pessoa podem existir momentos originais, verdadeiramente criativos e começos decisivos, sem a necessidade de nenhum temor ao vácuo, isto é, sem nenhum medo de que falte um passado confortável por trás dele, a partir do qual ele possa se expandir. (1972, p. 103)

Esses momentos, de acordo com Moreno, "operam em uma dimensão totalmente diferente do *continuum* passado-presente-futuro e não se submetem nem à causalidade nem ao determinismo" (1951, p. 208).

O psicodrama integrativo tenta compatibilizar essas posições. Por um lado, as lembranças dos acontecimentos passados surgem no psicodrama para que se possa atingir o *insight* de como esses eventos deram origem ao comportamento presente. E, de outro, as experiências presentes (e futuras) são externalizadas para que se possa perceber mais plenamente a existência imediata do aqui-e-agora.

Interesses que Norteiam as Pesquisas

Se o principal motivo da pesquisa for a obtenção de informações sobre processos objetivos, deve-se lançar mão de uma abordagem lógico-empírica do psicodrama. Se o motivo for o auto-entendimento emancipatório, a abordagem a ser adotada poderá ser descritiva, fenomenológica e/ou orientada para o processo (hermenêutico-dialético).

O psicodrama comportamental se orienta para os fatos em si, para estudos quantitativos e para a pesquisa controlada sobre resultados. O psicodrama existencial se volta para estudos qualitativos, para a pesquisa processual e para os estudos de casos individuais (n = 1). O psicodrama integral tenta combinar os métodos qualitativo e quantitativo de pesquisa em qualquer estudo individual.

Moreno reconhecia as dificuldades inerentes à validação da pesquisa sobre psicodrama (Bischof, 1964):

A questão referente à validade do psicodrama tem levantado uma considerável controvérsia no decurso destes anos. Apresentam-se duas correntes: uma enfatiza que as medidas usuais de confiabilidade e validade não parecem ser particularmente apropriadas ao psicodrama. Se cada pessoa conduzir sua vida honestamente, os dados serão perfeitamente válidos e confiáveis. A segunda sustenta que os métodos correntes de mensuração de validade podem ser aplicados ao psicodrama. As duas opiniões não se excluem reciprocamente. Os dois métodos de validação (o existencial e o científico) podem ser combinados. (Moreno, 1968, p. 3)

Status do Objeto de Pesquisa

O objeto da pesquisa psicodramática baseada no modelo das ciências naturais deve ser abordado com neutralidade, para que as observações sejam "objetivas". Mas, apesar de toda a sua "objetividade", as ciências naturais não conseguem criar um contexto no qual as pessoas e suas interações possam "fazer sentido".

Moreno assumiu uma posição decididamente oposta, subjetiva e humanista em relação ao objeto de pesquisa, similar à tradição de Malinowsky na antropologia, à dos sociólogos do trabalho de campo, à dos interacionistas simbólicos e, mais recentemente, dos etno-metodologistas, na sociologia:

> As ciências sociais, assim como a psicologia, a sociologia e a antropologia, exigem que seus objetos recebam um "*status* de pesquisa" e um certo grau de autoridade científica para que possam elevar seu nível, de uma disciplina pseudo-objetiva para uma ciência que opera no mais alto patamar de sua dinâmica material. Alcançam esse objetivo quando consideram objetos de pesquisa não apenas como objetos, mas também como pesquisadores, não somente como objetos de observação e de manipulação, mas também como co-cientistas e co-produtores no planejamento experimental que irão estabelecer. (1953, p. 64)

O ponto de partida básico desse paradigma qualitativo — na conceitualização do mundo social — é a compreensão das situações a partir da perspectiva daqueles que delas participam. Para que possa entender o mundo, o investigador deve viajar por ele, viver entre as pessoas da forma como elas vivem, aprender sua língua e participar de seus rituais e de sua rotina. Ao basear sua pesquisa no princípio da inversão dos papéis, o investigador deve ao mesmo tempo ser parte e colocar-se fora dos fenômenos que lhe interessam. O psicodrama integrativo tenta abranger tanto a proximidade como a distância, tanto a pesquisa de laboratório como a pesquisa de campo e de ação, tanto a observação como a participação, tanto a interpretação passiva como o envolvimento ativo.

Integração

Até aqui foram discutidos alguns aspectos de ciências naturais e de ciências humanas a respeito do psicodrama, tal como aparecem na obra de Moreno, e sugeri um esboço do psicodrama integrativo. Mas será que é possível justificar tal abordagem integrativa?

Segundo Giorgi, a tentativa de integração é mais freqüentemente

> um sinal de raciocínio otimista do que uma verdadeira integração de pontos de vista; a síntese é uma mera justaposição da oposição, lado a lado, do que uma abordagem científica integral. Os pontos fundamentais no campo das ciências naturais contradizem os das ciências humanas. Isso torna difícil, se não impossível, a justificativa. Negar contradições para facilitar a integração é, obviamente, uma posição distorcida. (1970, p. 54)

Moreno não negou que as contradições existiam, mas em vez de pensar em termos de dicotomias em branco e preto, persistiu em seu desejo de encontrar soluções de caráter integrativo. Reconhecendo a natureza paradoxal da experiência humana, ele reconhecia também que os opostos coexistem e, de fato, se definem um ao outro. Nenhum lado permite a visão total, e ambos são mais completos do que cada um isoladamente. Jonathan Moreno (1974), Leutz (1976; 1977), Pezold (1980), Buer (1989) e Marineau (1989) consideraram que o trabalho de Moreno se apresenta como uma bem-sucedida síntese de pontos de vista opostos.

Moreno recusava-se a compartimentar a realidade, desejoso de atingir a síntese a todo custo. Tinha preferência por combinar contrários em conjuntos unitários e lutava por descobrir mais semelhanças que diferenças entre concepções opostas: "Tentei uma síntese, não apenas pelo bem da ciência, mas também para manter meu próprio equilíbrio mental" (Moreno, 1951, p. 205).

O esforço integrativo de Moreno foi antecipado por Stern, que sentiu que a psicologia deve preservar a correlação entre a parte e o todo, entre figura e fundo, entre a análise e a totalidade, entre os métodos de explicação e os de entendimento. Como Moreno, Stern criticava as abordagens unilaterais, rejeitando o comportamentalismo porque este eliminava a introspecção; opondo-se à psicanálise porque esta suprimia estudos sobre fenômenos comportamentais; e fugindo da psicologia experimental porque esta se fechava aos dados experienciais.

Temos a tendência de conceitualizar os fenômenos sob uma perspectiva dualística e, assim, muitas teorias acabam sendo descritas em termos de dicotomias e de forças opostas. Maslow reafirma a importância de abrirmos mão desse hábito.

> Por mais difícil que isso possa ser, devemos aprender a pensar holística e não atomisticamente. Na verdade, todos os *opostos* se apresentam hierarquicamente integrados, especialmente nas pessoas mais saudáveis, e uma das metas próprias à terapia é sair da dicotomização e do *splitting*, na direção de uma integração de opostos aparentemente irreconciliáveis. (1968, p. 174)

Acredito que o psicodrama deva empenhar-se no sentido dessa integração. No processo de alcance dessa meta, o psicodrama não tem de representar nem a integração nem a separação. Vejo-o mais como um movimento desenvolvimental em andamento, no qual os aspectos naturais e humanos continuamente se separam e se diferenciam enquanto à teoria como um todo cabe a individuação. Assim, de modo similar ao processo de separação-individuação do *self* humano, se poderia chegar a desenvolver uma teoria unificada do psicodrama (Mahler, 1968). Na tradição dialética de Hegel, esse movimento poderia ser descrito como que sugerindo uma tese, contraditando-a com uma antítese para, finalmente, alcançar uma síntese. Segundo a teoria das mudanças paradigmáticas de

Kuhn (1970), o psicodrama integral se desenvolveria como um pêndulo que balança de um lado para outro, de estudos qualitativos para quantitativos, do subjetivo para o objetivo, da mente para o corpo e da teologia para a ciência, não lhe sendo permitido ir longe demais em nenhum dos lados. A posição ótima seria representada pelo campo médio, onde se misturam aspectos de ambas as abordagens.

Conclusão

Embora a maior parte dos psicodramatistas tenha focalizado quase exclusivamente problemas técnicos, chegou a hora de voltarmos nosso interesse para o exame também das questões teóricas. Resta ainda muito trabalho a ser feito no campo da construção teórica, incluindo-se aí estudos a respeito de conceitos centrais, tais como sonhos, conflitos, tensão, regressão, fixação, desenvolvimento humano, aprendizagem, memória, percepção, cognição, pensamento, emoção, motivação e psicopatologia. Além disso, seria importante rever as teorias morenianas de *role-playing* e *role-taking*, espontaneidade-criatividade, sociometria e sociatria, homem "cósmico" e átomo e rede social, assim como discutir a relevância política de seu livro *Quem sobreviverá?*. Espero que o presente capítulo seja de alguma ajuda no sentido de fazer com que este futuro trabalho se torne mais integrativo.

3
O Psicodramatista

Sob muitos aspectos, praticar o psicodrama é uma tarefa desafiante. É uma atividade que demanda habilidades complexas e qualidades pessoais incomuns à maioria das pessoas. Dominar o elenco de personagens envolvidos no psicodrama já é, em si, uma tarefa monumental. Além disso, o psicodramatista deve constantemente deslocar seu enfoque, da empatia à encenação, da solução do problema à liderança grupal, ao mesmo tempo em que proporciona um sentido claro de presença pessoal. Weiner (1967) enfatizou a necessidade de o psicodramatista ser um profissional qualificado e capacitado nos mais diversos campos, tais como: psiquiatria, sociologia, medicina, biologia, antropologia, educação, sociedade e processo grupal. A prática do psicodrama combina em si várias das maiores dificuldades do psicoterapeuta individual, do psicanalista, do terapeuta de grupo e do ator teatral. Embora a ocorrência simultânea e natural de um alto padrão de proficiência nessas habilidades seja incomum em uma só pessoa, o psicodramatista dedicado lutará para alcançar excelência em todas elas.

O trabalho do psicodramatista não tem sido suficientemente discutido na literatura. Assim, o objetivo deste capítulo é oferecer uma descrição básica das habilidades profissionais que dele se exigem. Essa definição é importante por várias razões. É, obviamente, indispensável como base para o planejamento, execução e avaliação de programas de formação em psicodrama; para servir como orientação no processamento do trabalho de estudantes; e, especialmente, como auxílio para o estabelecimento de critérios para certificação. É também importante, na realização de pesquisas empíricas, levar em conta algumas variáveis relacionadas com o terapeuta (Orlinsky e Howard, 1978; Lieberman, Yalom e Miles, 1973). Por exemplo, nas pesquisas a respeito de resultados da terapia, pode-se avaliar o tipo e a capacitação do terapeuta (Schaffer, 1983). Finalmente, uma descrição de trabalho pode propiciar aos psicodramatistas dedicados novas idéias sobre como ampliar sua capacitação profissional.

A pessoa encarregada de uma sessão de psicodrama é chamada de várias maneiras: "diretor de psicodrama", "terapeuta psicodramatista", "líder de psicodrama" ou, simplesmente, "praticante de psicodrama". Na discussão que se segue, será utilizado o termo "psicodramatista", que considero mais uniforme e neutro.

Os Papéis Profissionais do Psicodramatista

Todos os psicodramatistas desempenham alguns papéis pouco específicos e que, algumas vezes, se sobrepõem. Moreno (1972) os definia como os de produtor, de terapeuta/conselheiro e de analista. Revisei o sentido desses papéis e acrescentei-lhes um quarto, que acredito ser intrínseco ao psicodrama: o de líder grupal. A Tabela 3.1 oferece uma visão geral desses papéis e de suas funções, habilidades e ideais, os quais, somados, compreendem aquilo que se demanda, profissionalmente, de um psicodramatista.

Tabela 3.1. Papéis Profissionais a Serem Desempenhados pelo Psicodramatista

Papéis	Funções	Habilidades	Ideais
Analista	Empatizador	Compreensão	Hermenêuticos
Produtor	Diretor teatral	Encenação	Estéticos
Terapeuta	Agente de mudança	Influência	Curativos
Líder Grupal	Administrador	Liderança	Sociais

Os psicodramatistas respondem por quatro tarefas inter-relacionadas e altamente complexas. Primeiramente, como analistas, são responsáveis por obter uma consciência plena e acurada das condições dos protagonistas. Nisto se inclui a compreensão dos fenômenos ocorridos tanto no plano pessoal como no interpessoal, para conferir sentido à experiência e ampliar a autoconsciência. Em segundo lugar, como produtores, os psicodramatistas são diretores teatrais a quem cabe traduzir o material apresentado numa ação que seja emocionalmente estimulante e esteticamente agradável. Em terceiro: como terapeutas, são agentes de mudança capazes de influenciar seus protagonistas de forma a facilitar sua cura. Quarto: como líderes grupais, estimulam a criação de um clima de trabalho construtivo no grupo, que facilita o desenvolvimento de uma rede de apoio social. A sobreposição e interligação desses vários papéis compõem a base da identidade profissional do psicodramatista.

Partindo de minha própria experiência e das freqüentes observações que realizei sobre o trabalho de outros psicodramatistas, discutirei aqui os modos de atividade e as habilidades profissionais que caracterizam esses quatro papéis, fazendo menção também a algumas das controvérsias relacionadas ao seu desempenho e apresentando um modelo de prática que todo e qualquer psicodramatista pode se empenhar em alcançar.

1. O Analista

Como analistas, os psicodramatistas são ouvintes empáticos, que tentam entender tanto os fenômenos pessoais como os interpessoais. A tarefa básica deste papel consiste em obter compreensão detalhada dos sentimentos, pensamentos, formas de comportamento e atitudes dos participantes, a partir de um ponto de vista genético, topográfico, dinâmico, estrutural, adaptativo e/ou psicossocial (Rapaport, 1960). Segundo Moreno, "o diretor é o líder da pesquisa — por trás de sua nova máscara de diretor ocultam-se, ainda funcionando, as antigas máscaras do observador, do analista, do membro participante do grupo e do ator" (1937/1972, p. 247).

O termo apropriado para a atividade analítica desenvolvida no psicodrama seria "análise de ação" mais do que psicanálise ou socioanálise (Haskell, 1975), porque esse tipo de análise se ocupa não apenas dos fenômenos psíquicos internos ou dos fenômenos sociais externos, mas também de toda a escala de ações de caráter comunicativo da pessoa como um todo. Como analistas de ação, os psicodramatistas tentam conferir sentido ao comportamento atual, seja em termos de experiências passadas (ação repetitiva), seja em termos de contra-ação, ab-reação ou ação comunicativa (ver Capítulo 10).

Possuir capacidade empática é uma precondição necessária para o funcionamento do papel psicodramático de analista. Segundo Rogers (1957), é também uma das condições necessárias e suficientes para levar a uma mudança de personalidade. A capacidade empática inclui a habilidade para perceber de maneira acurada as complexidades do tecido emocional e pode ser desenvolvida por uma combinação de conhecimento teórico e experiência de vida, tanto quanto por submeter-se ao psicodrama, como protagonista, e à psicanálise, como analisando. Além disso, a supervisão profissional pode ajudar a lançar luz sobre possíveis "pontos cegos" e contratransferências que, de outra forma, poderiam contaminar ou dificultar a empatia.

Os Cinco Estágios da Análise de Ação

Acredito que, no processo pelo qual o psicodramatista adquire conhecimento a respeito do protagonista, distinguem-se cinco estágios:

1. O psicodramatista, primeiramente, percebe o que o protagonista realmente lhe comunica — tanto de forma verbal como não-

verbal (percepção do objeto). Isso implica a capacidade de ser receptivo ao material sensorial imediato (p. ex., visual e auditivo) que lhe é apresentado. Nesta fase, alguns psicodramatistas se tornam "duplos" do protagonista, processo esse que na programação neurolingüística — PNL — recebe a denominação de "pacing" (Buchanan e Little, 1983) e no qual o psicodramatista tenta captar as formas verbais e não - verbais de comportamento do protagonista, dando especial atenção aos movimentos oculares, à respiração, à postura corporal, às mudanças nos músculos faciais e na coloração do rosto. Os critérios que regem a boa percepção do objeto são clareza e precisão; o resultado, uma consciência objetiva do protagonista. Embora isto pareça simples à primeira vista, a experiência demonstra que nossa atenção é muito seletiva e que nós, freqüentemente, percebemos apenas o que desejamos perceber.

2. Em segundo lugar, o psicodramatista se identifica emocionalmente com o protagonista mantendo em separado, ao mesmo tempo, sua identidade. Envolve um sentimento intuitivo de parte do psicodramatista, e implica uma capacidade de estar, simultaneamente, próximo e separado. Os critérios da boa indução empática são a capacidade de resposta e a sensibilidade; e seu resultado, uma consciência subjetiva do protagonista.

3. Em terceiro lugar, o psicodramatista compreende os significados subjacentes e latentes daquilo que lhe é manifestamente comunicado pelo protagonista. Isso não implica nenhum poder de percepção extraordinário, mas, sim, a capacidade de ouvir com "uma atenção equilibradamente elevada" a "melodia oculta" do inconsciente. Nas palavras de Palmer:

É preciso que se seja um grande ouvinte para que se possa ouvir o que realmente é dito, e um ouvinte ainda maior para escutar o que não é dito mas que vem à luz por meio da fala. Focalizar-se apenas na positividade do que um texto diz explicitamente é cometer uma injustiça para com a tarefa hermenêutica. É necessário que se vá além do texto para que se descubra o que este não descobriu e, talvez, não pode dizer. (1969, p. 234)

4. Em quarto lugar, o psicodramatista devolve ao protagonista, de forma plenamente significativa, o que foi entendido. Isso exige uma capacidade de identificar o momento exato de verbalizar esse entendimento ou de sugerir uma intervenção em decorrência do mesmo. Para tanto, são necessários uma considerável sensibilidade e um adequado sentido de *timing*, de maneira a não se forçar uma interpretação prematura sobre o protagonista.

5. Quinto: os psicodramatistas procuram verificar, junto ao protagonista, se seu entendimento está correto; se estiver equivocado, devem estar preparados para corrigi-lo. Embora as referências teóricas

prévias lhes ofereçam conceitos e modelos que podem guiar sua compreensão, podem ser opressivos se forem utilizadas como se fossem verdades universais, que os protagonistas seriam persuadidos a adotar. De acordo com Singer: "Embora os clientes pareçam claramente desejosos de entender que, na melhor das hipóteses, pouco sabemos, parecem também legitimamente não desejosos de nos perdoar por nossas intenções de obrigá-los a provar para nós mesmos que nossos preconceitos teóricos estão corretos" (Singer, 1970, p. 390).

Para que isso não aconteça, é aconselhável acercar-nos do protagonista com uma "ignorância socrática", uma atitude filosófica que se baseia na inquirição cética e no questionamento crítico, que minimiza as respostas predeterminadas e rompe com as pretensões e pressuposições de saber. Ao adentrar o universo pessoal de um protagonista com essa atitude, o psicodramatista é como um estrangeiro que visita um país pela primeira vez: deve perguntar sobre tudo o que percebe.

2. Produtor

Como produtor ou diretor de cena, o psicodramatista cria arte dramática para que a sessão seja uma experiência estética. Segundo Moreno (1972), os psicodramatistas são engenheiros de coordenação e produção e devem estar alertas para utilizar todas as deixas que o protagonista oferece no decorrer da ação dramática.

Dentre suas atribuições como diretor de cena, a tarefa do psicodramatista é a de criar um trabalho de arte dramática estimulante. Isso exige que o psicodramatista possua habilidades específicas de direção para ajudar o protagonista a montar a cena, para controlar a localização dos atores no palco, para corrigir a personificação dos auxiliares, para manejar o aquecimento, o ritmo e o *timing* da ação, para conferir ao palco a atmosfera correta de iluminação e do cenário físico e para ser capaz de sugerir possíveis meios de concretização, que traduzam a situação em apresentação simbólica. Mais ainda, espera-se que os psicodramatistas induzam espontaneidade na sessão por seu próprio entusiasmo, imaginação e desejo de encarar cada sessão como uma nova aventura. Segundo Karp, "o diretor deve possuir um sentido real de jogo, de divertimento e de renovação, devendo incorporar tanto o humor como o *pathos* da vida" (1988, p. 49). "Como um dramaturgo, o terapeuta guia os diálogos, abre e resolve conflitos. Como um escultor, configura o espaço. Como um maestro, compatibiliza a contribuição de várias fontes" (Riebel, 1990, p. 129). A competência nessas habilidades pode ser adquirida pelas dramatizações criativas, dramaterapia, *role-playing*, improvisação e outras formas de métodos de ação baseados na dramatização.

O papel de produtor possibilita ao psicodramatista o emprego criativo de um amplo arsenal de técnicas psicodramáticas — utilizá-las não apenas da maneira clássica, mas também simplificá-las e criar-lhes novas utilidades. Como os pintores, os escultores, os músicos, os escritores, os bailarinos, os poetas e outros artistas que se utilizam das técnicas como veículos de expressão, expandindo-os para além de seus espectros comuns de utilização, os psicodramatistas criativos tentam descobrir meios originais de fazerem uso de seus instrumentos. Ao dirigirem mais pela intuição do que pela obediência a regras predeterminadas, os psicodramatistas freqüentemente estão inconscientes de como e de por que agem de determinada forma, utilizando o que alguns artistas chamam de "fontes secretas de inspiração", um tipo de atividade criativa que está além do alcance das palavras.

Tal refinamento de habilidades específicas pressupõe que o psicodramatista possua certo conhecimento da produção teatral clássica (seja como diretor ou como ator). De acordo com a terminologia empregada no teatro, o psicodramatista deve ser capaz de misturar a abordagem de envolvimento emocional e identificação de Stanislavsky, com a brechtiana, de distanciamento e objetificação. Esses dois posicionamentos refletem as tarefas de experiência e de observação que cabem ao psicodramatista como produtor. Embora cada profissional se incline mais para um ou outro desses extremos, ambas as posições são importantes, e é essencial que se encontre um equilíbrio apropriado entre elas.

Um exemplo interessante do papel psicodramático de produtor é o famoso diretor de teatro sueco Ingmar Bergman. O universo de Bergman é governado pelas forças gêmeas da curiosidade fértil e da energia criativa. Sua arte se mistura com sua capacidade de estabelecer um contato pessoal próximo e criativo com seus atores. Esta habilidade, por sua vez, emana de sua convicção de que, em última análise, será o ator — e apenas o ator — quem vai dar vida ao texto no coração do espectador. Ao observar o trabalho de Bergman, é impossível não ficar impressionado com a intensidade com que segue cada palavra e cada movimento, com uma excitação alerta, quase infantil. Parece que ele, ao dirigir, se esquece completamente de si mesmo e se torna um com a outra pessoa. Seu grande talento reside no fato de ele ser capaz de ouvir notas que os outros não ouvem, nem mesmo os próprios atores, e pode oferecer pistas para que elas apareçam. Ele é capaz de, mesmo sem dar muitas instruções, criar uma atmosfera que dá poder aos atores, neles fazendo aflorar o que de melhor possuam (Marker e Marker, 1982).

Outro exemplo nos é trazido pelo mestre diretor de ilusões, Federico Fellini. Fellini é especialista em captar as vibrações de um sonho, de uma fantasia ou de algo que exista em outra dimensão. Da mesma maneira, os diretores de cena habilidosos são capazes de transformar o palco do psicodrama em um lugar onde tudo pode acontecer — até o impossível. São apaixonadamente românticos e quase alérgicos ao realismo porque o realismo ignora o espírito da pessoa, negando acesso às dimensões sagradas, ritualísticas, transcendentais e cósmicas da experiência. Mesclando fato e ficção, produzem um tipo de verdade estética na qual os universais de tempo e espaço se dissolvem. Truques que enganam a morte, instrumentos capazes de predizer o futuro, dispositivos que ajudam a lembrar o passado e lojas mágicas são algumas das técnicas que os psicodramatistas utilizam para produzir arte dramática. Todos sabemos que as esculturas não falam, que Deus não faz transações, que cadeiras vazias não respondem, e que barreiras entre as pessoas são invisíveis. Mas os psicodramatistas habilidosos são capazes de conduzir seus protagonistas pelas fronteiras que separam o mundo real externo do mundo fantástico da imaginação. Antes que aflore sua natural desconfiança, os protagonistas se vêem em um espaço sem limites, onde a experiência da realidade é expandida e, durante um curto espaço de tempo, se tornam mais do que simples mortais. Quando, desse modo, dão ênfase ao espírito vivo que habita cada objeto inanimado, os psicodramatistas produzem momentos imprevisíveis de mudança para os quais as teorias convencionais não podem oferecer explicação suficiente. Nesses momentos, os psicodramatistas se assemelham aos mágicos, que dispõem de poderes extraordinários e surpreendentes (ver Capítulo 11).

3. Terapeuta

Como terapeutas, os psicodramatistas funcionam como agentes de mudança que influenciam seus protagonistas, de modo a ensejar sua cura. De acordo com Moreno (1972), a responsabilidade última pelo valor terapêutico da produção, como um todo, repousa sobre os ombros do psicodramatista.

Em sua atribuição como terapeutas, os psicodramatistas desempenham inúmeras intervenções curativas, que têm como objetivo o alívio do sofrimento e conduzir o protagonista um passo à frente em sua jornada terapêutica. Esse trabalho exige que os psicodramatistas possuam amplos conhecimentos de psicologia normal e patológica, psiquiatria e psicoterapia, que sejam capazes de aplicar o psicodrama a uma vasta gama de protagonistas, necessitados de remissão de sintomas, de intervenção em crises, de resolução de conflitos e/ou de mudanças na personalidade. Devem ser capazes de colocar em prática vários fatores terapêuticos, tais como liberação emocional, entendimento cognitivo, *feedback* interpessoal e/ou aprendizagem de comportamentos. Exige-se que os psicodramatistas empreguem com competência as técnicas psicodramáticas e que coloquem em ação os processos psicodramáticos. Devem ensejar a lembrança de cenas passadas e os afetos a elas relacionados, manejar as muitas resistências que constantemente se apresentam durante as investigações psicodramáticas (ver Capítulo 12) e ser capazes de optar entre as várias intervenções terapêuticas, de acordo com as demandas de situações específicas. Finalmente, espera-se que justifiquem sua prática por meio de uma teoria consistente — a razão lógica pela qual, por exemplo, optaram por seguir determinados indicadores, deixando que outros permanecessem inexplorados.

O repertório do psicodramatista abrange tanto as intervenções terapêuticas não-verbais como as verbais. As intervenções terapêuticas são atos intencionais de influência calculada para produzir um impacto terapêutico (de prevenção, de estabilização, de reparação, de desenvolvimento ou de apoio); são as possíveis respostas àquilo que o protagonista diz ou faz. Como tal, no psicodrama as intervenções terapêuticas sugerem um quadro de referência para uma comunicação com intenção de ajuda.

Essa comunicação pode assumir várias formas. As intervenções não-verbais, por exemplo, incluem o emprego terapêutico do distanciamento físico, da vocalização, do contato visual, da postura corporal e do uso intencional do silêncio como meios de estimular os processos imaginários. Seja qual for o significado que se dê às intervenções não-verbais, elas têm grande poder de influência e, por isso, devem ser empregadas com grande cuidado e sensibilidade. Uma das mais fortes intervenções não-verbais em psicodrama é o toque físico. Ele tem vários sentidos para diferentes protagonistas. Para alguns, o toque pode ser experimentado como um convite para regredir a um estado infantil, no qual uma pessoa recebe carinho e cuidado parental. Em alguns casos, esse contato pode ensejar um tipo misterioso de energia curativa capaz de, por si só, ajudar o protagonista a readquirir equilíbrio emocional. Para outros, o toque físico pode ser sentido como invasão da privacidade ou como sedução. Um dos maiores desafios enfrentados pelos psicodramatistas é o de descobrir o nível ótimo de distanciamento físico para conseguir fazer progressos. Os aspectos não-verbais do psicodrama são discutidos mais amplamente por Fine (1959).

Tal como as intervenções não-verbais, as verbais devem ser cuidadosamente medidas. As seguintes intervenções verbais são freqüentemente utilizadas no psicodrama e serão aqui descritas: confronto, esclarecimento, interpretação, catarse, aceitação, sugestão, conselho, ensino e auto-exposição (Bribing, 1954; Greenson, 1967; Goodman e Dooley, 1976).

O *confronto* se refere às afirmações focalizadas na questão óbvia, central ou significativa a ser explorada. Por exemplo, ao fazer um protagonista confrontar-se com um sentimento, o psicodramatista se centra nesse sentimento, pavimentando assim o terreno para seguir investigando. Um confronto pode ser visto também como uma intervenção destinada a trazer o protagonista para o foco, não lhe permitindo fugir a uma questão difícil. De acordo com Moreno (1972), atacar ou chocar o cliente é às vezes tão permissível quanto rir e brincar com ele. Mas os confrontos devem ser empregados apenas dentro de um relacionamento seguro e suportivo, em que o sentimento de segurança possa ampliar a capacidade do protagonista de vivenciar emoções dolorosas. A mistura ideal de apoio e confronto pode ser exemplificada pela imagem do psicodramatista que abraça o protagonista com um braço e, com o outro, segura um espelho diante de sua face.

O *esclarecimento* diz respeito àquelas questões cujo objetivo é o de se esclarecer o que acaba de ser comunicado, com a finalidade de se alcançar uma descrição mais detalhada de determinada situação.

As *interpretações* são as explanações verbais que demonstram a fonte, a história ou a causa de uma experiência, oferecendo, assim, um enquadramento cognitivo para aquela experiência. Deve-se notar, no entanto, que "a interpretação e o oferecimento de *insight* possuem, no psicodrama, uma natureza diferente daquela apresentada em outros tipos de psicoterapia verbais" (Z. Moreno, 1965, p. 82). Contrastando com alguns psicanalistas clássicos que oferecem interpretações verbais, os psicodramatistas transmitem novos *insights* por meio da pessoa do duplo, da inversão de papéis ou por intermédio de outras técnicas de ação, enfatizando assim o processo gradual de autoconscientização que o protagonista desenvolve em si no decorrer da ação (*insight* de ação). (O *insight* de ação é discutido mais detalhadamente no Capítulo 7.)

A *catarse* diz respeito ao empenho do psicodramatista no sentido de encorajar a liberação de sentimentos reprimidos. No psicodrama, sua função específica é a de não apenas facilitar a ab-reação emocional, mas também a de integrar os sentimentos manifestados. (A catarse é discutida com mais detalhes no Capítulo 6.)

A *aceitação* diz respeito às atitudes incondicionalmente positivas que o psicodramatista demonstra em relação ao protagonista, durante a sessão. Ela proporciona a necessária referência de não-julgamento, dentro da qual o protagonista se apresenta sem medo de crítica ou de desaprovação. O terapeuta comunica ao paciente: "Eu acredito em você, em suas capacidades e em seu valor intrínseco. Eu aceito você como você é, e nada existe em você de desprezível. Eu estou aqui para você e não lhe peço nenhuma gratidão em troca disso: nem lhe peço que você me ame, me respeite ou me admire".

A *sugestão* diz respeito a infundir um estado alterado de consciência no protagonista, e pode evocar um tipo de transe semelhante ao da hipnose. As sugestões podem ser utilizadas para evocar lembranças, fantasias e sonhos ou como um convite para regredir a um estágio anterior de funcionamento. Podem evocar imaginações tão vívidas que possibilitem a afluência de idéias as mais inesperadas; o protagonista tem consciência do que ocorre, sem no entanto compreender plenamente o que está acontecendo.

60

O *conselho* e o *ensino* compreendem instruções didáticas, que oferecem informações e orientação ao protagonista. Embora muitos protagonistas não apreciem que alguém lhes diga o que fazer, outros consideram muito útil um conselho concreto. Quando tentam reforçar um comportamento desejável ou minimizar um indesejável, os psicodramatistas se utilizam do elogio e do encorajamento em vez de crítica ou desaprovação.

A *auto-exposição* se refere ao compartilhamento, pelo psicodramatista, de suas próprias experiências imediatas e passadas, de seus sentimentos e pensamentos. Essa postura decididamente transparente, assumida por muitos psicodramatistas, enfatiza tanto os aspectos de realidade como de transferência da relação terapeuta-cliente.

Uma das dificuldades ligadas à função terapêutica do psicodramatista diz respeito ao uso e ao abuso da manipulação. Esta palavra tem dois sentidos. Por um lado, significa tratar algo com habilidade. Por exemplo: a habilidosa canalização dos recursos emocionais, intelectuais e adaptativos do protagonista em direções que lhe sejam razoavelmente gratificantes. Como tal, a manipulação é certamente uma forma necessária de intervenção no psicodrama. Mas, se por manipulação se entender o forçar autoritário que se dá quando o protagonista é levado a fazer alguma coisa contra sua própria vontade e na ausência de uma genuína reciprocidade, trata-se de uma forma imprópria de intervenção, prejudicial a qualquer forma íntegra de terapia, podendo, a longo prazo, causar resultados danosos à autonomia e à independência do protagonista.

4. Líder Grupal

Como líderes grupais, os psicodramatistas trabalham com um processo de grupo que tende a estimular um clima favorável ao trabalho (Bion, 1961) e a formação de uma rede de apoio social. De acordo com Moreno, "o próprio diretor se constitui como símbolo de ação equilibrada — orquestrando, integrando, sintetizando, mesclando todos os participantes em um grupo" (1937/1972, p. 247).

Em suas atribuições de líderes grupais, os psicodramatistas se preocupam com as relações interpessoais e acreditam que os problemas são melhor solucionados em um contexto social do que no individual. Exige-se que eles sejam capazes de: 1) organizar a estrutura do grupo (duração, composição, local de reunião e regras de pagamento); 2) estabelecer as normas que o regerão e que digam respeito, por exemplo, à confidencialidade, à tomada de decisões, ao contato físico, ao relacionamento fora do grupo e às responsabilidades interpessoais; 3) construir coesão do grupo, regular seu nível de tensão e estimular o interesse pelos objetivos grupais; 4) encorajar a participação ativa de todos os membros do grupo, facilitar a interação e comunicação entre eles e esclarecer as relações que nele se desenvolvem, através da utilização de métodos de ação ou de interpretações verbais. Finalmente, exige-se que os psicodramatistas sejam capazes de: 5) remover os obstáculos ao desenvolvimento de uma atmosfera social baseada na cooperação, tratando por exemplo a competição de forma a torná-la uma experiência corretiva de aprendizado para o grupo.

No papel de líderes grupais, os psicodramatistas contam com o auxílio dos conhecimentos da psicologia social, da dinâmica de grupo, da composição de grupo, dos processos grupais, dos estágios de desenvolvimento de grupos, dos fatores terapêuticos da psicoterapia de grupo e dos vários métodos de psicoterapia grupal, incluindo-se o psicanalítico, o existencial-humanista e o operativo. Sua capacidade de utilizar vários métodos de observação e interpretação do grupo como um todo, tais como a sociometria (Moreno, 1953); a teoria do conflito focal (Whitaker e Lieberman, 1964); a FIRO — teoria tridimensional do comportamento interpessoal (Schutz, 1966) e a SYMLOG — sistema de observação de níveis mútiplos de grupos (Bales e Cohen, 1979), assim como de discriminar os vários estágios do desenvolvimento do grupo (Lacorsiere, 1980), ampliam ainda mais a capacidade do psicodramatista como líder grupal.

Qual é o tipo ideal de líder grupal no psicodrama? Lieberman et al. (1973) descrevera quatro funções de liderança: estimulação emocional, cuidado, atribuição de significado e gestão.* Destas quatro dimensões decorrem vários estilos de liderança, tais como o energizador, o provedor, o engenheiro social, o impessoal, o *laissez-faire*, e o gerente. Um tipo de psicodramatista comum foi descrito como "energizador agressivo" (altamente zeloso, excêntrico, carismático, emocionalmente estimulante, apoiador e atacante). Buchanam e Taylor (1986) realizaram outra pesquisa a respeito da personalidade dos psicodramatistas, descobrindo que estes, em sua maioria, são extrovertidos e dotados de percepção intuitiva emocional. A despeito dessas conclusões preliminares, a mim me parece que o estilo de liderança varia no psicodrama de acordo com a orientação pessoal e as idiossincrasias do profissional. O tipo ideal de líder grupal,

---

* Esses quatro tipos correspondem aos quatro papéis profissionais desempenhados pelo psicodramatista, que aparecem entre [colchetes]:

1. Estímulo emocional (desafio, confrontação, atividade; modelização através do assumir riscos pessoais e de um alto nível de auto-exposição). [Produtor]

2. Cuidados (oferecimento de apoio, afeição, apreço, proteção, calor, aceitação, autenticidade, preocupação). [Terapeuta]

3. Atribuição de sentido (explicação, esclarecimento, interpretação, fornecimento de um quadro de referência cognitivo para a mudança; tradução de sentimentos e experiência em idéias). [Analista]

4. Função executiva (estabelecimento de limites, de regras e de metas; gerenciamento de tempo; ritmo, interrupção, intercessão, sugestões quanto aos procedimentos). [Líder grupal]

no psicodrama, é aquele que encontrar um nível ótimo de equilíbrio entre os quatro papéis dos psicodramatistas e sua própria personalidade — que seja capaz também de mudar o estilo de liderança de acordo com as exigências de cada situação. Os psicodramatistas discordam sobre o quanto de controle devem exercer sobre seus protagonistas e grupos. Alguns líderes dirigem com uma autoridade forte, assumindo controle por vezes despótico sobre a ação, enquanto outros são tão respeitosos que sua liderança raramente aparece. Os líderes de psicodrama devem ser capazes de, por vezes, tomar as rédeas da sessão e atuar como quem sabe de que o grupo realmente necessita, em vez de pedir licença, de desculpar-se por tomar iniciativas, colocando "questões democráticas" ou considerando literalmente o que os participantes dizem que querem. Tal como dançarinos, os psicodramatistas tanto podem guiar como acompanhar o protagonista. Quando lidera, o psicodramatista dá início à ação, dirigindo com objetividade e determinação. Quando acompanha, o psicodramatista mostra-se atento e responde ao protagonista, a quem cabe tomar as decisões e definir o caminho. Existe, porém, uma terceira alternativa de liderança no psicodrama, na qual tanto o psicodramatista como o protagonista trabalham conjuntamente em igualdade de condições, como numa equipe de fato, dividindo as tomadas de decisão e juntando-se numa relação de dar e receber. Nesta posição ideal, exige-se que o líder grupal psicodramático seja sensível aos sentimentos do protagonista, embora, por vezes, possa assumir um posicionamento firme e positivo em questões cruciais. Nas palavras de Leutz: "O psicodrama só é realmente terapêutico quando o diretor 'dança' com o protagonista" (1974, p. 86).

Conclusão

Neste capítulo descrevi os quatro papéis profissionais e os padrões de comportamento que formam a identidade profissional do psicodramatista.

O mínimo de competência em cada um dos papéis é precondição para a prática do psicodrama e, acredito, uma exigência razoável como critério de diplomação. No entanto, embora profissionais dedicados se empenhem ao máximo para alcançar um alto padrão de excelência em todos esses papéis, uns podem ser mais talentosos em determinado papel do que em outros. Por exemplo, um profissional pode ser mais bem-dotado como diretor-de-cena do que como analista. Além disso, "só um megalomaníaco pensaria ser capaz de observar todos os aspectos dos processos individuais e grupais e muito menos mantê-los sob seu controle" (Polansky e Harkins, 1969, p. 75). Em casos como este, os psicodramatistas podem se beneficiar trabalhando junto com colegas que possuam outros talentos, que poderiam se complementar e enriquecer reciprocamente.

Embora haja poucos trabalhos de observação sistemática do papel efetivamente desempenhado pelo psicodramatista, acredito que os profissionais lutam com várias dificuldades em seus esforços para desincumbir-se de suas tarefas. Sob o ponto de vista da teoria do papel, essas dificuldades podem ser caracterizadas como: 1. conflitos dentro do papel; 2. conflito entre papéis; 3. conflitos intrapessoais relacionados ao papel; 4. conflitos interpessoais relacionados ao papel.

1. O conflito dentro do papel é uma discrepância entre o papel e a pessoa, entre aquilo que o papel exige e o sistema de valores íntimos da pessoa. Por exemplo: uma pessoa não-assertiva pode ter dificuldades em assumir o papel de líder grupal.

2. O conflito entre papéis é uma oposição entre dois ou mais papéis distintos, a serem desempenhados pela mesma pessoa. Cada um dos papéis psicodramáticos apresentados pode conflitar com os demais, que o psicodramatista deve desempenhar. Por exemplo: o papel de terapeuta altruísta pode ser difícil de se combinar com o papel de um produtor mais egoísta, o qual requer certa dose de habilidade dramática (e talvez até mesmo de exibicionismo).

3. O conflito intrapessoal relacionado ao papel é uma contradição entre a forma pela qual a pessoa define o papel e aquilo que os demais esperam do mesmo. Por exemplo: o psicodramatista comportamental pode desempenhar o papel de analista de uma forma que, para seus colegas formados na tradição psicanalítica, seria inaceitável.

4. O conflito interpessoal de papel é uma divergência entre os profissionais a quem cabe desempenhar diferentes papéis. Por exemplo: psicodramatistas que se sintam mais à vontade no desempenho de papel de analista racional podem ter dificuldades em trabalhar com outros que sejam mais irracionais e impulsivos e que dêem mais ênfase ao papel criativo do produtor.

No período de formação e durante a carreira profissional os psicodramatistas procuram superar esses conflitos. Mas é inadequado falar de psicodramatistas apenas em termos de desempenho de papéis e de competência. O que importa é não apenas o que ele realiza profissionalmente, mas também o que ele é pessoalmente, como ser humano. As habilidades profissionais e a personalidade estão intimamente ligadas e, como Moreno e Moreno apontam (1959), "é extremamente difícil, senão impossível, separar a habilidade da personalidade do terapeuta. Aqui habilidade e personalidade são, pelo menos durante o desempenho, um todo indivisível. Pode-se dizer sem rodeios que a personalidade do terapeuta é sua habilidade" (p. 39). Portanto, não é suficiente o mero desempenho das atividades profissionais de empatizar, influenciar, dramatizar e liderar o grupo. O psicodramatista deve ser também um significativo outro, que encontra o protagonista enquanto ser humano. Por meio do impacto de sua própria personalidade, espera-se que os psicodramatistas influenciem positivamente o processo psicodramático.*

Em resumo: exige-se que os psicodramatistas não apenas encontrem o nível ótimo de composição entre os papéis de analista, produtor, terapeuta e líder grupal, como também executem essas tarefas de forma que estejam em harmonia com sua própria personalidade. Se os psicodramatistas abordam seu trabalho com o devido respeito para com os demais seres humanos; se forem capazes de ouvir e entender as mensagens subjacentes do protagonista; se inspirarem envolvimento emocional e espontaneidade; se puderem ajudar o protagonista a remover alguns dos obstáculos à mudança da personalidade; se puderem facilitar o desenvolvimento de relacionamentos construtivos no grupo; se forem capazes de compatibilizar as exigências acima com suas próprias limitações pessoais... se puderem realizar tudo isso, terão realizado seu trabalho tão bem quanto deles se espera.

Exercício de Treinamento para a Avaliação do Desempenho de Papéis

Quatro cadeiras vazias são colocadas no cenário. Define-se que cada uma delas representará um dos papéis acima referidos. Os participantes são convidados a sentar-se e fazer um pequeno solilóquio a respeito das experiências que tiveram com cada papel. Isso nos possibilita investigar como os psicodramatistas em formação (assim como os já diplomados e os professores) se relacionam com os diversos papéis: com quais deles se sentem mais ou menos à vontade, onde se encontram seus pontos fortes e fracos no desempenho das tarefas, que necessidades específicas apresentam de maior treinamento ou crescimento pessoal e quais são os conflitos potenciais entre os papéis, para eles.

Um diretor-aluno, por exemplo, descreveu sua experiência da seguinte maneira: Como analista sentiu como se estivesse no topo de uma montanha desejando obter um melhor ângulo de visão, ou como se fosse uma coruja, necessitando de um conhecimento maior, mas tendo dificuldades em integrar mente e corpo. Como produtor, sentiu-se como uma torneira que pudesse ser aberta ou fechada ou como um riacho borbulhante que às vezes se chocava com rochedos que interrompiam sua criatividade. Como terapeuta, sentiu como se estivesse seguindo por um caminho não sabendo aonde este o levaria ou como se fosse um pai imaginando o quanto dar a seus filhos sem nada esperar em troca. Como líder grupal, finalmente,

---

* À página 79 apresento uma lista de itens a serem observados no processamento, elaborada com o objetivo de ajudar na avaliação das aptidões profissionais dos diretores do psicodrama. Esta lista pode ser complementada pela tabela de pontuação para medida de características importantes de personalidade de treinandos de psicoterapia de grupo, proposta por Bowers, Gaurone e Mines (1984).

perturbou-o o fato de não poder ver cada árvore individualmente, por causa da floresta. Sentiu-se também como o capitão de um navio cujos tripulantes ameaçam constantemente amotinar-se.

Utilizei esse exercício com considerável sucesso na Escola de Psicodrama da Noruega, dirigida por Eva Roine e Monica Westberg. Os participantes sentiram este exercício como uma boa ferramenta tanto para o ensino como para a avaliação de desempenho de diretor. Além disso, os quatro papéis demonstraram alta validade de conteúdo e constructo, com surpreendente concordância entre os protagonistas a respeito do desempenho das tarefas de cada papel e entre alunos e professores a respeito da auto-avaliação feita pelos alunos. Concluiu-se o exercício apresentando-se recomendações específicas para cada aluno, com indicações das áreas em que necessitavam de aperfeiçoamento.

4
Liderança Carismática

O rabino de Kotzk pedia a Deus: "Mestre do Universo, envia-nos nosso Messias pois já não nos restam forças para sofrer mais. Dá-me um sinal, ó Senhor, senão... senão... eu me rebelarei contra Ti. Se Tu não cumpres o teu Pacto, também eu não cumprirei a Promessa e tudo se acabará; estamos fartos de sermos Teu povo escolhido, Teu tesouro pessoal".

Em épocas de infortúnio as pessoas buscam um messias ou alguma outra forma de autoridade todo-poderosa que lhes possa oferecer apoio e orientação. Hoje, a prestigiosa herança do messias se encontra representada em nossa cultura pelo sacerdote, pelo médico ou pelo psicoterapeuta, a quem atribuímos poderes mágicos e uma certa divindade. Alguns membros dessas profissões, carismáticos e fortes, têm mais probabilidades que os demais de receber o papel de messias. Embora a maior parte dessas autoridades se recusem a fazer mais do que interpretar como manifestações de transferência a idealização que seus pacientes fazem deles, existem alguns que se utilizam de seu poder pessoal para influenciar seus pacientes, desempenhando assim o papel de autoridade ideal de maneira menos que positiva.

Uma figura de autoridade deste último tipo foi J. L. Moreno, que, à semelhança de um guru, enriqueceu os poderes "mágicos" do psicodrama com sua própria personalidade carismática. Algumas vezes ele desempenhou deliberadamente o papel de pai amoroso para reforçar ou diminuir a imagem parental ou, ainda, para apresentar-se a si mesmo como substituto parental ideal. Toda uma geração de psicodramatistas deu continuidade a esta tradição, utilizando-se de Moreno como um modelo de papel. Alguns deles foram tão longe que chegaram a recomendar que "o bom diretor de psicodrama deve possuir, tal como o próprio Moreno possuía, certas qualidades carismáticas" (Greenberg, 1974, p. 20) e que "atuar de maneira onisciente e clarividente faz parte do caráter do diretor de psicodrama" (Yablonsky, 1976, p. 9). Este capítulo será dedicado à avaliação dessas recomendações. Nessa discussão serão abordadas as seguintes variáveis da liderança: 1) personalidade do líder carismático; 2) os seguidores individuais e sua idealização do líder; 3) o grupo obediente; 4) a situação psicodramática; e 5) o valor terapêutico do líder carismático.

Personalidade do Líder Carismático

Define-se carisma como a qualidade pessoal que confere ao indivíduo a habilidade de obter apoio popular para sua liderança. Embora muitos traços (tais como beleza, charme, brilho, inteligência, altruísmo) também sejam capazes de inspirar amor e admiração, o carisma se refere especificamente a poderes espirituais, força pessoal, caráter forte e a capacidade de excitar, estimular, influenciar, persuadir, fascinar, energizar e/ou mesmerizar os demais. De acordo com Zaleznik, todas as pessoas carismáticas possuem "a habilidade de manter os laços emocionais que ligam os outros a elas" (1974, p. 233).

O carisma pode manifestar-se, por exemplo, no uso da linguagem pelos líderes (aptidões demagógicas), na mímica (olhos hipnotizadores) e/ou por sua aparência geral (assertividade). A maioria dos líderes carismáticos age como se soubesse o que está fazendo. Ligam-se fortemente a um sistema de crenças e, geralmente, consideram-se vocacionados para algum tipo de missão histórica. "Sem nenhum constrangimento ou hesitação erigem-se em guias, líderes e deuses daqueles que necessitam de orientação, de liderança e de um alvo para reverenciar" (Kohut, 1978, p. 826).

Na psicoterapia de grupo e no psicodrama apresentam-se inúmeras colorações e gradações de liderança carismática. Na medida em que o *status* (e, espera-se, a competência) de líderes inevitavelmente os leva a ocupar papéis de autoridade (Singer, 1970), os líderes podem ser descritos como mais ou menos democráticos, autoritários, narcisistas ou empáticos. Em comparação com os líderes democráticos, os carismáticos se mostram mais orientados para a ideologia do que para a realidade, apóiam-se mais no apelo pessoal e no poder do que na tomada de decisão por meio do consenso, demandam mais adaptação do que aceitação de opiniões diversas, mais concentram do que delegam autoridade e mais canalizam do que coordenam poder (Scheidlinger, 1982). Mas em comparação com a personalidade autoritária descrita por Adorno, Frenkel-Brunswik, Levinson e Sanford (1950), podem ser também altamente anticonvencionais, não-preconceituosos, tolerantes e despidos do desejo de dominar e controlar as vidas alheias. Lieberman, Yalom e Miles descreveram o líder carismático e não-autoritário como "capaz de expressar considerável calor, aceitação, autenticidade e apreço para com os demais seres humanos" (1973, p. 29).

Muitos líderes carismáticos podem ser considerados personalidades narcísicas, com um alto investimento em si mesmos. Freqüentemente, alimentam fantasias de sucesso ilimitado, de poder, de brilho sentindo-se muito importantes e dotados de grandiosidade. Alguns deles inclinam-se ao exibicionismo, e seus relacionamentos variam entre extremos de super-idealização e desvalorização dos demais (Kohut, 1978).

Embora muitos líderes carismáticos tenham pouca empatia em relação à vida íntima dos outros, alguns deles parecem mostrar-se genuinamente preocupados com o bem-estar de seus seguidores. Talvez Freud estivesse pensando nesses líderes quando escreveu: "As pessoas deste tipo impressionam as demais por serem 'personalidades'; são especialmente dotadas para agirem como apoio para os demais, para assumirem o papel de líderes e para estimularem o desenvolvimento cultural" (1961/1931, p. 218).

Ainda que o carisma repouse sobre os extraordinários poderes apresentados pelo líder carismático, seria um equívoco assumir que ele poderia existir sem um grau mínimo de obediência voluntária por parte dos seguidores. Esta particular interdependência entre líder e liderado foi objeto de pesquisa e discussão na sociologia (Weber, 1953; Parsons, 1967); na psicologia social (Hollander, 1967); na sociometria (Jennings, 1950); na dinâmica de grupo (Lippit e White, 1958); na psicoterapia de grupo (Scheidlinger, 1982; Berman, 1982); na pesquisa sobre pequenos grupos (Hare, 1976); na psiquiatria (Rioch, 1971; Deutsch, 1980) e na psicanálise (Fromm, 1941; Schiffer, 1973).

Seguidores Individuais e sua Idealização dos Líderes

São muitas as razões que levam os indivíduos a idealizar as autoridades. Os indivíduos sob tensão, por exemplo, idealizarão qualquer psicoterapeuta que lhes ofereça razões para acreditar que poderia ajudá-los a diminuir seu sofrimento. Os indivíduos solitários, oprimidos, deprimidos e inseguros tendem a regredir a estados infantis de dependência e desamparo quando se encontram com pessoas que procuram ajudá-los. Todos consideram um alívio ter alguém forte e seguro a quem recorrer em busca de consolo e apoio.

A idealização é, em grande parte, uma sobrevivência das fantasias infantis originárias dos poderes mágicos que a criança projeta sobre seus pais. Por exemplo: podem-se atribuir à figura da mãe fantasias de salvamento e ao pai, de poderes protetores. O terapeuta, visto como figura parental que tudo compreende e tolera, serve assim como um objeto de identificação e, da mesma maneira, como um ideal do ego, exatamente como uma vez o fizeram os pais.

Grupos Obedientes

Não apenas os indivíduos, mas também os grupos de todas as dimensões oferecem um terreno fértil para a idealização do líder e para a infantilização de seus membros.

O fato de pertencerem a um grupo parece encorajar as pessoas a abrirem mão de sua responsabilidade pessoal e transferirem-se para o líder (Fromm, 1965/1941). De acordo com Freud, "um grupo é uma horda obediente que jamais viveria sem um mestre. Possui uma tal sede de obediência que se submete instintivamente a qualquer um que se apresente como seu mestre" (1955/1921, p. 81).

Uma das razões para isso é que o grupo oferece identidade coletiva, ideologia explícita, solidariedade, coesão e alguma forma de esperança messiânica que tem um grande apelo para os indivíduos. Mais ainda, o grupo tem potencial para satisfazer as necessidades de inclusão interpessoal (sentimento de que "Eu pertenço"), de controle (sentimento de que "Eu confio"), de afeição (sentimento de que "Eu amo") (Schutz, 1966). Esta última necessidade de amor é realçada por Newman, que descreve os efeitos do carisma do "superastro", pela analogia com o tocador de flauta:

> Quando o líder carismático toca sua música, o sentimento despertado em nós vai muito além do ouvir e concordar. Transforma-se em adoração. Tenho ouvido pessoas dizerem: "Nunca escuto as palavras que ele pronuncia, apenas o adoro". Este é um sentimento particularmente associado a adolescentes apaixonados. No meu tempo, o nome que se dava era "gamação", proverbialmente conhecida por ser cega, intransigente, indiscutível. (Newman, 1983, p. 205)

Nos grupos, a necessidade de amar geralmente é acompanhada pela necessidade de ser dependente. Bion (1961) descreveu grupos que agem como se não possuíssem poderes próprios, como grupos de dependência básica assumida. O principal objetivo desse tipo de grupo é obter segurança por meio de um indivíduo e ter seus membros protegidos por ele. O grupo assume ser esta a razão de sua união. Seus membros agem como se nada soubessem, como se fossem criaturas inadequadas e imaturas. Essa forma de comportamento implica que o líder, ao contrário, é onipotente e onisciente (Rioch, 1970, p. 59).

Esses grupos dependentes se assemelham às seitas religiosas ou a grupos políticos extremistas, em sua meta de fugir à liberdade pessoal e à responsabilidade (Fromm, 1965/1941).

Em resumo: parece que, gostemos ou não, independentemente de tentarmos induzir ou evitar, em algum momento os indivíduos e os grupos têm necessidade de submeter-se a uma admiração coletiva por seu terapeuta.

A Situação Psicodramática

Embora no psicodrama se observem vários estilos de liderança, o estilo clássico apresenta vários traços carismáticos. Esse tipo de liderança exige que o diretor possua capacidade de presidir uma sessão de maneira semelhante à de um deus. Segundo Polansky e Harkins (1969), o diretor deve possuir energia interpessoal, inventividade constante, bem como um brilho casual e controlado, numa medida não disponível a qualquer um. Os líderes são treinados para funcionar em uma variedade de papéis, incluindo-se aí os de pai, bruxo, herói e deus. Para alguns poucos dentre eles, "o psicodrama oferece uma sedutora aura de poder e gratificação narcísica" (Sacks, 1976a, p. 61).

Para alguns diretores carismáticos, o emprego de técnicas e procedimentos psicodramáticos se torna menos importante que a utilização de suas próprias personalidades para ativar, estimular e energizar os protagonistas. O carisma desses líderes pode tornar-se o melhor instrumento para aquecer os protagonistas e os membros do grupo para o ato espontâneo. Conscientes das necessidades regressivas dos protagonistas, esses diretores conquistam confiança induzindo um estado de sugestão semelhante ao hipnótico, para estabelecer rapidamente um estreito relacionamento de trabalho. Em um tempo surpreendentemente curto, a relação se transforma: o diretor é investido de poderes extraordinários e os participantes são seus embevecidos seguidores. Uma vez firmada essa situação, o diretor tenta oferecer ao grupo um tipo de experiência de re-parentalização na qual funciona como o progenitor ideal substituto.

O campo do psicodrama constitui um terreno fértil para situações como essa. Com a introdução de técnicas de "como se", tais como a "loja mágica" e o "mundo auxiliar", e pela maximização da imaginação, são constante os esforços no sentido de se modificar a experiência da realidade cotidiana, em busca de um estado quase onírico de realidade suplementar (ver Capítulo 9). A despeito do fato de os protagonistas serem desencorajados de transferir seus sentimentos para o diretor (as transferências, quando detectadas, são deslocadas e descarregadas sobre os auxiliares) e a despeito dos esforços envidados pelo diretor no sentido de estabelecer com os protagonistas um relacionamento isento de transferências (tele) (ver Capítulo 8), alguns diretores continuam como alvo da idealização, combinando talvez sua própria vontade com a dos membros do grupo. Por mais que as técnicas de inversão de papéis, compartilhamento, sociometria ativa, processamento e encontro direto atuem no sentido de neutralizar a transferência amorosa, os protagonistas permanecerão dependentes enquanto o diretor continuar a representar o papel de deus.

O maior exemplo de liderança carismática no psicodrama, de acordo com os relatos da literatura, parece ser o de J. L. Moreno. Yablonsky relata:

Todas as atenções se voltaram para o dr. Moreno, que surgiu de uma das alas subitamente, tal como um mágico. Por vários momentos permaneceu em silêncio, em pé, no centro do palco, simplesmente observando o grupo. Em sua face radiante, mostrava uma expressão de feliz onipotência... Embora permanecesse em silêncio sobre o palco, por dois ou três minutos, sua presença parecia produzir ondas de emoção. (Yablonsky, 1976, p. 8)

De acordo com Kobler:

A personalidade de Moreno combina a verve e o esplendor de um mestre-de-cerimônias, que na verdade ele é, com o charme brincalhão de um *bon-vivant* vienense, que ele já foi. Volumoso, de traços largos, usa um penteado ao estilo dos artistas boêmios do passado, cabeleira de dândi, fios compridos e encaracolados sobre as orelhas. Seus olhos azuis com pálpebras caídas lhe conferem uma expressão ao mesmo tempo sonolenta e observadora. Seu jeito de falar, embelezado por um cadenciado sotaque austríaco, tende a ser epigramático, poético, paradoxal. (Kobler, 1974/1962, p. 36)

Blatner nota que o toque de Moreno era surpreendentemente "curador": "Eu tinha ouvido o termo 'carismático' empregado para descrever o dr. Moreno e, por vezes, sinto que isso é coerente com a observação que fiz sobre ele relacionando-se com grupos" (1966, p. 129).

Como é natural, as pessoas reagiam a Moreno de diversas formas e nem todas se deixavam mesmerizar por sua personalidade. No entanto, como várias pessoas o consideravam carismático, ele é um bom exemplo para a presente discussão. Como líder idealizado, Moreno ofereceu um modelo de papel para gerações de psicodramatistas e, ainda hoje, desempenha um papel importante na dinâmica da comunidade psicodramática. Como um xamã, Moreno foi um típico "marginal" que conquistou seu *status* no âmbito ritual como compensação por sua exclusão do sistema psiquiátrico vigente. De acordo com sua esposa:

Para a comunidade psiquiátrica ele representava um problema; a maneira como via o homem e suas relações interpessoais e intergrupais desafiavam abertamente a tudo o que estava sendo ensinado. Ele era excessivamente controvertido, muito difícil de ser aceito; pessoalmente, um rebelde, um solitário, um líder narcisista, carismático, mas alheio; gregário, mas seletivo; amável, mas excêntrico; detestável e sedutor. (Z. T. Moreno, 1976, p. 132)

No instituto que levava seu nome, Moreno era chamado simplesmente de "O doutor", e assim era investido do poder mágico de cura do médico. Mas em vez de corrigir essas fantasias a seu respeito, Moreno enfatizava o elemento de imaginação e, assim (talvez não intencionalmente), encorajava todos a elegê-lo como alvo de admiração. É provável que Moreno também satisfizesse, dessa forma, seu próprio desejo narcísico de desempenhar o papel de deus. O estudo da obra de Moreno nos faz indagar se suas preocupações com o psicodrama, a sociometria e a psicoterapia de grupo — e com as questões referentes a Deus, ao momento, ao encontro, à espontaneidade-criatividade, ao *role-playing* — não seriam muito mais autobiográficos e decorrentes de sua própria introspecção do que baseadas na experiência profissional. Parece-me que uma temática narcísica — embora, na maior parte das vezes, produtivo — percorre todo seu trabalho teórico como uma linha vermelha.

Tal como Freud, Moreno preferia mais estar rodeado por seus seguidores do que por seus pares. Mas, para a maioria de seus alunos, ele foi mais do que um mestre: era uma figura de pai, para ser admirado e para ser por ele amado; um tipo de "deus-pai", que se dirigia a seus alunos como se fossem sua prole. Embora alguns deles não gostassem de ser tratados dessa forma e se recusassem a vê-lo como uma figura paternal, outros optavam por ser adotados como seus filhos. Moreno não mantinha qualquer tipo de limites profissionais com seus pacientes; da mesma forma, tanto amigos como parentes, empregados e colegas, todos eram tratados como se fossem pacientes em psicodrama. Eram todos colocados juntos para formar um grupo coeso, nutrido psicologicamente, e do qual ele era o líder. A devoção dos seguidores de Moreno e sua própria dedicação à "causa" quase levaram à criação de uma religião psicoterapêutica. No entanto, "na medida em que seus seguidores se tornavam homens e mulheres com força própria, Moreno no mais das vezes os expulsava ou eles mesmos o abandonavam" (Fine, 1979, p. 436).

O Valor Terapêutico da Liderança Carismática

Dada a impressionante capacidade dos psicodramatistas carismáticos de provocar mudanças em seus protagonistas, poder-se-ia pressupor que o desenvolvimento de tais poderes carismáticos poderia talvez ser muito útil a todos os profissionais. Por outro lado, se essas mudanças são apenas decorrência da sugestão, talvez os diretores de psicodrama devessem, em vez disso, concentrar-se em aprender como evitar a inclusão do carisma entre seus recursos profissionais. A utilização do carisma com o propósito de influenciar o comportamento levanta não apenas questões metodológicas quanto à forma mais eficiente de utilizá-lo, mas também questões éticas profundas. A maioria de nós tem reservas quanto a líderes carismáticos que fazem mau uso de seu poder de dominar as pessoas, embora possamos sentir de maneira diferente em relação aos líderes que o utilizam para tentar melhorar a situação dos demais.

Podemos encontrar elementos de carisma em muitas abordagens psicoterapêuticas, como por exemplo as psicoterapias de apoio, as psicoterapias breves e os vários tipos de psicoterapia de grupo, bem como aquelas abordagens que se baseiam nas esperanças e expectativas dos pacientes (Frank, 1973). O valor dessas abordagens, porém, é muito difícil de ser avaliado porque envolvem muitas variáveis — sugestionabilidade, efeito placebo, persuasão, remissão espontânea, cura pela fé, expectativas de caráter mágico, relação médico-paciente, fama e popularidade do terapeuta — e porque existem muitas variedades de carisma (demagogia, aparência, confiança, integridade).

Os que defendem o uso do carisma afirmam que o alívio imediato experimentado por um indivíduo influenciado por uma personalidade forte é prova suficiente dessa validade. Seus críticos, no entanto, advogam que qualquer melhora alcançada nessas circunstâncias é apenas temporária e que tão logo desapareça o apoio e a influência carismática se desgaste, os problemas tendem a reaparecer. As curas desse tipo são às vezes classificadas como transferenciais, uma vez que se considera que os pacientes que são ajudados dessa forma meramente respondem a uma autoridade forte e protetora (parental). De acordo com Bergman, "tais curas... podem terminar em um ponto qualquer, com uma decepção amarga, com um sentimento de ter sido traído por 'um deus que falhou'" (1982, p. 198).

Liberman et al. (1973) apresentaram, talvez, a mais sistemática compilação de dados sobre os efeitos de um líder carismático sobre um grupo. Seu estudo demonstrou que tais líderes são, ao mesmo tempo, influentes e capazes de provocar mudanças, possuindo também os maiores índices de abandono do grupo. Ao discutir o progresso terapêutico relacionado à personalidade do terapeuta, Wolberg conclui:

> Durante as fases iniciais da terapia, freqüentemente, ocorre um alívio imediato e dramático dos sintomas graças a fatores positivos tais como o efeito placebo, a catarse emocional, o relacionamento idealizado, a sugestão e a dinâmica grupal. Há mudanças de atitudes e de comportamento, mas pouca ou nenhuma mudança reconstrutiva da personalidade. (1977, p. 56)

Pareceria, então, que a liderança carismática no psicodrama é útil, na fase inicial de aquecimento e na fase de dependência inicial do tratamento, quando o crescimento da coesão grupal é de primordial importância e os indivíduos necessitam do líder como ego ideal e como objeto de identificação. Na seqüência, os líderes devem ser capazes e ter vontade de permitir que os indivíduos se tornem autônomos (Rutan e Rice, 1981). Quando isso não acontece, a capacidade de o paciente perceber a realidade é prejudicada, causando danos ao processo terapêutico. Um dos passos inevitáveis do cliente no sentido de uma maior capacidade de testar a realidade e de adquirir sua autonomia é aprender a ver quem o terapeuta realmente é. A distorção da realidade, inerente à idealização, transforma o paciente em uma criança incapaz de crescer. Mais cedo ou mais tarde, os pacientes vão se dar conta de terem sido enganados por um líder que não terá correspondido às suas elogiosas idealizações. Quando isto se dá, os que se decepcionaram se sentem, com razão, irados e desiludidos (Greben, 1983).

A longo prazo, a influência carismática é danosa aos processos de crescimento independentes. Assim, os diretores de psicodrama carismáticos, que se oferecem como pais substitutos, na verdade obstaculizam o amadurecimento de seus clientes por encorajarem expectativas messiânicas. Os psicodramatistas que se baseiam na magia e na cura pela fé, que prometem milagres caso seus clientes apenas se submetam ao seu domínio, "são definitivamente antiterapêuticos" (Liff, 1975, p. 121).

Deve-se notar que a situação carismática é potencialmente prejudicial ao próprio líder, da mesma forma como o é para seus pacientes. O líder carismático corre o risco de começar a cultivar ativa e consistentemente o papel de mágico (ver Capítulo 11). E é difícil mudar o papel de uma pessoa, quando ela se deixa levar pela busca de expectativas idealizadas.

Esse perigo é acrescido pelo fato de que as possibilidades de contratransferência em uma situação como essa são ilimitadas e muito sutis. O perigo mais óbvio neste campo é o líder não perceber que a idealização é uma transferência e começar a tomá-la como realidade. Esses líderes "alimentam sua auto-estima às custas de seus pacientes (...) e, uma vez que a linha que separa o 'reparativo' do 'destrutivo' é muito tênue (...) só existem maus 'terapeutas narcisistas'" (Volkan, 1980, p. 150). Finalmente, esse tipo de terapia corre o risco de se deteriorar numa *folie-a-deux* (loucura a dois), na qual tanto líder quanto paciente caem na armadilha de um sistema fechado, que estimula a exploração recíproca e a corrupção. É em casos como esses que a psicoterapia é mal utilizada para produzir cultos. Segundo Temerlin e Temerlin, essa mentalidade religiosa pode ser observada em várias abordagens terapêuticas — humanistas, experienciais e psicanalíticas — nas quais:

> o líder não considera que a idealização do paciente seja transferencial, a ser entendida como parte do tratamento, mas dela se utiliza para encorajar a submissão, a obediência e a adoração. Os pacientes se tornam verdadeiros crentes, com padrões totalizantes de pensamento, dependência crescente e paranóia. (1982, p. 131)

Embora o psicodrama, nesse sentido, nunca se tenha tornado uma religião — a despeito da influência de carismáticos como Moreno —, Gonen (1971) observou certos "aspectos religiosos" (p. 199) que, acreditava ele, retardaram a inclusão do psicodrama entre as principais correntes da psiquiatria.

Diretrizes da Liderança

Concluindo, as seguintes diretrizes são sugeridas para todos os tipos de liderança no psicodrama:

1. que a liderança se baseie não apenas em fatores irracionais de personalidade (isto é, habilidades demagógicas), mas também na competência racional (profissional);
2. que os líderes se empenhem para reduzir a desigualdade que existe entre eles mesmos e seus clientes, e não para aumentar seu próprio poder;
3. que a liderança seja avaliada e criticada com certa regularidade;
4. que os líderes sejam sensíveis à necessidade temporária de seus seguidores de idealizá-los e se tornarem dependentes;
5. que os líderes sejam capazes de trabalhar os sentimentos de desapontamento que surgem nos indivíduos e grupos, quando suas necessidades de dependência não são satisfeitas;
6. que os líderes sejam capazes de avaliar adequadamente suas próprias qualidades e não se baseiem no poder que lhes é atribuído.

O diretor de psicodrama é uma pessoa comum, que se dedica a um trabalho extraordinário e de muita exigência. Não é um mágico, mas um indivíduo razoavelmente espontâneo e criativo, em geral com uma integridade maior que a média. A exigência básica parece ser a de que ele seja ele mesmo, com suas limitações humanas, seu repertório de papéis e sua autenticidade. É, portanto, possível funcionar como diretor de psicodrama sem atuação onipotente.

5
Aspectos Terapêuticos

O que é útil ou "terapêutico" no psicodrama? Diante desta pergunta, uma participante de grupo enfatizou sua experiência de ser aceita como realmente é. Outra afirmou ter finalmente entendido "como tudo havia começado" e sentia que, com sua autoconscientização, havia criado uma espécie de liberdade que modificara sua capacidade de escolher o que fazer de sua vida. A despeito dessas e de outras respostas entusiásticas, comparativamente, pouco se tem escrito sobre os aspectos terapêuticos do psicodrama. Nosso entendimento sobre o que é realmente útil no processo psicodramático tem permanecido assim bastante limitado, mas talvez não seja necessário que os aspectos de cura do psicodrama continuem obscuros.

Aspectos Terapêuticos

O aspecto (ou fator) terapêutico pode ser definido como um elemento que provoca um efeito terapêutico. Assim, os aspectos terapêuticos são "agentes de mudança", "fatores de cura" ou "mecanismos de crescimento" que contribuem para um resultado psicoterapêutico positivo. Tais aspectos são, naturalmente, intimamente relacionados tanto com os processos internos ao paciente como com as intervenções do terapeuta; defrontamo-nos, assim, com uma complexa massa de dados, que sugerem uma variedade de elementos que influenciam, individualmente ou em conjunto, os resultados da terapia.

A despeito dessa complexidade, os terapeutas das várias escolas enfatizam os fatores "básicos" que eles acreditam que sejam os mais eficientes em sua forma particular de psicoterapia. Por exemplo: os psicanalistas enfatizam a importância do auto-entendimento reconstrutivo ou o *insight* na produção de uma mudança de personalidade duradoura. Sob a perspectiva da teoria da aprendizagem social, a mudança se produz pela mediação de processos cognitivos, ou *schemata* (Bandura, 1977). Os adeptos da terapia centrada na pessoa acreditam que as qualidades do terapeuta — especialmente seu olhar positivo, sua empatia acurada e sua congruência — são de crucial importância. Os terapeutas comportamentais insistem em que a mudança terapêutica deva ser entendida apenas no sistema conceitual da aprendizagem por meio do reforço e da punição. De acordo com alguns hipnoterapeutas, nenhum dos fatores acima pode ser comparado em importância aos paradoxos terapêuticos a que o terapeuta recorre para criar uma mudança de segundo grau (Watzlawick, Weakland e Fish, 1974). Finalmente, muitos autores registram a influência de fatores "não específicos" ou "extraterapêuticos" de cura, que ocorrem não apenas na psicoterapia, mas também em relacionamentos não profissionais ou "por si mesmos", como no caso do efeito placebo.

Embora as psicoterapias acima enfatizem um aspecto terapêutico específico, outros autores tentaram apresentar uma lista dos vários aspectos importantes para a cura psicoterapêutica e que podem ser considerados como "denominadores comuns" às várias abordagens terapêuticas. Frank (1961), por exemplo, sugeriu que a psicoterapia oferece novas oportunidades de aprendizado tanto cognitivo como experiencial, aumenta a esperança de diminuição dos sofrimentos, possibilita experiências de sucesso, ajuda a superar o afastamento dos amigos, mobiliza emoções e proporciona novas informações e soluções alternativas para a "causa" dos problemas. De acordo com Bandura (1977), todo tratamento psicológico eficaz altera um componente do esquema do *self* do indivíduo, isto é, a percepção que ele tem de sua própria eficácia. Bandura identificou quatro fontes de informação, com diversos graus de potencial de mudança: persuasão verbal, mobilização emocional, experiências vicárias e realização de desempenhos. Sundberg e Tyler (1962) sugeriram que a psicoterapia fortalece a motivação do paciente para agir corretamente, reduz a pressão emocional ao ensejar a catarse, libera o potencial de crescimento, modifica os hábitos e a estrutura cognitiva, possibilita o autoconhecimento e facilita as relações interpessoais. Marmor (1962) opinou que a psicoterapia libera a tensão por meio da catarse, proporciona aprendizagem cognitiva, condicionamento operante e oportunidades de identificação com o terapeuta, além de proporcionar a experiência de testar repetidamente a realidade. Finalmente, Lazarus (1973), em seu sistema multimodal de "Id básico", sugeriu sete modalidades interativas que influenciam a mudança: comportamento, afeto, sensação, imaginação, cognição, relações interpessoais e drogas.

O psicodrama utiliza uma multiplicidade de recursos terapêuticos, parecendo justificável a afirmação feita por Blatner de que "ele deve ser visto, mais realisticamente, como funcionando dentro do contexto de uma abordagem eclética da relação de ajuda" (1973, p. 120). No tratamento individual de cada protagonista podem ser aplicados, de forma flexível, vários recursos em função de diferentes metas terapêuticas, tais como o treinamento de papéis, a eliminação de sintomas, a intervenção na crise, o autoconhecimento geral, a resolução de conflitos ou a mudança de personalidade. Nas palavras de Fine: "Se os métodos de treinamento comportamental simples não são suficientes para se atingir os objetivos do paciente, torna-se necessária uma terapia mais profunda, psicodinâmica ou psicossocial (1979, p. 448).

Há uma grande quantidade de obras publicadas a respeito dos fatores terapêuticos da psicoterapia de grupo, como, por exemplo, em Bloch e Crouch, 1985. Até meados dos anos 50, a literatura disponível consistia principalmente de relatos impressionistas de terapeutas a respeito do que eles próprios pensavam ser os aspectos importantes de sua prática. Corsini e Rosemberg (1958) tentaram formular uma classificação geral desses relatos, por meio da revisão de 300 artigos sobre terapia de grupo. Definiram nove classes mais gerais de fatores terapêuticos que poderiam ser agrupados em três categorias mais amplas: 1) emocional: aceitação, altruísmo e transferência; 2) cognitiva: terapia do espectador, universalização e intelectualização; 3) ativa: teste de realidade, ventilação e interação.

Os anos 60 assistiram ao início da pesquisa sistemática nessa área, sendo a abordagem metodológica mais comum perguntar aos integrantes de grupos de psicoterapia quais os aspectos que consideravam de maior ajuda em sua experiência grupal (Dickoff e Lakin, 1963; Butler e Fuhriman, 1983). A partir dessa literatura de pesquisa, Yalom (1975) detectou uma lista de 12 fatores de cura que denominou: autoconhecimento (*insight*), aprendizagem interpessoal (*input* e *output*), universalidade, instilação de esperança, altruísmo, recapitulação do grupo familiar primário (dramatização da família), catarse, coesão, identificação, orientação e questões existenciais. Yalom, Tinklenberg e Gilula (Yalom, 1975), num estudo de uma população relativamente pequena, encontraram que o aprendizado interpessoal, juntamente com a catarse, a coesão e o *insight*, eram os fatores mais valorizados pelos sujeitos. Durante os anos que se seguiram foram realizados grande número de estudos semelhantes, com diferentes tipos de grupos e de participantes, com resultados muito similares, o que indica que os membros de grupos psicoterapêuticos parecem valorizar universalmente esses aspectos básicos do processo.

Tive oportunidade de realizar duas pesquisas, com o objetivo de investigar se esses fatores eram vistos como úteis também pelos participantes de grupos de psicodrama (Kellermann, 1985b, 1987c). Para tanto, foram distribuídos diferentes questionários para uma população relativamente grande de ex-protagonistas de psicodrama. Esses estudos demonstraram que a ab-reação emocional, o *insight* cognitivo e os relacionamentos interpessoais mais uma vez foram percebidos como de maior utilidade que os demais aspectos do processo terapêutico. Embora existam limitações com relação ao conhecimento obtido de auto-relatórios, os resultados consistentes desses estudos indicam que, ao menos do ponto de vista de integrantes de grupos, a catarse, o *insight* e as relações interpessoais se constituem fatores centrais da psicoterapia de grupo psicodramática.

Em virtude da natureza questionável das auto-avaliações, os resultados obtidos por esses estudos são inconclusivos, a menos que sejam complementados por trabalhos teóricos de psicodramatistas experientes que podem oferecer um quadro mais abrangente. Acredito que se Moreno fosse questionado a esse respeito, mencionaria alguns ou todos os seus conceitos básicos da teoria da personalidade — átomo social, tele, preparação, *role-playing*, espontaneidade, criatividade e conservas culturais (Bischof, 1964) — como explicações para o potencial terapêutico do psicodrama. Quando indagada sobre questão similar, Zerka Moreno (comunicação pessoal) mencionou os seguintes fatores terapêuticos do psicodrama: o fator relacionamento real (tele), auto-exposição (validação existencial), catarse de integração e *insight* de ação. Em palavras simples, Zerka Moreno (comunicação pessoal) considerou o psicodrama como "um laboratório não-punitivo, onde se aprende como viver". Tentando responder à questão "o que é efetivo no psicodrama?", Leutz (1985b) focalizou o contexto especial (a cena), o instrumento espontâneo, a função do auxiliar e as técnicas psicodramáticas (duplo, espelho, inversão de papéis), elementos esses que, segundo ela, teoricamente originam das condições iniciais do desenvolvimento humano. E acrescentou que: "quando se faz com que um conflito se torne tangível, concreto e visível, este torna-se dispensável e, assim, a pessoa pode mudar" (Leutz, 1985b).

Blatner e Blatner resumem assim as bases psicológicas do psicodrama:

> A utilização da tendência inata ao jogo pode se estender além da terapia com crianças e adaptada para o tratamento de adolescentes e adultos. A atividade e o emprego de técnicas para incrementar a vividez da experiência ampliam a autorização do paciente para exercer sua força. A inclusão de uma orientação voltada para a construção de habilidades favorece atitudes mais aprofundadas, ao mesmo tempo em que sustenta os elementos cognitivos da aliança terapêutica. O desenvolvimento de canais de auto-expressão ajuda a gerar sublimações saudáveis de necessidades emocionais até então não-cultivadas. A ênfase no futuro e a aplicação de métodos voltados para o desenvolvimento da capacidade de criação de um ego ideal mais vigoroso é um outro aspecto importante da terapia. Em todos eles, os pacientes são ajudados a estabelecer pontes mais funcionais entre suas experiências subjetivas e os recursos objetivos da realidade. (1988, p. 88)

O processo terapêutico do psicodrama, de acordo com esses estudos, abrange uma ampla gama de experiências humanas, inclusive a aprendizagem emocional, cognitiva, interpessoal e comportamental.

Os aspectos terapêuticos que acabamos de apontar representam esforços importantes no sentido de cruzar as várias experiências psicoterapêuticas e de desenvolver uma referência conceitual capaz de explicar por que o psicodrama conduz à mudança. No entanto, ao tentar simplificar, essas listas freqüentemente deixam de lado alguns aspectos cruciais, tais como os fatores de cura inespecíficos quase misteriosos ou mágicos. Se, porém, desejarmos compreender plenamente a natureza e a função da terapia psicodramática, não devemos menosprezar nenhum dos fatores de cura, sejam eles naturais ou sobrenaturais.

Embora os fatores terapêuticos sejam bastante complexos e multifacetados, acredito ser possível dividi-los em sete grandes categorias:

1. habilidades do terapeuta (competência, personalidade);
2. ab-reação emocional (catarse, liberação de afetos acumulados);
3. *insight* cognitivo (autocompreensão, consciência, integração, reestruturação perceptiva);
4. relacionamentos interpessoais (aprendizado por meio do encontro, tele e pesquisa da transferência/contratransferência);
5. aprendizagem através do comportamento e da ação (aprendizado de novos comportamentos através de recompensa, punição e *acting out*);
6. simulação imaginária (comportamento "como se", jogo, apresentações simbólicas, faz-de-conta);
7. fatores inespecíficos de cura (fatores secundários globais).

Supondo que essas categorias representem um resumo abrangente dos principais fatores terapêuticos, nossa tarefa agora é identificar suas manifestações no processo da terapia psicodramática. Em conjunto, esses fatores sugerem um diagrama para a compreensão do complexo processo terapêutico do psicodrama.

Na Figura 5.1. são mostrados os aspectos do psicodrama que facilitam o progresso terapêutico (da esquerda para a direita) e a resistência que opera contra esse progresso. Nos capítulos seguintes, serão discutidos os conceitos psicodramáticos mais relevantes (os números desses capítulos são especificados entre parênteses).

Figura 5.1. Diagrama dos Aspectos Terapêuticos Atuantes no Psicodrama

C	D				R	
C	D	EMOCIONAL	catarse (6)		R	
A	O				E	f
P		COGNITIVO	*insight* de ação (7)		S	e
A	T				I	c
C	E	INTERPESSOAL	tele (8)		S	h
I	R				T	a
D	A	IMAGINÁRIO	"como se" (9)		Ê	m
A	P				N	e
D	E (3)	COMPORTAMENTAL	atuação (10)		C	n
E	U				I	t
	T	INESPECÍFICO	magia (11)		A	o
	A				(12)	(13)

É claro que um diagrama desse tipo envolve algum perigo, na medida em que introduz uma divisão arbitrária de aspectos que, na verdade, se encontram interligados uns aos outros — os elementos cognitivos e emocionais, por exemplo. Por esse motivo, o diagrama é apresentado aqui apenas por razões heurísticas, para ajudar a identificar os vários elementos que atuam no processo da terapia psicodramática. É evidente que qualquer entendimento sobre como o psicodrama funciona terapeuticamente exige que se leve em conta os inúmeros campos, incluindo não apenas elementos singulares, mas vários aspectos em conjunto, tais como catarse e tele.

Essa visão totalizante está de acordo com a de Appelbaum (1988), que enfatizou a importância de se pensar em termos multivariados, quando da conceitualização da mudança: "Ao conceitualizar a mudança, estamos ainda numa fase primitiva, de delinear variáveis, e um dos sintomas é a criação e o uso de muitas palavras diferentes com o mesmo significado. Estamos longe de alcançar a integração das variáveis delineadas, pelo emprego de abstrações de ordem mais alta. Portanto, é fácil falar em termos de determinado meio de mudança como o supra-sumo, menosprezando ou ignorando os demais. Se vivêssemos em um mundo melhor reconheceríamos (...) que a compreensão da mudança requer que se levem em conta todas as variáveis e que uma integração refinada as ordenaria de acordo com a influência por elas exercida sobre o processo de mudança" (p. 207).

Assim, da mesma forma que os problemas emocionais podem originar de um conjunto de fatores (isto é, conflitos de infância, interrupção do desenvolvimento, relacionamentos perturbados, repressão, inibição ou hábitos inadequados aprendidos), o caminho da cura pode se dar também de diferentes rotas, e ser explicado segundo pontos de vista completamente diferentes. Mais ainda, deve-se reconhecer que todo processo de cura pode diferir para diferentes pessoas, com diferentes terapeutas, em diferentes contextos, e, também, nas diferentes afinidades entre paciente, terapeuta e grupo. Um paciente pode progredir por meio do *insight* de ação, enquanto outro pode ser melhor ajudado com um relacionamento interpessoal caloroso e verdadeiro. Para outros, ainda, o determinante central de mudança de personalidade pode ser uma experiência emocional corretiva.

Para tornar ainda mais complicado o quadro, a importância relativa dos fatores terapêuticos pode mudar durante o processo da terapia: no início do grupo, a catarse pode ser mais importante do que o *insight* de ação, enquanto essa escala pode reverter-se no final. A seguir, uma breve descrição do processo terapêutico psicodramático.

De acordo com Moreno (1972), o psicodrama clássico compõe-se de três estágios: as fases de aquecimento, dramatização e compartilhamento da sessão. Moreno sugeriu um quarto estágio, a fase de análise, hoje substituída pelo que denomino como fase de processamento, a ser descrita no

Capítulo 14. Esses estágios abrangem as fases que se seguem, tradicionais a praticamente todos os métodos de psicoterapia. Depois do contrato inicial de tratamento e de uma breve ou extensa avaliação da personalidade do paciente, o terapeuta tenta focalizar algumas questões problemáticas, que serão objeto da terapia. As resistências contra o início da terapia são analisadas e ou neutralizadas, tendo início alguma forma de comunicação verbal ou não-verbal com o mundo interior do paciente. Freud descreveu o processo concreto de tratamento (1914) como: relembrar, repetir e reconstruir, indicando assim a existência de um processo gradual de reintegração do material passado e inconsciente, dentro do contexto terapêutico. Jung (1967) preferiu descrevê-lo como uma seqüência de quatro fases: confissão, explicação, educação e transformação.

O processo da terapia psicodramática assemelha-se a essas descrições, incluindo uma fase de aquecimento emocional para encenação que reproduza um evento passado no aqui-e-agora. No meio da fase de dramatização, o protagonista é auxiliado no sentido de alcançar a catarse, para obter o *insight* de ação e o completamento do ato. Embora todo o processo psicodramático seja importante, considera-se que o meio da fase de dramatização pode ser o período de maior influência sobre o protagonista porque, segundo Strupp (1972), no meio da terapia o paciente se mostra mais suscetível aos estímulos externos e mais aberto à mudança. De acordo com a Curva de Psicodrama de Hollander (Hollander, 1969), esse é o ponto alto da sessão. Segue-se depois uma fase de espiral descendente, de elaboração, de integração e de reaprendizagem. Finalmente, com a fase de encerramento e de compartilhamento grupal, o protagonista é auxiliado a retornar ao mundo externo do dia-a-dia.

Petzold, em seu "sistema tetraédrico de terapia integrativa", elaborou um resumo abrangente do processo do psicodrama, em termos de quatro fases:

> Na primeira fase (diagnóstico-anamnésica), de lembrança, estimulam-se os processos emocionais; na segunda (psicocatártica), de repetição, as emoções são exploradas e expressas; na terceira (integrativa), de elaboração, as emoções são cognitivamente integradas; e na quarta (reorientação), de mudança, o comportamento é testado na ação. (1978, p. 83)

Consideremos o exemplo seguinte de uma sessão de psicodrama, sob a perspectiva dos fatores terapêuticos.

Confiar ou Desconfiar?

Eva, uma mulher divorciada, de meia-idade, foi escolhida pelo grupo para ser protagonista. Até então, ela se mostrava muito discreta e freqüentemente se queixava de dificuldades em confiar no grupo. A despeito de sua apreensão generalizada, ela havia atuado em alguns poucos papéis auxiliares por ocasião do psicodrama de outras pessoas demonstrando grande perspicácia, e normalmente fazia compartilhamentos honestos e emocionalmente comprometidos.

Na fase de aquecimento, Eva mencionou que possuía muito sentimento de agressão reprimido em relação a seu padrasto, que por muitos anos a maltratara. Seu pai biológico tinha falecido quando ela era ainda criança, e sua mãe havia se casado novamente quando Eva tinha dez anos de idade. Na primeira cena, o padrasto (desempenhado por Tom) foi mostrado como um fazendeiro calado, muito trabalhador, que dominava completamente o lar. Eva tinha desejado um pai amoroso, mas sentiu que seu padrasto desde o início não gostava dela. Ele exigia que ela trabalhasse tanto em casa como na fazenda e a castigava severamente quando ela não fazia o que lhe era exigido. Em uma escultura familiar Eva retratou a maneira como sua mãe (desempenhada por Jill) havia se tornado pouco a pouco mais distante, deixando-a isolada, sozinha, sem ninguém para apoiá-la.

No decorrer da dramatização, Eva apresentou várias cenas de sua infância que a levaram a depender apenas de si mesma e que, gradualmente, contribuíram para que aumentasse sua desconfiança em relação às pessoas. Quando fez inversão de papéis com sua mãe e com seu padrasto, Eva expressou reiteradamente sentimentos de indiferença, frieza e egocentrismo. Em uma cena particularmente emocionante de sua adolescência, reconstruiu uma situação na qual seu padrasto a havia proibido de entrar em casa por haver chegado tarde da noite. Quando sua mãe finalmente permitiu que ela entrasse, o padrasto a espancou de maneira humilhante, deixando-a furiosa com a degradação, e desesperada. Eva se dilacerava entre um enorme desejo de amor e um crescente ressentimento contra toda a humanidade, gritando de dor.

Dois membros do grupo foram escolhidos para representar essas duas perspectivas contraditórias e maximizar o conflito de Eva. Isso permitiu que Eva expressasse verbalmente sua raiva, amaldiçoando seus pais de maneira primitiva e purgadora. Parecia explodir de raiva, como se os sentimentos guardados por tanto tempo fossem liberados. Essa explosão emocional, porém, deixou-a ainda mais esgotada e vazia do que antes, e ela começou a sentir a dor de não ter recebido seu desejado amor parental. Então, subitamente, Eva lembrou-se de uma cena ocorrida cinco anos atrás, quando cuidava de sua mãe que estava morrendo de câncer. O diretor sugeriu que ela representasse essa cena, e Eva a fez rapidamente, em uma cama de hospital, dando instruções a Jill para que fizesse o papel de sua mãe moribunda. Eva sentia-se obrigada a cuidar da mãe, mas sua raiva a impedia de fazer isso com boa vontade. Como o diretor insistisse para que se despedisse de sua mãe, ela recusou-se, afirmando: "Eu não posso dizer adeus! Não posso perdoá-la e permitir que se vá!". Explicou que nunca tinha podido estar ao lado da mãe e que, portanto, não havia ninguém de quem tivesse que se separar. O diretor perguntou-lhe o que precisava para

84

despedir-se de sua mãe e ela respondeu: "Fazer parte de um lugar seguro, uma praia segura onde eu possa jogar minha âncora". O diretor sugeriu, então, como cena de encerramento, que ela construísse simbolicamente uma praia segura onde pudesse ancorar, representando talvez uma "boa mãe". Eva, no entanto, parou de cooperar e se tornou incomunicável, como se tivesse se retirado do mundo externo. O diretor observou seu estado regressivo e disse ao grupo que Eva precisava ser cuidada, sem ter de assumir a responsabilidade de cuidar, ela queria ser encontrada como uma criança carente e não como uma pessoa adulta. O diretor solicitou aos membros do grupo que se sentiam sinceramente próximos de Eva que se aproximassem e a abraçassem. Ela reagiu de boa vontade, mas passivamente, aos cuidados do grupo e, pouco a pouco, relaxou, chorando suavemente. Então, abriu os olhos, encarou os membros do grupo — que estavam ao seu redor — com um sorriso caloroso e aliviado.

Na fase do compartilhamento do psicodrama de Eva, tornou-se claro que a escolha dos auxiliares havia sido bastante significativa. Tom, que havia desempenhado o papel de padrasto, falou sobre como havia ele mesmo deixado seus próprios filhos em uma escola maternal, quando eles eram crianças. Jill, que pensou estar com câncer, declarou que havia tido uma grande dificuldade para desempenhar o papel da mãe moribunda. Os outros membros do grupo falaram sobre as separações que haviam tido de seus pais, de seu desejo de serem cuidados e aceitos incondicionalmente, e das necessidades conflituosas de dar e de receber. Sem dúvida, esse psicodrama tocou em questões universais da existência com as quais todos já nos defrontamos. A lição verbalizada pelo diretor foi a de que se torna mais fácil nos separarmos (interna e externamente) de pessoas importantes quando o relacionamento se encontra "purificado" de seus conteúdos nocivos e, assim, finalizado em termos de seus resíduos emocionais.

Quase um ano depois, pedi permissão a Eva para incluir a descrição de seu psicodrama neste livro. Nessa ocasião perguntei-lhe se aquela sessão a havia ajudado — se é que isso aconteceu. Depois de termos recapitulado as várias cenas de seu psicodrama, Eva afirmou que nada havia sido tão importante como a experiência de ter se apresentado com sinceridade diante do grupo, confiando que eles a aceitariam como ela era. Enfatizou, porém, que isso foi apenas o começo e que ela via o psicodrama não apenas como uma "terapia de sessão única", mas como um processo de desenvolvimento que tem continuidade.

Esta vinheta nos mostra como as necessidades infantis não-resolvidas podem ser reativadas no psicodrama e simbolicamente satisfeitas pelo grupo. Em função de sua história de vida traumática, a necessidade de Eva, de ter ao seu redor pessoas em quem pudesse confiar plenamente, até então não tinha podido ser satisfeita. Com o seu profundo envolvimento nas sessões dos outros protagonistas, e como resultado de seu próprio psicodrama, ela viveu um novo aprendizado que contradisse o que ela havia aprendido anteriormente, em sua vida.

Conclusão

A despeito das dificuldades na determinação dos aspectos terapêuticos do psicodrama, o exemplo acima ilustra como o psicodrama ajuda a garantir efeitos terapêuticos, fundamentalmente por intermédio de uma multiplicidade de influências, que incluem o fator interpessoal (tele), o emocional (catarse), o cognitivo (*insight* de ação), o imaginário (como se), o comportamental (*acting out*) e os agentes inespecíficos (mágicos). Os resultados finais dessa combinação de forças podem ser muito diferentes e incluem a diminuição da tensão, a restauração da homeostase ou uma recuperação do sentido de controle, o que pode restaurar defesas adaptativas e produzir a cura dos sintomas. Espero que os capítulos que se seguem possam fornecer uma compreensão mais aprofundada desses ingredientes terapêuticos.

6
Catarse

Uma das questões mais controvertidas da literatura psicoterápica diz respeito às vantagens e desvantagens comparativas da catarse. Infelizmente, os argumentos pró e contra são mais freqüentemente de natureza apaixonada do que convincentes, o que nos proporciona escassa discussão sistemática sobre o assunto, tanto sob a perspectiva teórica como empírica. O objetivo deste capítulo é revisar o conceito e o valor terapêutico da catarse, bem como reavaliar seu *status* dentro do quadro de referência do psicodrama.

Desenvolvimento Histórico

A catarse tem desempenhado importante papel na psicoterapia há quase cem anos (Weiner, 1977). No entanto, esse termo já vinha sendo empregado desde muito antes do advento da psicoterapia. Aristóteles, em sua *Poética*, utilizou-se dele para designar a liberação de sentimentos nos espectadores que assistiam a uma tragédia. Ele acreditava que a tragédia funcionava "fazendo surgir a piedade e o terror, para assim alcançar a correspondente *catarsis*, ou purificação dessas emoções" (Aristotle, 1941, p. 1460). A palavra "catarse", desde Aristóteles, tem sido objeto das mais variadas interpretações. A opinião atualmente aceita é a de que se trata de um termo médico que designa uma purgação emocional que ocorre com os pacientes. É possível que essa interpretação médica pressuponha uma limpeza das emoções, como se elas fossem coisas nocivas das quais é necessário livrar-se. E, na verdade, durante os séculos que separam Aristóteles da época atual, os pacientes têm sido "purificados"de espíritos malignos, demônios e outros poderes danosos por sacerdotes exorcistas, sonambulistas, mesmeristas e hipnotizadores, todos estes acreditando que algo mau ou impuro estaria influenciando a pessoa de dentro dela e que isso teria que ser retirado dela.

A interpretação médica do termo catarse teve um poderoso reforço no final do século XIX, por Freud. Tendo estudado hipnose com Charcot, Freud provocava uma crise emocional em seus pacientes histéricos, para em seguida conduzi-los a uma descarga do que ele havia reconceitualizado inicialmente como emoções reprimidas e, mais tarde, como "bloqueio da libido" (Breuer e Freud, 1893).

No início do século XX, Moreno adaptou os princípios catárticos de Aristóteles e os rituais religiosos do Oriente Próximo às teorias dramáticas de Diderot, Lessing e Goethe, criando o método da dramatização espontânea (que mais tarde se tornou o psicodrama), no qual se oferecia ao protagonista a oportunidade de liberar-se por si mesmo dos papéis e textos "conservados".

Com o passar do tempo, desenvolveram-se várias formas de psicoterapia catártica, tais como a análise do caráter (Reich, 1929); a narcoanálise (Horsley, 1943); a Gestalt-terapia (Perls, 1969); a terapia primal (Janov, 1970); a análise bioenergética (Lowen, 1975). As técnicas diferem, mas seu princípio permanece o mesmo: induzir o paciente a purgar-se mentalmente de qualquer conteúdo mórbido que tenha sido armazenado dentro dele. Um ponto comum a essas psicoterapias é o pressuposto de que as emoções, quando não expressas, são "acumuladas" em um reservatório, da mesma forma como o vapor de uma panela de pressão. Esse acúmulo causaria uma pressão interna ou tensão, que teria como decorrência uma disfunção psíquica. Para readquirir seu bem-estar o paciente teria de drenar o resíduo emocional dando-lhe expressão ("catarsizando-o"). Essa teoria é por vezes denominada como "modelo hidráulico" (Bohart, 1980), e remonta à visão "econômica" de Freud, segundo o qual a psique é um repositório de energias que requer descargas periódicas (Blatner, 1985).

Uma revisão da literatura mostra que há certa massa confusa e superposta de termos utilizados para designar a catarse, tais como "ventilação", "ab-reação", "grito primal" ou o tipo reichiano de orgasmo completo, clímax total. Cada abordagem terapêutica emprega sua própria terminologia, juntamente com vários rituais, para que os pacientes "tirem seus guardados do baú", "gritem" ou "desabafem". No entanto, alguns fenômenos diferentes, mas relacionados entre si — tais como o *acting out*, a experiência culminante, o completamento da ação, do *insight* de ação, a sensação da descoberta, a confissão, a salvação, a regressão e a satisfação de necessidade —, algumas vezes designados como catarse, não deveriam ser considerados como tal. A diferenciação apontada por Blatner (1985) dos vários componentes da catarse, entre catarse de ação, de integração e ab-reação, catarse de inclusão e catarse espiritual (ou cósmica) é também confusa e obscurece a definição de catarse. Porque a catarse se refere, específica e exclusivamente, à liberação de conteúdos armazenados, por intermédio de sua expressão afetiva (mudanças superficiais observáveis na face, no corpo, na voz e/ou no comportamento).

A Experiência Catártica

A experiência catártica pode ser ilustrada pelo psicodrama de Walter, um homem casado, na faixa dos quarenta anos, que se queixava de se sentir tenso e irritado a maior parte do tempo. Tinha contado ao grupo que sofria de freqüentes dores de cabeça e que tinha dificuldades de relaxar no trabalho. Por vezes, parecia que iria explodir e era claro para todos que algo o pressionava intimamente. Quando foi escolhido como protagonista, ninguém se surpreendeu com o fato de ele querer trabalhar seu estado geral de ansiedade. No decorrer da entrevista, afirmou que odiava trabalhar para seu sogro, pessoa agressiva e dominadora, mas que se sentia temeroso e culpado demais para encarar a situação e deixar seu emprego. Em uma das cenas, Walter apresentou uma situação na qual era injustamente acusado de apoderar-se de dinheiro da firma em que trabalhava. A despeito de seus protestos e explicações, seu sogro (desempenhado por um auxiliar) insultou-o e denegriu-o, ameaçando levá-lo à polícia.

A situação rapidamente perdeu seu caráter de faz-de-conta; podia-se ver que Walter começava a perder o controle e que dentro dele fervia uma raiva real. Apesar de seus esforços para manter a calma, algo estava "a ponto de explodir" em seu corpo, algo que estava ali há muito tempo, uma raiva antiga, represada, finalmente estava em plena ebulição. Walter parecia reviver todas as cenas de sua vida nas quais se sentira pressionado pelas circunstâncias e se vira obrigado a gritar: "Eu não fiz isso! Eu não fiz isso!". Subitamente, seu corpo entrou em espasmo e as lágrimas literalmente explodiram de seus olhos, molhando sua camisa e cegando-o momentaneamente. Então, tudo virou de cabeça para baixo e ele chorou pela primeira vez em muitos anos. Quando tudo terminou, Walter parecia ter descoberto um segredo, uma verdade simples que não havia sido capaz de colocar em palavras, ou mesmo em pensamentos. Mas seu corpo tinha sempre abrigado a verdade, relembrando-o dela por intermédio das dores de cabeça e da tensão. Depois dessa sessão Walter relatou que suas dores de cabeça haviam desaparecido quase por completo e que se sentia muito menos irritado e tenso no trabalho. Sentiu que havia estabelecido uma significativa conexão entre sua tensão presente e suas frustrações quando criança, *insight* que o ajudou a lidar mais efetivamente com situações ansiógenas presentes e futuras.

Tal como ocorre com todas as formas de expressão afetiva, a catarse se dá de forma espontânea e involuntária, ao sabor do momento. Aqui a palavra "emoção" é tomada em seu sentido literal — do latim: *e-movere*, que significa mover-se para fora —, transmitindo a idéia da expressão externa de algo interno. Mas a catarse difere de outras expressões afetivas por sua intensidade, crueza e primitivismo, bem como pela distorção de tempo e espaço onde o "aqui-e-agora" é tomado como "lá e então". Por exemplo, como resposta a uma perda recente é uma reação de luto normal, enquanto explodir em lágrimas após um longo período de contenção pode ser visto como catarse. As expressões não-catárticas de emoções (tal como a tristeza) incluem também os soluços renitentes daquele que encobre sentimentos de ira; o choro manipulativo dos que desejam chamar a atenção sobre si, e os lamentos sintomáticos dos cronicamente deprimidos.

A catarse difere de indivíduo para indivíduo tanto em qualidade como em quantidade. A intensidade da liberação é relativa, devendo ser encarada não sob um ponto de vista objetivo, mas sob a perspectiva do mundo experiencial de cada pessoa.

> Para um indivíduo altamente reprimido, uma forma de expressão aparentemente muda pode representar um acontecimento de considerável intensidade, enquanto uma tempestade emocional, para um indivíduo impulsivo, pode ser apenas algo comum do dia-a-dia. (Yalom, 1975, p. 84)

Enquanto no psicodrama muitos participantes destacam a experiência de serem inundados por seus sentimentos, outros a desfrutam como uma experiência agradável, de alívio, após haverem liberado emoções reprimidas ou de excitação sexual, que pode ocorrer como subproduto da excitação emocional. Em uma dessas situações, uma mulher exclamou: "Parece um orgasmo! Quem já sentiu sabe que é uma bênção, um milagre!". Essa experiência se assemelha ao alívio reconfortante que se segue à confissão verbal: "Agora tudo está bem. Tudo veio à luz e já não há necessidade de encobrir mais nada!".

Não são apenas os pacientes que diferem em suas descrições de catarse e de seus efeitos. Três psicodramatistas percebem a experiência da catarse como: "o alívio após um estado de extrema tensão ou a culminância emocional na qual as resistências se esvaem" (Schutzenberger, 1970); "a sublevação, a ruptura de emoções reprimidas e de estruturas enrijecidas" (Leutz, 1974); e "a sensação de que somos o que em nossa imaginação gostaríamos de ser" (Z. T. Moreno, 1971).

Mas apesar das diferentes percepções, um fio comum corre pelas várias vivências catárticas. A catarse diz respeito à expressão emocional por meio da qual algo contido, cuja tendência natural é sair, finalmente se libera. Dessa forma, a catarse pode ser entendida como um "nome que se dá ao completamento (de uma parte ou da totalidade) de uma seqüência anteriormente restringida ou interrompida de auto-expressão, a qual, se não tivesse sido frustrada, poderia ter ocorrido como uma reação natural a determinada experiência" (Nichols e Efran, 1985, p. 55). Segundo esse ponto de vista, a catarse seria uma espécie de válvula de segurança que reduz a tensão "dentro de" e "entre" pessoas, não sendo portanto de surpreender que a maioria de nós a encare como algo positivo, um momento precioso, um estado ideal de ser. Em nosso mundo do senso comum a catarse, e a liberação em geral, possuem uma conotação positiva. No entanto isto, em si, não a torna terapêutica.

Catarse como Cura?

O valor curativo da catarse permanece uma questão controversa. A catarse tem sido tradicionalmente considerada como curativa nos casos de distúrbios por estresse pós-traumático "no qual apenas o que acontece é o fato de que a reação aos estímulos traumáticos deixou de ocorrer" (Freud, 1894, p. 47). Considera-se, também, que a catarse é valiosa no tratamento de distúrbios de personalidade esquizóides, esquivos, obsessivo-compulsivos ou passivo-agressivos, nos quais o afeto é inibido, bem como no tratamento de alguns distúrbios somáticos nos quais o afeto está reprimido e somatizado. Mas os que a defendem acreditam que quase todos os pacientes — neuróticos, psicóticos, de ego forte ou fraco, inibidos ou impulsivos — armazenaram "energias", podendo então beneficiar-se da catarse, no mínimo, em alguma fase de seu tratamento. Esses adeptos da catarse afirmam que ela pode, em si e por si só, curar, numa espécie de forma automática, e argumentam que o sentimento imediato de bem-estar que se experimenta após uma intensa liberação emocional é prova suficiente de sua validade. No centro dessa crença na catarse reside o sentimento de que o fato de uma pessoa guardar em si suas emoções produz sentimentos de "engarrafamento", ao passo que o fato de liberá-las conduz ao alívio.

No campo oposto, os críticos da catarse ou discutem seus benefícios ou os negam completamente. Argumentam que o alívio obtido por intermédio da catarse é apenas temporário, que a tensão tende a reaparecer após um certo tempo e que a total expressão de uma emoção não a reduz, necessariamente; o choro, por exemplo, nem sempre reduz a experiência da tristeza. Questionam, igualmente, se a expressão emocional pode, por si só, promover uma mudança terapêutica — se, por exemplo, a expressão da ira tem o poder de resolver qualquer conflito real de ordem interpessoal.

Os que advogam o valor terapêutico da catarse baseiam-se em uma visão simplista da saúde mental como "pureza da alma" e da doença mental como "poluição da alma", sendo que a catarse atuaria como agente intermediário de limpeza. Conceitualizam a cura catártica como a abertura de uma válula de segurança para a liberação dos aspectos aprisionados do *self*. De acordo com esse ponto de vista, o indivíduo saudável é aquele capaz de dar curso livre e espontâneo a suas emoções, e que se encontra permanentemente em um processo dinâmico de transformação. Para os defensores da catarse, atuar o "mal" dentro de um enquadramento legal não apenas propicia uma válvula de segurança para o excesso de ira como também oferece a oportunidade de aquisição de equilíbio emocional e autocontrole. Os clientes podem expressar vicariamente a raiva que sentem por seus terapeutas, transferindo-a para outros membros do grupo (auxiliares) ou para objetos inanimados. Goldman e Morrison (1984) recomendam, por exemplo, que se os protagonistas tiverem raiva reprimida, gritem, batam ou atirem cadeiras metálicas contra a parede. Seja qual for o instrumento que empreguem, a redução da tensão poderá ensejar a tolerância à frustração e adiar a ação até o momento em que se possa encontrar uma solução satisfatória para o conflito.

A pesquisa empírica sobre o valor da catarse tem focalizado principalmente as hipóteses de frustração/agressão, tal como o defendem Dollard, Doeb, Miller, Mowerer e Sears (1939), que sugeriram que o comportamento agressivo reduz o estímulo à agressão. Pesquisas pioneiras, como por exemplo as conduzidas por Feshback (1956), Berkowitz, Green e Macanley (1962), Kahn (1966), Mallick e McCandless (1966) e Hokanson (1970) encontram pouco suporte para essa teoria, da mesma forma que os trabalhos desenvolvidos mais recentemente por Zumkley (1978), Bohart (1980), Warren e Kurlychec (1981), e Tavris (1982). Todos esses autores demonstraram que a expressão da raiva, seja ela verbal ou física, *não* reduz automaticamente a raiva; concluíram, porém, que a redução ou não da raiva através da catarse estava intimamente relacionada a fatores de ordem interpessoal, comportamental e/ou cognitivos. Apresentando uma grande massa acumulada de evidências a partir de pesquisas com crianças, Bandura e Walters (1965) concluíram que, longe de produzir a redução catártica da agressão, a participação direta ou vicária em comportamento agressivo num ambiente permissivo mantém o comportamento original, podendo de fato contribuir para aumentá-lo. Empenhado em estabelecer um equilíbrio entre esses vários pontos de vista, Gould (1972) sugeriu que a catarse de agressão beneficiaria primariamente os indivíduos inibidos ou de alguma forma incapazes de dar expressão a seus sentimentos. Personalidades impulsivas, tais como adolescentes caóticos que apresentam dificuldades em adiar a satisfação de suas necessidades, em tolerar a frustração e em adiar sua expressão imediata (Willis, 1991), podem ser menos indicadas aos tratamentos catárticos. Esse ponto de vista é congruente com o de Yalom (1975), que afirmou que "muitos indivíduos reprimidos se beneficiam quando experienciam e expressam afetos intensos. Outros, com problemas contrastantes de controle de impulsos e com grande habilidade emocional, podem, ao contrário, tirar proveito da aquisição de uma estruturação intelectual e de maior controle sobre a expressão emocional" (p. 103). Butler e Fuhriman (1983) concluíram que a catarse estava em primeiro lugar para grupos de pacientes externos, mostrando-se menos eficaz em pacientes hospitalizados.

Estudos teóricos realizados dentro do quadro de referência do pensamento psicanalítico são também críticos em relação às hipóteses originais da catarse. Kris (1952), por exemplo, afirma: "Já não nos satisfaz a noção de que as emoções reprimidas perdem seu controle sobre nossa vida mental quando se descobre uma destinação para elas" (p. 45) e Binstock (1973) mantém que: "o papel da catarse nos assuntos humanos é um dos mais restritos e humildes" (p. 504). Sob o ponto de vista técnico, Bibring (1954), Dewald (1964) e Greenson (1967) enfatizam que embora a catarse desempenhe um papel de cura mais limitado na psicanálise, pode oferecer ao paciente um sentimento de convicção quanto à realidade de seus processos inconscientes. Slavson, finalmente, aponta que "o valor da catarse reside no fato de que ela induz a regressão a estágios de desenvolvimento emocional nos quais ocorreu a interrupção ou fixação" (1951, p. 39).

No campo da psicoterapia de grupo, Yalom (1975), em seu estudo comparativo dos fatores de cura, concluiu que "a expressão aberta de afetos é, sem dúvida, vital para o processo terapêutico grupal; em sua ausência, o grupo degeneraria em um exercício acadêmico estéril. No entanto, ela é apenas parte do processo, devendo ser complementada por outros fatores" (1975, p. 84). Seus dados são apoiados pelos estudos realizados por Lieberman, Yalom e Miles (1973) e Berzon, Pious e Parson (1963), que concluíram que a pura ventilação, sem a aquisição de habilidades para o futuro, não tem valor curativo. Similarmente, Nichols e Zax (1977), na revisão que fizeram do papel desempenhado pela catarse nos ritos religiosos e mágicos de cura na psicanálise, na hipnoterapia clínica, na terapia de grupo, na terapia comportamental, na psicologia social da agressão e no tratamento de neuroses de guerra, descobriram que a catarse, sozinha, nunca foi suficiente para fazer acontecer uma cura psicoterápica.

Os que defendem a catarse como fator único de cura, no entanto, parecem dar pouca atenção a esses dados de pesquisa e aceitam implicitamente o valor terapêutico da catarse. Argumentam que aquilo que os críticos repudiam não é a catarse "real", mas alguma forma de "pseudo-expressão dos sentimentos" e sustenta que os pacientes que experimentam a coisa "real" — a "experiência primal", por exemplo — são imediata e permanentemente curados. Rose (1976) escreve que os críticos não conseguiram obter resultados positivos com a catarse "porque o que eles identificaram como sentimento não apresentava suficiente intensidade" (p. 80). De forma parecida, Scheff (1979) sustenta que a responsabilidade pela maioria das dificuldades encontradas pelos críticos não é a falta de validade da terapia catártica em si, mas, sim, o fato de esses críticos não conseguirem seguir um procedimento de descarga emocional repetida durante um reexperienciar adequadamente distanciado de uma cena traumática. Algumas evidências empíricas são apresentadas por Janov (1970), Karle, Corriere e Hart (1973), Nichols (1974), Nichols e Zax (1977) e por Scheff (1979). No âmbito do encontro humano potencial, Heider (1974) considera que a catarse representa a "mais freqüente e valiosa ferramenta para penetrar os espaços transcendentais da experiência" (p. 30).

Uma abordagem do valor da catarse, baseada no senso comum, parece levar em conta a observação feita por Gendlin (1964) segundo a qual "a mudança de personalidade significativa implica sempre que o indivíduo sofra algum processo de sentimento intenso" (p. 105). A noção de que a redução da tensão leva ao alívio é também facilmente aceita pela maior parte das pessoas e muito pouca dúvida resta sobre o fato de que o "descarregarmos" nossas dificuldades sobre alguém realmente diminui o peso de nossos conflitos. Essa liberação pode contribuir para o rompimento de um círculo vicioso de frustração e repressão, que freqüentemente caracteriza os indivíduos neuróticos. Deve-se realçar, porém, que os benefícios proporcionados pela catarse dependem, em grau muito amplo, da resposta que as pessoas recebem quando elas se expressam. Quando a expressão da raiva encontra retaliação, por exemplo, é possível que a experiência resulte mais em uma nova frustração do que em alívio. Assim, o fato de darmos expressão *no ambiente adequado,* ao que até então mantínhamos preso dentro de nós, pode tornar-se uma nova experiência importante, capaz de nos conduzir ao crescimento terapêutico.

O Papel da Catarse no Psicodrama

Um dos pressupostos fortemente identificados no psicodrama é que o desenvolvimento da catarse, por parte do protagonista, é um importante fator de cura no ambiente terapêutico, e como tal é promovida. Independentemente de quando acontece — se durante a fase de aquecimento, de dramatização, de encerramento ou de compartilhamento —, a catarse é comumente vista como o "ápice" ou culminância da sessão; e, dessa forma, é encarada como o evento singular, o mais significativo do psicodrama. Segundo Ginn (1973), "todo o arsenal de armas dramáticas é arranjado para o alcance e a maximização do momento catártico" (p. 16). Polansky e Harkins (1969) impressionaram-se tanto pela utilização positiva da dramatização para a descarga afetiva que eles "começaram a pensar o psicodrama como talvez o meio específico para o tratamento da inibição afetiva" (p. 79).

No entanto, quando se atenta para a dificuldade de definir o papel da catarse na mudança da personalidade, parece que a catarse tem sido monstruosamente superavaliada no psicodrama. Embora possa ter valor substancial em certos contextos, não merece ser tratada como um fim em si, mais do que como meio para um fim. Em alguns círculos a catarse chegou a ser tão adulada e romantizada que passou a adquirir autonomia funcional. Não há dúvidas de que a liberação das emoções ocupa lugar central no processo psicodramático, mas apenas quando combinada com outros fatores. A catarse pode montar o cenário para o processo de mudança por meio do afrouxamento de posicionamentos fixos, mas mais cedo ou mais tarde os conflitos subjacentes a essas fixações devem ser trabalhados, seja pela interação com o mundo exterior, seja em termos dos próprios sentimentos da pessoa.

Os psicodramatistas que provocam a liberação das emoções como tal, sem prestar suficiente atenção à análise da resistência, ao aprofundamento e à integração, podem ser comparados aos "analistas do id" dos primórdios da psicanálise, que empregavam todo o seu empenho na descoberta do inconsciente. Esta posição pode ser contrastada com a dos psicólogos do ego, mais recentes, que levam em consideração as funções do ego tais como teste de realidade, adaptação, relações-objetais, defesas e integração, dando menor importância à liberação catártica. Os profissionais que buscam tanto a liberação (id) como a integração (ego) obterão melhores resultados do que os que dão ênfase exclusiva à liberação. Esse ponto de vista é congruente com o de Weiner (1974), que alterou a fórmula de Freud "onde estiver o id, ali estará o ego" para "onde estiver a mente, ali estará o corpo-mente" (p. 48).

Moreno (1923, 1940) ampliou o sentido etimológico original de catarse para incluir não apenas a liberação e alívio das emoções, assim como a integração e o ordenamento; não apenas o intenso reviver do peso do passado, mas também o genuíno viver no aqui-e-agora; não apenas uma reflexão passiva e verbal, mas uma atuação ativa e não-verbal; não apenas um ritual privado, mas um rito de cura comunitário e compartilhado; não apenas a redução de tensão intrapsíquica, mas a resolução de conflitos interpessoais; não apenas uma purificação medicinal, mas também uma experiência religiosa e estética. Esse entendimento da catarse reflete uma considerável ampliação do que foi retratado anteriormente e apresenta implicitamente o psicodrama como um processo de duas fases: 1) liberação e alívio (catarse); e 2) integração e ordenação (aprofundamento). Nas palavras de Zerka Moreno (1965): "depois da expressão tem de vir a retenção".

A primeira fase do psicodrama inclui tanto a análise da resistência como a catarse. Os protagonistas não são manipulados para que se expressem, mas auxiliados a vencer as resistências que bloqueiam sua espontaneidade. Desta forma, denominar o colapso das defesas como "ruptura" é um erro técnico. A catarse nem é induzida nem inibida, mas autorizada a emergir a seu próprio tempo, e sob a forma que lhe seja própria. Os protagonistas somente são estimulados a maximizar a expressão dos sentimentos, "deixando sair tudo, quando a comunicação está aberta e os sentimentos fluem".

A função específica da catarse, no psicodrama, é propiciar a auto-expressão e o realce à espontaneidade. A auto-expressão é mais do que mera liberação afetiva; inclui a comunicação das realidades interna e externa percebidas, das representações do *self* e do objeto, dos valores, das defesas, das imagens corporais etc. Os protagonistas são estimulados a se expressar da forma como considerarem viável, em uma atmosfera idealmente isenta de desaprovação ou retaliação. Mas, como Cornyetz já apontava em 1947: "o psicodramatista não se satisfaz com a liberação ocorrida porque aí está o ponto de partida para a tarefa psicoterápica, e não o ponto de chegada" (p. 62).

A segunda fase do psicodrama consiste na integração dos sentimentos liberados. Tudo o que foi liberado deve ser reintegrado para que se possa evitar "vire fumaça". Essa integração pode incluir a restauração da ordem num caos emocional interior, novos aprendizados de estratégias de enfrentamento, aprofundamento das relações interpessoais ou a transformação de sentimentos parciais em completos. Nas palavras de Goldman e Morrison (1984): "na medida em que nos movemos do centro para o clímax de nossa espiral, têm início tanto o *insight* quanto a integração. No entanto, é essencial que o protagonista esteja consciente de seus sentimentos, pensamentos e ações. A ligação entre o afetivo e o cognitivo é necessária para que o protagonista possa integrar a sessão, mesmo que não possa integrar tudo completamente, ao final dela" (p. 32).

Conclusão

Neste capítulo foi analisado o conceito de catarse, discutindo seu valor como fator de cura no âmbito do psicodrama e no do pensamento psicoterápico corrente. A catarse foi definida como uma experiência de liberação, que ocorre quando um estado de imobilização interior de longa duração encontra seu escoadouro por meio da ação. Essa liberação não é curativa em si, mas pode efetivar uma mudança apenas se combinada a outros fatores, tais como o compartilhamento com um grupo solidário. Considerando-se que a catarse não é o único nem mesmo o mais significativo fator de cura no psicodrama, parece ser altamente superavaliado por muitos profissionais.

7
Insight de Ação

No capítulo anterior discutimos o valor terapêutico da catarse e cheguei à conclusão de que a liberação emocional seria totalmente ineficaz se não fosse acompanhada de um apelo à razão e à racionalidade e complementada por algum *insight* cognitivo.

O *insight* tem sido visto, tradicionalmente, como um importante fator para a produção da cura. A psicanálise e, virtualmente, todas as psicoterapias de orientação psicodinâmica têm utilizado a autoconsciência como um aspecto central do processo de tratamento. Segundo os que participam do psicodrama, a autocompreensão é o fator que mais ajuda, em comparação com os demais (Kellermann, 1985b). O processo de aquisição dessa compreensão tem recebido diferentes nomes ou nem sequer chega a ser mencionado. No entanto, seja ele rotulado como auto-realização, como forma de tornar consciente o inconsciente, como esclarecimento, iluminação ou *insight*, a maioria das psicoterapias, incluindo-se aí algumas abordagens cognitivo-comportamentais (Bandura, 1977), oferecerá aos seus pacientes alguma compreensão de si mesmos e de suas dificuldades — como surgem e como podem ser modificadas —, sejam elas psicanalíticas, cognitivas ou existenciais-humanistas.

A autocompreensão, no entanto, não produz efeitos terapêuticos de forma automática. Já de há muito se reconhece que o *insight* intelectual, sozinho, não propicia mudanças de natureza emocional ou comportamental (Freud, 1910; 1937; Adler, 1930; Ferenczi e Rank, 1925; Alexander e French, 1946; Horney, 1950; Fromm-Reichmann, 1950; Sullivan, 1953; Hobbs, 1962; Gendlin, 1961; Singer, 1970; Janov, 1970; Kohut, 1984). O fato de os clientes adquirirem uma compreensão básica de seus problemas e de investigarem sua infância não garante que possam fazer ou que vão fazer alguma coisa a respeito. Muitos pacientes alcançam um alto grau de *insight* sem no entanto fazerem nenhum progresso terapêutico (Thorne, 1973, p. 865; Yalom, 1975, p. 43). Não se pode simplesmente contar às pessoas do que elas sofrem e esperar que mudem. Como também de nada adianta explicar as razões de seus problemas em termos de alguma teoria consagrada sobre o desenvolvimento infantil, mesmo que essa explicação seja correta. "Se a informação, por si, pudesse provocar a mudança terapêutica, os pacientes poderiam melhorar pela leitura dos relatórios psiquiátricos sobre seu caso e os laudos de seus testes psicológicos" (Appelbaum, 1988, p. 205).

Para que a terapia seja bem-sucedida, o processo de autodescoberta deve ser mais emocional do que intelectual, devendo ser acompanhado por uma experiência significativa de aprendizado. Os pacientes devem ir além das causas de seu sofrimento, no passado, e experimentando o sentido presente de seus sentimentos e de suas ações (Appelbaum, 1988). A meta da terapia reconstrutiva não é obter "*insight* intelectual", que é, fundamentalmente, um mecanismo de defesa, mas atingir um "*insight* emocional", a capacidade de "estar em contato com o inconsciente" (Rycroft, 1968), tanto em bases físicas quanto emocionais. Parece-me que não existe uma discordância fundamental entre a psicanálise e o psicodrama no que diz respeito ao valor terapêutico desses *insights* emocionais. O psicodrama nos ajuda a tornar-nos mais conscientes de nós mesmos, de nossos sentimentos, sonhos, estilos de vida, vidas interiores, conflitos e motivações. Auxilia-nos a reconhecer o que estamos fazendo para nós mesmos e para os outros e a avaliar nosso comportamento em relação a nossas metas. Pode também nos ajudar a lembrar de nossas experiências infantis que tenham sido precursoras e, por vezes, a origem de distúrbios mentais posteriores. Nas palavras de Maslow (1971): "Se a literatura psicanalítica nada mais nos tivesse ensinado, pelo menos nos teria ensinado que a repressão não é uma boa maneira de solucionar problemas" (p. 47). Mas a autocompreensão ou *insight* não é uma meta em si mesma, no psicodrama. Freqüentemente, o *insight* não é mais que uma forma de percepção tardia, que permanece sem se integrar a não ser que seja reforçado pela ação e pela mudança comportamental (Wheelis, 1950). No psicodrama, o processo de autodescoberta deve ser complementado por um elemento de antevisão — o fortalecimento da consciência antecipatória a ser utilizado no comportamento adaptativo futuro (Rapport, 1970). Para reforçar o fato de que esse processo é alcançado mais por meio da ação do que resultado da interpretação verbal, Moreno preferiu descrever o processo de autodescoberta como "*insight* de ação".

Embora o *insight* de ação se constitua num dos aspectos terapêuticos básicos do psicodrama e um conceito-chave na teoria da técnica psicodramática, ele tem sido amplamente negligenciado na literatura. O objetivo do presente capítulo é o de definir o conceito e discutir suas aplicações no contexto da terapia psicodramática.

Insight de Ação

O *insight* de ação é o resultado de vários tipos de aprendizagem por meio da ação. Pode ser definido como a integração de experiências de aprendizado de caráter emocional, cognitivo, imaginário, comportamental e interpessoal. "No psicodrama falamos de *insight* de ação, de aprendizagem pela ação ou de catarse de ação. É um processo integrativo, que ocorre pela síntese de numerosas técnicas, no ápice da fase de aquecimento do protagonista" (Z. Moreno, 1965).

O *insight* de ação não pode ser obtido por meio da análise introspectiva, com o paciente deitado no divã. Ele só é obtido pela ação, enquanto a pessoa se move, fica em pé, puxa e empurra, emite sons, gesticula ou pronuncia palavras; em suma, enquanto se comunica por meio da linguagem da ação (ver Capítulo 10). A análise introspectiva pode ser um aspecto importante em muitas terapias, mas não faz parte do processo psicodramático de aquisição de *insight* de ação.

O *insight*, no "*insight* de ação" refere-se especificamente ao olhar para dentro: à busca da verdade interior e à consciência do *self*, que contrasta com o alcançar o mundo externo dos sentidos, a assim chamada "realidade". Segundo Blatner (1973) "o psicodrama enseja o atuar dentro (*acting-in*): a aplicação de métodos de ação na investigação dos aspectos psicológicos da experiência humana" (p. 2).

Cada pessoa vive o *insight* de ação à sua maneira, de forma diversa. Esse fato pode ser ilustrado pelas seguintes afirmações de participantes, aos quais se pediu que falassem sobre sua experiência pessoal de *insight* de ação no psicodrama: "Minha mente tornou-se cristalinamente clara e cada detalhe do meu *self* foi focalizado com extraordinária clareza, como se as portas da percepção se tivessem aberto subitamente". "Meu corpo estava aberto a cada sensação e eu sabia o que estava sentindo." "Eu tinha consciência de minhas necessidades e de minhas motivações; eu podia reconhecer as conseqüências pessoais de minhas ações." "Minhas lembranças me vieram à consciência e eu senti que estava prestes a descobrir algo que estava escondido há muito tempo, no mais profundo do meu ser." "Uniram-se elementos desconexos dentro de mim." "Eu estava como se finalmente fosse capaz de dar um sentido para mim e para minha vida."

O *insight* de ação pode surgir como um súbito raio de luz de compreensão — "Eureka! É isso!" — ou como descobertas gradativas durante um longo período de tempo. No entanto, é impossível determinar quem teve e quem não teve. O *insight* não é um fenômeno do tipo sim ou não: ou a pessoa o alcança, ou não! Deve ser visto, antes, como um processo, no qual uma pessoa se torna mais e mais consciente e aberta às sensações por toda a vida. É impossível determinar, também, quando uma pessoa obtive *insight* "suficiente", como ilustra a frase: "O *insight* é algo que você pensa que teve até que você tenha um pouco dele". Cada momento da vida pode ser uma crise potencial ou uma oportunidade para uma mudança criativa, que demanda novos meios de ajustamento e de compreensão.

A experiência do *insight* de ação pode ser ilustrada por uma jovem rebelde, que apresentava todos os sinais de crise do final da adolescência: vestia-se com roupas pretas provocantes, tinha raspado a cabeça e havia começado a usar drogas. Fora levada ao tratamento por causa de um intenso conflito mãe-filha e por seu comportamento excessivamente agressivo. Numa sessão de psicodrama, ela apresentou uma situação na qual expressava hostilidade em relação à mãe (desempenhada por uma auxiliar). De súbito, em meio à sua fúria, silenciou. Seus olhos se encheram de lágrimas e ela disse, num sussurro: "Você sabia todo o tempo o que ele fazia comigo e não o impediu!". Tornou-se claro que seu pai havia abusado dela durante muitos anos e que aquilo era mantido como segredo de família. Tendo podido confrontar sua mãe com esse fato durante o psicodrama, abriu-se para ela um fluxo de autoconsciência e ela exclamou: "É por isso que não quero ser mulher! É por isso que odeio os homens! É por isso que raspei a cabeça! É por isso que odeio vocês!". Esse tipo de compreensão não lhe proporcionou uma explicação distanciada, analítica e reconstrutiva de seu comportamento: "Eu compreendi que meu comportamento era uma reação ao que meus pais haviam feito comigo...". Em vez disso, foi vivido com um intenso envolvimento emocional enquanto falava diretamente com sua mãe: "Eu te odeio! Como você pôde fazer isto comigo? Que tipo de mãe é você?". Embora esse *insight* de ação certamente não a tenha levado a uma cura imediata, tornou-se o ponto de inflexão que abriu o caminho para um real progresso terapêutico.

O *insight* de ação está intimamente relacionado com a catarse e pode ser descrito como um tipo de liberação cognitiva de uma idéia a partir do inconsciente. A expressão afetiva da catarse é precedida, acompanhada ou seguida por uma iluminação cognitiva na qual "se acende um holofote; o conteúdo psíquico do paciente, até então na penumbra, aparece na ribalta de sua consciência" (Buxbaum, 1972, p. 161). Uma súbita expressão de dor, por exemplo, pode acompanhar a lembrança de uma separação ocorrida anteriormente. A catarse experienciada em plena consciência facilitará a recordação experiencial que conduz ao *insight* de ação. "Sempre que algo dá um clique, se encaixa cada vez que uma gestalt se fecha, acontece um 'Ahá!', o choque do reconhecimento" (Perls, 1969, p. 236).

O Processo de Alcance do *Insight* de Ação

Os passos que levam à obtenção do *insight* de ação se assemelham aos do processo criativo de solução de problemas. De acordo com Wallas (1926), o processo de solução de problemas tende a ocorrer em quatro estágios: preparação, incubação, iluminação e verificação. Esses estágios serão descritos na seqüência em que se apresentam no psicodrama e ilustrados por um exemplo fictício. No primeiro estágio, dramatiza-se uma situação em que se apresenta um problema e se coletam fatos. (Joe, muito magro, se encontra com uma garota; Bully caçoa dele e a garota se vai.) No segundo estágio, a situação problemática é pesquisada e a frustração é expressa; processos espontâneos e inconscientes dominam e criam ligações até então não suspeitadas. (Joe se sente inferior, tenta encontrar alguma solução mas não consegue.) No estágio três, obtêm-se novos *insights* e encontra-se uma solução para o problema. (Joe vai fazer musculação e treinamento de assertividade.) No estágio final o *insight* é testado frente à realidade e, eventualmente, traduzido em ação. (Joe luta com Bully e vence. A garota volta para o poderoso Joe!) Embora esta ilustração caricata se encontre longe de uma descrição realista do psicodrama, de fato, ela nos oferece uma visão geral dos passos envolvidos na obtenção do *insight* de ação.

Meios Não-Interpretativos de Desenvolvimento do *Insight* de Ação

Os *insights* de ação psicodramáticos não podem ser transmitidos de uma pessoa a outra, como também não podem ser dados pelo terapeuta ao cliente sob a forma de uma interpretação. Embora alguns profissionais psicanalíticos freqüentemente analisem tanto indivíduos como o grupo-como-um-todo, a maioria dos psicodramatistas (treinados na tradição moreniana clássica) evita fazer interpretações. De acordo com Zerka Moreno (1965):

> O psicodrama, na verdade, é o método mais interpretativo que existe, mas o diretor atua em função de suas interpretações na construção das cenas. A interpretação verbal tanto pode ser essencial como inteiramente omitida, à discrição do diretor. Porque sua interpretação está no ato, torna-se freqüentemente redundante. Mesmo quando se interpreta a ação é básica. Não pode haver interpretação sem ação prévia. (Moreno, 1972, pp. 236-7)

Kipper diferencia interpretação ativa de interpretação verbal.

Diferentemente das interpretações verbais, que constituem um componente das abordagens psicoterapêuticas convencionais, as interpretações ativas são características do *role-playing* clínico e do psicodrama. O uso da interpretação ativa é coerente com a premissa fundamental das terapias baseadas na simulação comportamental, especialmente as que utilizam a linguagem da ação. Assim, sempre que um terapeuta quiser introduzir um ponto de interpretação, esse ponto também deverá tomar a forma de uma cena de *role-playing*... Para o observador imparcial, as interpretações ativas podem parecer uma forma indireta de se fazer com que o protagonista tome consciência do significado de seu comportamento (1986, p. 104).

O termo adequado para a atividade analítica em psicodrama seria ato-análise, em vez de psico-análise. Na ato-análise, o psicodramatista tenta dar um sentido ao comportamento presente, seja em termos de experiências passadas (ação repetitiva, por exemplo, transferência), seja em termos de contra-ação (resistência), ab-reação (catarse) e/ou ação comunicativa (*acting out*) (ver Capítulo 10).

A meta dos psicodramas comportamental e psicanalítico é explicar a "causa" do comportamento, de forma determinística. A meta do psicodrama existencial, porém, é tentar entender as motivações humanas e as intenções, sem qualquer referência à razão. O psicodrama existencial é não-determinista, preferindo perguntar "como" uma pessoa age de maneira descritiva, em vez de perguntar por que uma pessoa está se comportando de certa maneira. Interpretar o material apresentado pelo protagonista é freqüentemente menos eficaz do que permitir que os significados recônditos se revelem por si mesmos, na ação. Por exemplo: Evelyn, uma mulher obesa, incapaz de sustentar uma dieta, se queixava de que seus excessos alimentares causavam efeitos desastrosos em sua silhueta. No psicodrama, apresentou uma cena na qual discutia com seu marido. Ele havia chegado em casa cansado, querendo ler o jornal enquanto ela desejava sair e visitar seus amigos. No meio da discussão, ela exclamou: "Você não satisfaz minhas necessidades!" e, tirando uma enorme maçã de sua bolsa, começa a comê-la. Ela olhou para os surpresos membros do grupo como se estivesse se desculpando e acrescentou: "Eu como quando estou aborrecida e quando estou brava!". Ficou claro, de sua atuação em cena, que sua fome e seu excesso de alimentação eram maneiras de Evelyn expressar a frustração que sentia com relação a seu marido. Essa compreensão foi atingida por si mesma, de maneira autoevidente, sem a necessidade de esclarecimento ou interpretação externas. Tendo alcançado esse nível de compreensão durante o resto da sessão, Evelyn tratou de explorar sua forma de expressar-se, de satisfazer e de adiar suas reais necessidades.

O desenvolvimento do *insight* de ação pode ser propiciado por meios outros que não a interpretação verbal. O meio mais efetivo de preparar o caminho para o *insight* de ação é estabelecer um contexto que estimule a espontaneidade e remova resistências. Quando se permite que as pessoas se expressem livremente, falem e ajam como desejem, se associem e atuem a partir de seu interior e sejam verdadeiras consigo mesmas e honestas para com os outros, o material interno significativo surge espontaneamente, transformando a verdade pessoal e a história distante em temas de relevância imediata.

Paradoxalmente, o *insight* de ação resulta tanto do envolvimento como do distanciamento. Embora o *role-playing* estimule o envolvimento emocional, ativando o *self*-enquanto-sujeito experimental (Eu sou...), muitas técnicas psicodramáticas encorajam também a reflexão, o distanciamento e o *self*-enquanto-objeto observacional (olhar para mim, de fora). Por exemplo: na técnica do espelho, os protagonistas são solicitados a ver-se a si mesmos de fora; no duplo, os protagonistas ouvem vozes que os esclarecem, e na inversão de papéis vêem a si mesmos a partir da perspectiva do outro. Apenas quando se tornam emocionalmente envolvidos no *roleplaying*, os protagonistas se acercam mais de suas experiências imediatas e espontâneas. "O psicodrama tenta, com a cooperação do paciente, transferir a mente para fora do indivíduo e objetivá-la num universo tangível, controlável... O protagonista está sendo preparado para um encontro consigo mesmo. Uma vez completada essa fase de objetivação, tem início a segunda fase, onde se re-subjetiviza, se re-organiza e se re-integra o que tinha sido objetivado" (Moreno, 1972, p. xxi).

Assim, na medida em que se permite à experiência emocional que assuma uma expressão crescentemente regressiva, os protagonistas são encorajados a procurar um distanciamento emocional de si mesmos e a observar e refletir sobre o que acabam de experimentar e expressar. O deslocamento de ênfase entre a parte experiencial do *self*, de um lado, e a parte que observa, de outro, torna-se o elemento central do psicodrama, sendo seu objetivo a obtenção de um equilíbrio harmonioso entre eles.

De certa forma, todos os caminhos que levam à consciência de si implicam a presença de elementos de aprendizagem. O *insight* de ação psicodramático se desenvolve como resultado de: 1) um aprendizado experiencial; 2) uma aprendizagem através do fazer; e 3) de um aprendizado não-cognitivo.

1. Aprendizado Experiencial

A primeira e mais óbvia característica do *insight* de ação é que ela se baseia numa experiência pessoal concreta de aprendizado e não na informação verbal. O aprendizado adquirido através desse tipo de experiência é apaixonado e comprometido, enfatizando a participação pessoal na descoberta e na validação do conhecimento (Polanyi, 1962).

Por exemplo, não faria sentido pedir a uma mãe superprotetora que seja menos protetora. No entanto se, no psicodrama, ela é levada a inverter papéis com seu filho ou filha e, ainda que por um tempo curto, experimenta de forma intensa como é viver sob esse seu comportamento protetor, ela pode mudar. Essa consciência de primeira mão pode oferecer ao protagonista uma experiência suficientemente significativa para produzir um impacto duradouro.

É digna de nota, neste contexto, a observação feita por Rogers (1969), em sua obra *Liberdade para aprender*, de que para que um aprendizado seja significativo ele deve envolver a pessoa total, em uma experiência relevante. O aprendizado que envolve apenas a mente é irrelevante para a grande maioria das pessoas. "Quando a criancinha que está começando a andar toca o radiador quente, ela aprende por si mesma o significado de uma palavra, 'quente'; ela aprendeu como cuidar-se, no futuro, em relação a todos radiadores semelhantes; e ela absorveu esse aprendizado de maneira significativa, comprometida, que tão cedo não será esquecida" (p. 4). O psicodrama, de maneira semelhante, tenta ensejar uma experiência significativa de aprendizado que se baseia no que Leutz (1985b) denominou como "experiência da evidência".

As experiências significativas de aprendizado que levam ao *insight* de ação são por vezes denominadas como "experiências emocionais corretivas", termo cunhado por Alexander (1946). O princípio que subjaz a essa experiência é que uma vivência parental pobre na infância pode ser alterada por meio de uma parentagem terapêutica "boa" na idade adulta (seja por intermédio de um terapeuta, de um pai ou mãe substitutos, de um auxiliar ou pelo próprio pai ou mãe devidamente reeducados), o que possibilita que se "corrija o registro".

A afirmação de Moreno, de 1923, de que "toda verdadeira segunda vez é a liberação da primeira" (p. 76) transmite uma mensagem semelhante, ou seja, a de se oferecer ao adultos o que lhes faltou quando crianças. Dentro do contexto da "realidade suplementar" psicodramática, as situações são por vezes revividas de maneira mais satisfatória, levando ao que às vezes se denomina como "re-parentização" de um protagonista carente.

Pode-se perguntar, no entanto, se é realmente possível recuperar privações antigas através de experiências corretivas. De acordo com Stone:

> não se pode dar à personalidade elaboradamente organizada de um adulto o que lhe faltou quando bebê ou criança, na forma original como essa falta teria ocorrido, e esperar que isso possa reparar desenvolvimentos deficientemente estruturados ocasionados por essa falta. (1981, p. 103)

No entanto, embora seja impossível corrigir erros do passado, pode ser possível superar uma parte do aprendizado negativo dessa etapa. Ao evocar, a serviço do ego, uma regressão adaptativa aos primeiros estágios de seu funcionamento, os protagonistas podem auferir não apenas uma oportunidade de reviver seu passado de maneira nova e satisfatória, como também de desaprender algumas dessas atitudes, hábitos e padrões passados não tão desejáveis. A pessoa poderá, assim, continuar a crescer a partir do ponto em que seu crescimento tenha sofrido uma interrupção.

Por exemplo: Robert era um jovem não-assertivo, criado por um pai muito severo. Quando criança, seu pai o havia forçado a uma obediência quase militar. Como resultado, Robert desenvolveu um baixo grau de auto-estima e sofria de períodos de severas crises de ansiedade. Seu psicodrama se fechou com uma prolongada experiência emocional com "um bom pai", que manteve Robert em seus braços, sentado numa cadeira de balanço. Embora essa experiência não apresentasse um caráter "corretivo", no verdadeiro sentido da palavra, Robert relatou mais tarde que ela lhe propiciou um sentimento de esperança e de conquista, proporcionando uma profunda confiança nas possibilidades oferecidas pela existência. Talvez mais significativa ainda tenha sido sua aceitação pelo grupo, que o encorajou a fazer-se expressar da maneira que achasse mais conveniente. Como resultado, Robert passou a apresentar comportamento mais assertivo tanto fora como dentro de grupo e deliciava-se quando as respostas negativas que antecipava não se confirmavam. Ao fazer com que Robert digerisse suas experiências passadas, e afirmando suas potencialidades atuais, o psicodrama conseguiu desconectar seus sentimentos presentes dos traumas do passado, oferecendo-lhe uma nova e autêntica experiência de aprendizado.

Utilizando-se de dados semelhantes, Kutter (1985) concluiu que tanto o *insight* como a experiência emocional corretiva se constituem em importantes fatores de cura na psicoterapia de grupo e que uma sem a outra não é capaz de levar à mudança permanente.

2. Aprendizado Através do Fazer

A segunda característica do *insight* de ação psicodramática é que ele se baseia no aprendizado através do fazer mais do que do falar, mais através da prática do que da teoria e mais através do comportamento aberto do que do pensamento interiorizado.

Dizer às pessoas o que estão fazendo e que conseqüências podem esperar de seus atos é notoriamente inefetivo. As pessoas mostram-se especialmente insuscetíveis à persuasão verbal quando se encontram emocionalmente fora de si.

> O medo intenso, a raiva explosiva e o amor apaixonado são famosos por cegarem nossa percepção e por nos tornarem não receptivos ao fato de que uma pessoa possa ter razão no que nos diz. Não conseguimos falar com um paranóico fora de seus delírios; não persuadimos a vítima de fobias de que, se quiser, poder parar de sentir medo; não convencemos o viciado de que, com mais força de vontade, poderá parar de utilizar drogas; e raramente somos capazes de apresentar razões de viver para um paciente depressivo-suicida. (Fox, 1972, p. 191)

Falar sobre natação não ensina ninguém a nadar; para aprender a nadar, a pessoa tem que cair na água e praticar natação. Da mesma forma, habilidades interpessoais e de comportamento não podem ser aprendidas através da palavra. Devem ser postas em prática através da ação e, às vezes, por um longo período de tempo.

Muitos pacientes reclamam ter obtido alguns *insights*, mas quando se requer que dêem os passos necessários no sentido de uma mudança real, os pacientes em geral hesitam e perguntam: "Mas como posso mudar?" ou "O que faço agora?". Essa incapacidade para traduzir em ação a consciência que têm de si pode resultar de resistência, ansiedade ou falta de aprofundamento, mas pode ser também resultado de insuficiente aprendizado através do fazer.

A compreensão obtida pela prática, mais do que pelo raciocínio experimental, é facilmente traduzível em ação aberta. Segundo o modelo de ação de Schafer (1976), não "temos" *insights* de ação; nós os "somos", nós os "realizamos"; são formas concretas e manifestas de comportamento e não constructos metapsicológicos.

Uma pequena ilustração: William era um jovem criado por uma mãe não amorosa. Em seu psicodrama, ele apresentou muitas experiências frustrantes vividas em sua infância. Ficou claro que, em virtude destas experiências infantis, William tinha desenvolvido em relação às mulheres uma conceituação negativa generalizada. Sentia que todas elas (e não apenas sua mãe) eram fundamentalmente más e egoístas. Os muitos anos de terapia individual verbal haviam ensinado que seu comportamento desajustado devia ser debitado à sua mãe, mas ele não sabe o que fazer com esse *insight*. O grupo de psicodrama, composto tanto por homens como por mulheres, tornou-se o ambiente experimental no qual William foi estimulado a trabalhar seus conflitos não-resolvidos em relação às mulheres e a "desaprender" alguns de seus antigos padrões não desejáveis.

3. Aprendizagem não-Cognitiva

A terceira característica do *insight* de ação psicodramático é que se baseia no aprendizado não-cognitivo. O aprendizado cognitivo, que se dá "da cabeça para cima", não é importante para o psicodrama. Fazer com que os protagonistas entendam o porquê de agirem como agem não é a meta da maior parte dos psicodramatistas. No entanto, enquanto a compreensão cognitiva é considerada uma manifestação de resistência que impede que a mudança efetiva tenha lugar, o aprendizado não-cognitivo, visceral, que implica um processamento nos níveis corporal e perceptomotor, é parte central do processo psicodramático. Esse processo parece apoiar-se mais nos modos emocionais e intuitivos da mente do que nos intelectuais e analíticos.

Observando que a mudança no conhecimento experiencial era uma dimensão comum em psicoterapia, Bohart e Wogalter (1991) sugeriram que tal conhecimento se dá quando uma seqüência de significado é apreendida não apenas cognitivamente, mas chega a ser "compreendida" em um nível mais direto, percepto-motor. Somente quando as coisas são assim compreendidas é que elas levam a uma mudança terapêutica significativa. De acordo com Greenberg:

> A estimulação sensória dos psicodramas, juntamente com a catarse emocional trazida pela espontaneidade e pela tele podem provocar, e de fato o fazem, segun-

do Moreno, uma reestruturação do campo perceptual do protagonista (esteja ele no palco ou na platéia), ensejando seu *insight* ou o discernimento de seus problemas através do aprendizado configuracional. (1974, p. 19)

Freqüentemente o aprendizado não-cognitivo não pode ser traduzido em palavras. Baseia-se em sensações mentais e físicas que parecem pertencer a uma fase inicial pré-verbal do crescimento infantil. Tal aprendizado ocorre, por exemplo, nas situações em que um protagonista regredido, que tinha sido engolfado por sentimentos de tristeza e isolamento, subitamente se sente menos sozinho como resultado de um confortamento físico. A ação de carregar (Winnicot, 1965) em que se baseia o ato físico real do adulto, que carrega a criança em seus braços, propiciou o cuidado e a maternagem necessários ao desenvolvimento do eu interior do protagonista.

Um outro exemplo. Thomas era um jovem adulto que, alguns anos antes, tinha presenciado o afogamento de uma criança pequena, passando desde então a sentir-se muito culpado. Era como se ele tivesse sido o culpado pela morte da criança e que, por isso, sua vida já não mais valesse a pena ser vivida. Após a encenação da cena traumática o diretor propôs que Thomas desfizesse o que havia sido feito e salvasse a criança (desempenhada por um auxiliar). Thomas puxou o bebê para fora da água e a mesma cena foi repetida com inversão de papéis, com Thomas vivendo o papel do bebê. Ao ser resgatado, Thomas começou a chorar como uma criança pedindo por ajuda, como se ele mesmo estivesse se afogando. O diretor instruiu o auxiliar para salvá-lo, tirando-o da água. Voltando a seu próprio papel Thomas se banhou em lágrimas, implorando e gritando: "Eu não quero viver mais! Por favor, me deixe na água! Deixe-me morrer em seu lugar!". O auxiliar que desempenhava o papel da criança tirou-o da água, sentou-se a seu lado, e ainda segurando-o em seus braços disse-lhe: "Não, você tem que continuar a viver. Você tem que viver por nós dois. Era eu que devia morrer, não você. Você não foi responsável por minha morte". Thomas aquietou-se e permaneceu por longo tempo com o olhar fixo ao chão. Levantou depois a cabeça, mostrando na face uma expressão diferente. Era como se tivesse finalmente deixado que a verdade se aprofundasse dentro dele, compreendendo então que tinha que continuar a viver. Onde o senso comum o teria deixado submergir, as palavras que a criança lhe dirigiu provocaram-lhe profundo impacto. Um ano depois, embora ainda carregasse consigo o luto pela morte da criança, Thomas relatou que aquela sessão o havia liberado da pior parte de seus sentimentos de culpa.

Conclusão

O *insight* de ação ocorre no momento em que o protagonista compreende os fundamentos de seus conflitos e recobra a memória das experiências reprimidas. A noção popular, entretanto, de que a cura se dá como resultado da súbita lembrança de um evento traumático passado não é verdadeira. Os problemas do protagonista raramente se originam de uma única fonte, e a psicoterapia não é nunca simplesmente um processo intelectual. O progresso terapêutico ocorre como resultado de um gradual aumento do autoconhecimento, baseado na experiência prática não-cognitiva, que se faz acompanhar pela re-vivência emocional de acontecimentos passados.

O *insight* e a catarse devem trabalhar juntos: os protagonistas devem tanto compreender seus sentimentos como sentir o que compreenderam.

No entanto, nem a catarse nem o *insight* constituem uma panacéia. Os hábitos emocionais mantidos durante toda uma existência desenvolvem uma autonomia funcional que não depende mais de sua causa original. A ab-reação facilita mas não assegura o *insight*, da mesma forma como o *insight* facilita mas não assegura a redução dos sintomas. (Sacks, 1976b, p. 42)

Freqüentemente, tanto o *insight* como a catarse devem ser complementados com um *role-training* (específico em assertividade, relaxamento e resolução de problemas, por exemplo), para que possam produzir qualquer mudança substancial.

Os psicodramatistas têm, tradicionalmente, favorecido os sentimentos às custas dos pensamentos. Talvez como forma de reagirem à ênfase psicanalítica sobre a introspecção, muitos profissionais do psicodrama chegam a desvalorizar toda e qualquer forma de compreensão cognitiva, idealizando a emoção acima do intelecto. Buhler (1979) cita Kalen Hamman, ao afirmar que por termos sido treinados a usar nossas mentes para ajudar a suprimir nossos sentimentos, temos uma tendência a responder à "permissão" de sentir tentando suprimir nossos intelectos (e dos outros) (1979, p. 10). No entanto, um cuidadoso exame das condições necessárias ao progresso terapêutico leva à redução da dicotomia entre *insight* e catarse e entre mente e corpo. Ainda assim, aquilo que consideramos como "mente" está tão intimamente ligado ao que chamamos "corpo" que uma não pode ser entendida sem o outro. Todo *insight* reverbera através do corpo e, por outro lado, as mudanças em nossa condição física influenciam nossa atitude mental como um todo. Desta forma, devemos ser constantemente lembrados de que "o pensar sobre si mesmo, da mesma forma como o sentir, é um processo humano básico importante (Buhler, 1979, p. 19). Como já enfatizamos no Capítulo 6, o psicodrama tenta oferecer um processo bifásico que abrange tanto a liberação emocional como a integração cognitiva. "A terapia constitui uma experiência *emocional e corretiva*. Devemos experimentar algo intensamente, mas *devemos também*, através de nossa faculdade da razão, entender as implicações dessa experiência emocional" (Yalom, 1975, p. 28).

8
Tele

Até agora discuti o valor terapêutico da catarse e o do *insight* de ação no psicodrama. Os psicodramatistas que enfatizam o papel da liberação emocional e integração cognitiva dessa liberação tendem a dar menos importância aos possíveis benefícios das relações interpessoais na psicoterapia. Em alguns grupos de psicodrama, a exploração das relações é quase totalmente desprezada. A maioria dos profissionais, porém, vê as relações que se desenvolvem entre os membros do grupo e entre terapeuta e paciente como um enorme potencial de cura no psicodrama.

Esta última posição é consistente com a caracterização feita por Moreno (1937) do psicodrama como "terapia interpessoal" e como um "convite para um encontro, um encontro de dois: olho a olho, cara a cara" (Moreno, 1914). Acredita-se que esses encontros sejam essenciais quando utilizados adequadamente, tanto para o processo como para o resultado da terapia psicodramática, ocorram eles no decorrer das sessões (entre protagonistas, auxiliares, membros do grupo e psicodramatista) ou em encontros abertos, na fase de compartilhamento após a encenação ou mesmo entre as sessões.

Quando solicitados a demonstrar o embasamento lógico de seu trabalho, os profissionais que focalizam as relações interpessoais como forma de ampliar os efeitos terapêuticos do psicodrama justificam sua prática com o auxílio da psicologia social, da psicologia interpessoal, da teoria das relações objetais ou da análise transacional. Embora essas escolas façam uso de terminologias completamente diferentes, todas elas acentuam a inter-relação indivíduo e meio e consideram o comportamento e o desenvolvimento da personalidade como determinados pela interação social que se estabelece entre as pessoas. Segundo Schechter (1973), a relação humana surge como resultado do "estímulo social e da interação recíproca, freqüentemente lúdica e não necessariamente redutora de tensão" (p. 21). A teoria do desenvolvimento da personalidade, sugerida por Moreno (1953), equipara-se às formulações acima, na medida em que encara a interação entre o indivíduo e meio como essencial para o desenvolvimento de seu mundo interno. Segundo Moreno (1953), os seres humanos nascem em um "átomo social", uma rede social que continua a afetá-los durante toda a sua vida. Mais especificamente, Moreno afirma que a personalidade da criança evolui a partir dos relacionamentos estabelecidos com seus pais e outras pessoas de importância com as quais há um contato íntimo. É, portanto, totalmente impossível compreender os clientes sem considerar seus átomos sociais.

Fine sintetizou a teoria interpessoal do psicodrama da seguinte maneira:

> O psicodrama geralmente acontece em grupo, uma vez que a teoria que lhe é subjacente é socialmente interativa. A terapia de grupo é uma rede social que oferece um clima de apoio e proteção, no qual o aprendiz pode testar e expandir seus limites em presença dos membros do grupo e do terapeuta. Na terapia psicodramática, cada paciente é agente terapêutico do outro. O grupo oferece as condições para o desenvolvimento de novos relacionamentos. A tele substitui a transferência. Os membros do grupo são ensinados a distinguir entre interação interpessoal espontânea e comportamento interpessoal habitual ou mal adaptativo. No grupo de psicodrama são estabelecidos, examinados, acentuados e expandidos relacionamentos honestos e baseados no aqui-e-agora. Aqui, a pessoa pode examinar seu universo intrapsíquico e fazer a distinção entre realidade e fantasia. (Fine, 1979, p. 442)

A terapia interpessoal tem seu fundamento no pressuposto de que as pessoas mudam e se desenvolvem não apenas como resultado de meramente estarem juntas, mas através do trabalho ativo de suas percepções interpessoais, sentimentos, conflitos, atitudes e formas de comunicação com o "generalizado" (Mead, 1934), em seus átomos sociais. Esse trabalho pode envolver o exame das origens dos estilos interpessoais dos protagonistas e um reconhecimento de que alguns padrões de interação originários de sua infância afetam as interações no presente. Ao lidar com relações insatisfatórias do passado, o psicodrama objetiva livrar as pessoas de sua "bagagem" psicológica, o que pode então ajudá-las a se dedicarem à tarefa de tornar a vida presente mais feliz, mais realizadora e satisfatória.

No palco psicodramático, os protagonistas são convidados a apresentar todas as pessoas às quais têm estado ligados e, se necessário, podem reescrever os diálogos e os papéis que essas pessoas desempenharam em suas vidas. Nesse processo de trabalho podem ajustar contas com as pessoas que amam e com as que odeiam, do presente ou do passado. Quando todas as pessoas que desempenharam papéis importantes em sua vida tiverem tido a oportunidade de falar e quando tiverem esgotado suas respostas a essas pessoas, os protagonistas buscarão ativamente suas vozes interiores e suas verdades pessoais únicas. Finalmente, sejam quais forem as conclusões a que chegarem a partir dessas experiências, os protagonistas alcançam o reconhecimento de que pertencem, fundamentalmente, a si mesmos e podem reclamar um espaço único, em seus próprios mundos internos.

Representações Mentais

O conceito de representação mental é indispensável para uma compreensão adequada dos aspectos interpessoais do psicodrama. Uma representação mental é uma imagem relativamente permanente de algo anteriormente percebido: uma espécie de quadro interior ou imagem memorizada de nós mesmos (auto-representação), dos outros (representação do objeto) ou do mundo em geral (representação simbólica). As representações mentais abrangem também as relações que existiram entre nós e os outros e as relações entre essas pessoas importantes. Segundo Blatner e Blatner:

> a dinâmica das experiências internalizadas, lembranças, eventos traumáticos repetidos e antecipados, reações simbólicas (...) todos fazem parte desse complexo psicodramático "verdade interna" (...) Uma das maneiras de se corrigirem essas ficções privadas é jogá-las, num contexto em que a validação social possa permitir no mínimo uma realização simbólica, seguida da oportunidade de se corrigirem as percepções e de se solucionarem os conflitos. (1988, p. 19)

Com a ajuda de auxiliares, o palco psicodramático se oferece como veículo extraordinariamente poderoso de externalização dessas imagens mentais internalizadas; nele, essas imagens são vividas e aparecem num espaço tridimensional. Sandler e Rosenblatt estabeleceram uma comparação entre o universo representacional e o cenário de um teatro:

> Os personagens no palco representam os vários objetos infantis (pessoas importantes) e a própria criança. Desnecessário dizer que a criança é usualmente o herói (o protagonista) da peça. O teatro, que contém o palco, corresponderia aos aspectos do ego e as várias funções que ali se desenvolvem, tais como a mudança de cena, o abaixar ou levantar das cortinas e todo o maquinário de auxílio à produção apresentada no palco corresponderiam àquelas funções do ego das quais normalmente temos consciência. (1962, p. 134)

Em termos de representações mentais, os conflitos interpessoais podem ser comparados a imagens internas de figuras parentais fortes, as quais exercem uma poderosa influência sobre um *self* desamparado e inferior. Quando essas imagens são projetadas em pessoas reais, no mundo externo, vêm à tona emoções intensas, de origem infantil, que se projetam como sombras sobre as relações concretas do aqui-e-agora. É a isto que os psicanalistas denominam como "transferência": a influência do passado numa relação presente. No meu modo de ver, os aspectos importantes dos eventos interpessoais podem ser compreendidos em termos de transferências e assim este conceito servirá como introdução ao tema do presente capítulo.

Transferência

Transferência significa, literalmente, retirar algo de um local para colocá-lo em outro. Como já foi mencionado acima, o conceito é empregado em psicoterapia para definir o processo de tomar experiências do passado e colocá-las numa situação presente. Quando uma pessoa se envolve em uma relação transferencial, ela distorce a percepção do presente e a confunde com o passado. O exemplo mais comum é quando o paciente se relaciona com o terapeuta como se este fosse seu pai ou sua mãe.

As transferências não ocorrem somente em relação ao terapeuta, mas também em relação a todas as pessoas, e são, sem dúvida, freqüentes entre os membros dos grupos de psicodrama. Eis um exemplo simples: quando Rachelle entrou para o grupo mostrava sentimentos de hostilidade e irritação em relação a uma companheira, Yvette, aparentemente sem nenhuma razão concreta para tanto. Antes que Yvette tivesse tido oportunidade de apresentar-se, Rachelle já afirmava não desejar permanecer no mesmo grupo que ela: "Não posso tolerar seu esnobismo; ela pensa que é melhor que todo mundo!". No decorrer das sessões seguintes, no entanto, soubemos que Yvette fazia lembrar a irmã mais nova de Rachelle, da qual ela não gostava desde a infância e de quem sentia uma inveja secreta em virtude do sucesso que a irmã alcançara na vida.

Por ocasião da investigação psicodramática da rivalidade fraterna de Rachelle, Yvette concordou em assumir o lugar da irmã e desempenhar o papel de uma mulher bem-sucedida e insinuante. Nessa dramatização Yvette ampliou seu papel de irmã e, na inversão de papéis, Rachelle descobriu novas dimensões no comportamento da irmã, que a auxiliaram não apenas a lidar com seus sentimentos de inferioridade em relação a sua irmã como também a entender que Yvette era uma outra pessoa. Mais tarde, ambas se tornaram boas amigas.

Seja qual for sua origem, os processos de transferência são fonte de emoções intensas, complicadas e misteriosas que afetam não apenas as percepções que temos dos que nos cercam mas também a maneira pela qual estabelecemos nossos relacionamentos em grupos, nossas escolhas dos auxiliares e nossos sentimentos em relação ao psicodramatista em seu papel de líder grupal. Por essa razão, as transferências devem ser tratadas de maneira sensível e respeitosa e, se possível, ser utilizadas como fonte de informação a respeito da personalidade do cliente.

Contratransferência

Muito se tem dito sobre a tendência dos pacientes de verem seus terapeutas de várias formas fantasiosas. E é igualmente verdadeiro que os terapeutas, com o tempo, podem vir a experimentar vários tipos de emoções em relação a seus pacientes; alguns mais que outros. Os psicoterapeutas desenvolvem distorções interpessoais e preferências próprias, transferindo a seus pacientes fantasias de seu passado; a isto denomina-se "contratransferência". Segundo Rycroft (1968) podem distinguir-se dois aspectos na contratransferência.

Por um lado, a contratransferência se constitui na transferência que o próprio terapeuta realiza em relação a seu paciente. Por exemplo: um terapeuta que tenha dificuldades em lidar com seus próprios sentimentos de raiva pode apresentar a tendência a inibir a expressão desse mesmo sentimento por parte do paciente. A contratransferência é, nesse sentido, um elemento perturbador do tratamento, um obstáculo potencial à verdadeira empatia; amplia a necessidade de análise e supervisão contínuas por parte do terapeuta. Segundo Dewald (1964), a contratransferência, nesta acepção, se origina em tendências *inconscientes* do terapeuta, que o levam a reagir de maneira até certo ponto inadequada em relação a seus pacientes e que constitui um deslocamento dos relacionamentos e experiências prévias de sua própria vida.

Por outro lado, se sentimentos pessoais são utilizados como base para a compreensão dos pacientes, a contratransferência pode se mostrar uma importante ferramenta de trabalho. Neste caso, ela é uma atitude emocional apropriada do terapeuta em relação ao paciente — uma reação *consciente* ao comportamento do paciente. Segundo Heimann (1950), Little (1951), Gitelson (1973), Racker (1968) e outros, os terapeutas podem utilizar esse segundo tipo de contratransferência como um tipo de evidência clínica, partindo do princípio de que suas próprias respostas emocionais se baseiam em um correto entendimento da organização da personalidade do paciente.

O que se segue é um exemplo pessoal. Eu era diretor de um grupo de formação em psicodrama. Um dos participantes, Charles, que já tinha falado ao grupo sobre seu pai autoritário e rejeitador, no segundo ano do grupo começou a rebelar-se contra mim, acusando-me de tratá-lo com parcialidade. Senti-me frustrado por suas repetidas acusações e com raiva por estar sendo injustamente criticado. Era óbvio que ele havia tocado em um ponto sensível em mim e meu impulso imediato foi o de gritar com ele também ou chutá-lo para fora do grupo. De acordo com o primeiro aspecto da contratransferência, parecia que eu, aos poucos, estava desenvolvendo uma relação de completa transferência em relação a Charles, que passou a representar para mim uma imagem crítica aterrorizadora.

113

Mas em vez de responder com uma explicação defensiva de minha inocência, ou com algum ato de vingança, utilizei-me do segundo aspecto da contratransferência — o conhecimento que possuía sobre Charles — para ajudar-me a adquirir uma maior consciência da situação transferencial que se criara. Os sentimentos desconfortáveis que Charles evocava em mim foram examinados sob o ponto de vista do que revelavam sobre ele. Se eu tivesse falhado na consciência desta situação e permitido que aquela circunstância me afetasse, teria corrido o risco de renovar o *script* original que originalmente havia contribuído para dar estabelecimento aos problemas interpessoais de Charles, dando assim continuidade ao círculo vicioso — quem sabe até mesmo reforçando-o. Em vez disso tentei demonstrar-lhe, através de uma representação psicodramática de algumas situações pai-filho, que Charles estava repetindo um *script* antigo com seu pai, sendo que eu tinha recebido um papel nesse drama. Como resultado dessa investigação, na qual um outro membro do grupo foi escolhido para desempenhar o papel de seu pai, Charles demonstrou-se mais inclinado a desenvolver em relação a mim uma relação de confiança maior do que anteriormente, e eu passei a encará-lo com menos hostilidade.

De acordo com a primeira abordagem da contratransferência considerada "clássica", parece que minha resposta emocional à revolta de Charles foi amplamente defensiva, um "ponto vulnerável" que indicaria, de minha parte, a necessidade de uma consulta ou uma psicoterapia. Conforme a segunda abordagem, "totalista", porém, minha resposta resultaria não apenas de minha disposição neurótica como seria também o resultado das necessidades interpessoais de Charles, tais como a de controlar e depreciar as pessoas e a de atrair agressão e rejeição: um padrão de ajustamento interpessoal desenvolvido na relação com seu pai autoritário.

Gostaria de sublinhar, no entanto, que não é sempre aconselhável "olhar atrás da cortina" quando um membro do grupo se rebela contra o líder. Como assinalou Freud, "às vezes um charuto é simplesmente um charuto". Segundo Williams:

> um membro do grupo que esteja muito bravo com o diretor, por exemplo, pode não concordar em ver sua atenção desviada para as alegadas "origens" da interação tal como no psicodrama da família de origem. Tais pessoas podem, com todo o direito, suspeitar de uma trapaça, de um jogo de poder ou de um meio sutil de se invalidarem suas percepções, sugerindo que elas, mais do que a interação, são patológicas e necessitam ser examinadas. Nesses tipos de negação, a loucura se mostra em ambas as partes, embora apenas uma delas (o membro do grupo) possa parecer estar louco. (Williams, 1989, p. 193)

Embora os psicodramatistas experientes possam ser capazes de garantir um certo grau de objetividade e neutralidade, eles não podem estar completamente livres de suas próprias idiossincrasias. Se eles não estão suficientemente conscientes de suas respostas emocionais, qualquer deslocamento perturbará o processo terapêutico. No entanto, os efeitos distorcivos da contratransferência, no psicodrama, são de alguma forma diminuídos pelo emprego dos egos-auxiliares e pela constante capacidade do grupo de "proteger" o paciente e conduzir o terapeuta. A contratransferência não é um fenômeno limitado à relação terapeuta-paciente. Pode ocorrer também entre os auxiliares, sendo que um mínimo de coesão grupal se constitui como pré-requisito indispensável para o desenvolvimento construtivo do processo psicodramático.

Moreno (1972) afirmou que:

> se os egos auxiliares estão com o relacionamento comprometido em virtude de: 1. problemas pessoais não resolvidos; 2. protestos contra o diretor do psicodrama; 3. deficiências na definição dos papéis que lhes são atribuídos; 4. falta de confiança e atitude negativa em relação ao método utilizado ou 5. conflitos interpessoais entre eles mesmos, eles criam uma atmosfera que tem reflexos sobre a situação terapêutica. É óbvio, portanto, que se os fenômenos de transferência e contratransferência dominam o relacionamento estabelecido entre os terapeutas auxiliares e em relação aos pacientes, o progresso terapêutico será sensivelmente prejudicado. (p. xviii)

Tele

Moreno e Moreno (1959), no entanto, consideram que os conceitos de transferência e contratransferência são inadequados para se descrever as relações interpessoais no âmbito do psicodrama. Com relação à transferência, Moreno considerava que seus aspectos ficcionais e distorcidos foram demasiadamente enfatizados e que os aspectos de realidade do encontro que tem lugar no aqui-e-agora, ou foram vistos muito por alto ou inteiramente esquecidos. No que diz respeito à contratransferência, Moreno reconhecia os aspectos negativos das predisposições emocionais inconscientes dos terapeutas, mas mantinha que elas não deveriam levar os terapeutas a adotar uma atitude "neutra", mas sim de "transparência" em relação a seus pacientes.

Essas conclusões se basearam na observação feita por Moreno e Moreno (1959), segundo a qual:

> simultaneamente ao fato de o paciente deslocar, inconscientemente, suas fantasias sobre o terapeuta, ocorre um outro processo ativo. Uma parte da personalidade do paciente não regride mas percebe, intuitivamente, o terapeuta tal como este é realmente, no presente. Mesmo que não se mostre tão forte ao início da terapia, a transferência diminui e é substituída por essa percepção verdadeira. (p. 6)

Para definir esses relacionamentos interpessoais reais através de um conceito outro que não o de transferência e contratransferência, Moreno e

Moreno (1959) sugeriram que se utilizasse a palavra grega "tele", que significa "à distância". Em sentido literal, esse termo transmite a mensagem de que as pessoas se encontram em contato e se comunicam entre si à distância, enviando de longe mensagens emocionais umas às outras.

Esta escolha peculiar de um termo não se constitui como exceção dentro da obscura terminologia psicodramática, largamente influenciada pela dramaturgia clássica grega. Uma razão para a escolha de um conceito tão irregular como "tele" pode ter sido a da ausência de uma terminologia adequada para a descrição de fenômenos interpessoais, em contraste com o rico vocabulário utilizado na descrição dos fenômenos de caráter individual e social. Dessa forma, como o desejo que animava Moreno era descrever o laço entre as pessoas, o fator que ligava um indivíduo a um grupo e os fenômenos de natureza interpessoal, tais como separação, vinculação, reciprocidade, interação, comunicação e empatia mútua, ele teve que criar um termo completamente novo, que englobasse esses processos. A palavra "tele" passou a significar "a mais simples unidade de sentimento que se transmite de um indivíduo a outro" (Moreno, 1953, p. 314). Infelizmente, porém, Moreno incluiu uma tal variedade de aspectos interpessoais no significado de tele que o conceito se tornou mais obscuro que esclarecido, os alunos de Moreno foram incapazes de se unir em torno de uma definição comum.

No meu modo de entender, a palavra tele é melhor definida em termos de dimensão de realidade nos relacionamentos interpessoais, "o captar, apreciar e sentir os verdadeiros traços que caracterizam o outro" (Moreno e Moreno, 1959, p. 6). Ele abrange, não apenas os aspectos atraentes mas também os repulsivos das relações entre as pessoas e inclui um contato autêntico, ou encontro, no qual as pessoas tomam-se umas às outras pelo que são e por quem são. Como tal, pode ser caracterizado como um tipo de "química interpessoal". Nas palavras de Moreno, "tele é o fator fundamental subjacente a nossas percepções (reais) dos outros"(1951, p. 275). Em oposição a transferência, tele deve ser empregada para descrever não uma repetição do passado a distorcer o presente, mas uma nova resposta, apropriada ao aqui-e-agora.

O conceito de tele de Moreno tem profundas raízes na filosofia existencial e pode ser melhor explicado através da teoria do "Eu-Tu", de Martin Buber (1923). Colocada de forma simples, esta teoria transmite a idéia de que "o Eu não pode existir senão em relação ao Tu". Esta relação Eu-Tu difere do que Buber denomina como "Eu-Isso", em que o "Eu" trata o outro mais como objeto do que como sujeito. A tele assume, neste contexto, o significado de uma relação Eu-Tu, enquanto a transferência pode ser melhor caracterizada como uma relação Eu-Isso.

Em minha opinião, alguns fenômenos interpessoais distintos, mas relacionados entre si — tais como empatia, *rapport*, reciprocidade mútua, coesão grupal, sensibilidade interpessoal, preferência e comunicação —, que foram designados por Moreno como tele, não devem ser denominados assim. Porque tele se refere específica e exclusivamente aos aspectos não-repetitivos, autênticos e baseados na vida real das relações.

A empatia, a entrada emocional no campo de realidade de outro ser humano, é um componente necessário de tele. Mas ela foi considerada por Moreno como sendo um sentimento de mão única, do terapeuta para o mundo privado do paciente, distinguindo-se assim do sentimento de duas mãos que por vezes ocorre entre os membros do grupo psicodramático. Especialmente na técnica de inversão de papéis, segundo Moreno e Moreno (1959), observa-se um intercâmbio mútuo de empatia e apreço, uma espécie de amor terapêutico que, quando se desenvolve, torna-se, em si, um poderoso agente de cura.

As evidências acumuladas pelas pesquisas — por exemplo, as do Temple Study (Sloane, Staples, Cristol, Yorkston e Whipple, 1975), do Menninger Project (Kernberg, Burstein, Coyne, Appelbaum, Horwitz e Voth, 1972), dos Tavistock Studies (Malan, 1976a, 1976b) e do Valderbilt Psychotherapy Project (Strupp e Hadley, 1979) — têm demonstrado que a qualidade da interação paciente-terapeuta representa o fulcro do progresso terapêutico. Em particular, a capacidade do terapeuta de empatizar ou "inverter papéis" com o paciente tem sido repetidamente apontada como um ingrediente terapêutico essencial à maior parte dos métodos de psicoterapia.

Ao considerar as maneiras pelas quais a comunicação se transmite de psicoterapeuta a paciente, Frank (1961) não descarta a possibilidade da "telepatia". Alguns eminentes psicodramatistas — entre eles Zerka Moreno — também expressaram ou deram a entender que não apenas a empatia, mas algo próximo à "telepatia" se opera entre terapeuta e paciente no psicodrama. Os psicodramatistas às vezes se encontram em uma tal sintonia com seus clientes que quase parecem ler suas mentes. Embora essa definição ampliada de tele (à distância) e de *patheia* (cura) possa parecer forçada, consegue transmitir uma parcela de sentido inerente ao conceito original de tele desenvolvido por Moreno.

Reação Real *Versus* Reação Transferencial

Na terminologia psicanalítica, os aspectos não transferenciais ou reais da relação entre paciente e terapeuta são denominados "aliança de trabalho" (Greenson, 1967). Essa aliança é muito semelhante à tele e enfatiza um tipo de acordo mútuo e cooperação entre duas pessoas reais e sem o qual não existiria colaboração.

Figura 8.1. Variações nas relações terapeuta-paciente

A figura 8 é uma tentativa de se demonstrar de maneira simples e esquemática a direção dos relacionamentos interpessoais na transferência, na contratransferência e na tele.

Pode-se, no entanto, questionar se será totalmente possível estabelecer uma diferenciação entre os dois lados da moeda interpessoal, um deles baseado na transferência e o outro, na tele. Como poderemos distinguir as reações adequadas das que não o são, determinar o que é racional do que é irracional em um relacionamento e separar as influências passadas das presentes?

Todo relacionamento contém em si uma mistura de realidade e de fantasia; as relações reais sofrem a influência de elementos de transferência, e as transferências guardam em si uma certa medida de realidade. Assim, por exemplo, na relação real estabelecida entre pai e filho, é possível que ambas as partes projetem-se reciprocamente algum tipo de expectativa não realista ("Meu filho tem um grande talento!" "Meu pai é extraordinariamente inteligente!"). Por outro lado, os sentimentos dos pacientes em relação a seus terapeutas se baseiam freqüentemente em algum aspecto real das personalidades dos terapeutas ("Você hoje está parecendo cansado e triste; acho que você trabalha demais!").

No entanto, embora pareça difícil distinguir entre aspectos reais e fictícios de um relacionamento, é freqüentemente possível, com base na avaliação da intensidade emocional, determinar qual dos dois aspectos predomina.

No processo de compreensão das origens e da dinâmica das relações transferenciais, os psicanalistas estão numa posição na qual se vêem obrigados a salvaguardar simultaneamente tanto a transferência como a aliança de trabalho. As duas imagens que sobre eles se projetam — uma do passado e outra do presente — exigem que os analistas assumam um duplo papel, no qual a comunicação se mantém com ambos os pólos, simultaneamente. A suspensão da transferência levaria a uma diminuição do entendimento, ao colapso da aliança de trabalho e a uma interrupção do tratamento. A recusa e a aceitação simultâneas do(s) papel(éis) a ele atribuído(s) e o fato de que o analista deve ao mesmo tempo jogar e não jogar o jogo criam uma situação problemática e ambígua, extensamente discutida na literatura psicanalítica. Greenson (1967) o resume muito bem: "De uma forma estranha, o analista torna-se um ator silencioso numa peça que o paciente está criando. O analista não atua; nesse drama tenta manter-se como a figura nebulosa que o paciente necessita para suas fantasias. E ainda assim auxilia na criação do personagem, trabalhando os detalhes através de seu *insight*, empatia e intuição. Em um certo sentido, ele se transforma em uma espécie de diretor de cena na situação — uma parte vital da peça, mas não um ator" (p. 402).

Koestler, igualmente, descreve a forma pela qual "o psicanalista induz seus pacientes a reviverem seus conflitos em um drama ilusório, no qual ele próprio encarna a figura central — situando-se a meio caminho entre comediante e ator trágico. O ator trágico cria a ilusão, o comediante a desmascara: o terapeuta faz as duas coisas" (1969, p. 188).

Segundo Moreno, o psicodrama oferece a este problema uma solução melhor do que a oferecida pela psicanálise. Enquanto na psicanálise a transferência aparece no paciente como uma reação ao analista, no psicodrama introduz-se um auxiliar (com freqüência especialmente treinado para essa função) e as transferências, assim, são canalizadas para ele em vez de o serem para a pessoa do terapeuta. Isso é preferível porque coloca o psicodramatista em posição menos ambígua, na qual ele pode centrar-se na direção em vez de atuar no papel de "antagonista".

O processo de transferência varia em sua expressão no decorrer da sessão de psicodrama (Leutz, 1971). Durante a primeira fase, o aquecimento, o protagonista pode de início desenvolver algum tipo de sentimento distorcido em relação ao psicodramatista. Tal transferência, no entanto, é passível de ser rapidamente redirecionada a outro objeto, escolhido pelo protagonista. Quando o protagonista faz sua escolha de uma pessoa que é o outro significativo — olhando à volta, no grupo, e tomando consciência de seus vários componentes — transfere sentimentos e memórias, de forma ativa, para essas pessoas; e, desse ponto em diante, o psicodramatista dificilmente é notado. Durante a segunda fase, a dramatização, o psicodramatista pode dirigir a sessão a partir de um posicionamento mais distanciado, fato que o torna livre para estabelecer com o protagonista um relacionamento pessoa a pessoa "real". Na terceira fase, do compartilhamento, as transferências canalizadas para os auxiliares são interrompidas e sofrem uma descontinuidade. Isto pode ser feito, por exemplo, através do desvestir o papel (*de-roling*) ("Não sou mais seu tio Sam. Veja-me como eu sou, por favor... ") e do compartilhamento da experiência do papel ("Às vezes eu me sinto como Sam, mas eu teria sido menos violento do que ele foi"). Ao falarem sobre o que sentiram ao participarem da dramatização, os auxiliares pouco a pouco desfazem os papéis que assumiram e retornam às posições que originalmente ocupavam no grupo.

Embora, em geral, seja verdade que "o alvo imediato de transferência se desloca da figura do terapeuta para a do ego-auxiliar" (Moreno e Moreno, 1959, p. 96), essa é uma situação ideal que nem sempre ocorre. Schutzenberger (1970) assinala que as transferências canalizadas para o psicodramatista certamente ocorrem também no psicodrama, embora não com tanta freqüência como se dá nas formas clássicas de terapia psicanalítica. Williams, igualmente, alerta-nos quanto aos perigos de nos tornarmos demasiadamente idealistas:

> Essa situação afortunada, na qual a intensa preocupação com o líder se dilui pelas várias funções do grupo, nem sempre prevalece. Para alguns participantes, o diretor é e se mantém incondicionalmente central e eles buscam satisfação apenas nele. (1989, p. 193)

Como discuti no Capítulo 4, certos líderes carismáticos, ao se verem objeto dessas expectativas infantis, se vêem tentados a tentar satisfazê-las e podem até pensar, de início, que a função que lhes é atribuída é capaz de produzir efeitos terapêuticos poderosos e imediatos. Com o decorrer da terapia, porém, aquilo que teve começo como um relacionamento de correção emocional pode em última análise se transformar em um relacionamento destrutivo e decepcionante, no qual um terapeuta cheio de boas intenções pode vir a ser acusado de não ser uma mãe suficientemente "boa". Sugere-se, portanto, que o terapeuta se mantenha consciente das respostas sutis de transferência e contratransferência que tendem a ocorrer e que, tanto quanto lhe seja possível, resguarde o relacionamento contra distorções excessivas.

Ego auxiliar

O termo originalmente utilizado por Moreno para designar os assistentes terapêuticos do psicodrama foi "ego auxiliar". Nos últimos anos, porém, tornou-se mais comum utilizar simplesmente "auxiliar", segundo Blatner e Blatner (1988), sem acrescentar o "ego" (p. 160); essa mudança foi sugerida por Zerka Moreno e adotada por Williams (1989). Penso que essa simplificação é adequada e se justifica porque, atualmente, o auxiliar ajuda não apenas o "ego" mas também os "objetos" internos e externos e o "mundo interno" em geral. Como tal, o auxiliar psicodramático preenche funções que em muito se assemelham às desempenhadas pelo analista, enquanto objeto de transferência. Não é, portanto, de se surpreender a observação de que o termo original, "ego auxiliar", tenha feito entrada no vocabulário da psicanálise com um sentido um tanto diferente, mas em alguns aspectos similar àquele adotado no psicodrama.

Como resultado da emergência da psicologia psicanalítica do ego e do tratamento dos casos denominados como limítrofes, a função do ana-

120

lista sofreu uma mudança radical. De fato, tornou-se mais parecida com a função do ego auxiliar psicodramático originalmente descrito por Moreno (1972, p. 54), de um cuidador que auxilia a criança a se iniciar na vida.

Na psicoterapia voltada para os distúrbios de personalidade, considera-se que a situação terapêutica inclui alguns elementos da relação mãe-filho, e os terapeutas fazem uso de si mesmos, em maior ou menor escala, como ferramenta para o fortalecimento do ego em desenvolvimento do paciente. Nos últimos anos, a totalidade do meio humano dessas terapias tem sido denominada "ambiente de sustentação". Mais do que se tornar objeto de transferência desses pacientes, o psicanalista assume um papel mais ativo como auxiliar do funcionamento do próprio ego do paciente. Além de ser a tela para as transferências do paciente, o terapeuta se transforma em um novo objeto empático que, se internalizado, contribui para que este contenha sua dor, suas perdas e suas emoções conflitantes. Nesses casos, o terapeuta assume um papel de apoio e corretivo, que promove a superação simbólica de privações do desenvolvimento.

De acordo com Kernberg (1976), o psicanalista "se desloca do papel de consultor para o de ego auxiliar, ou seja, torna-se o "gerenciador" do paciente". O que implica ser "gerenciador", porém, pode não se limitar ao papel de um ego auxiliar (por exemplo, ajudar a focalizar a atenção, rememorar, testar a realidade, sintetizar etc.) e ampliar-se também para o de superego auxiliar (isto é, o de exigir, estabelecer tarefas, punir, elogiar). Escolhendo quase essas mesmas palavras, Strachey (1934) afirma que os pacientes por vezes se utilizam do analista como um "superego auxiliar". O terapeuta, na psicoterapia de apoio de Dewald (1964), tem a função de "ego substituto" ou "ego por procuração" e, de acordo com Blanck e Blanck (1974), "é inerente à situação terapêutica o fato de que o terapeuta é um modelo potencial de identificação". Gitelson (1973) recomenda que o analista se apresente como um objeto adequado ao paciente e como um "ego auxiliar". Finalmente, Anna Freud (1965) descreveu o modo pelo qual a criança se utiliza do analista como um novo objeto, como um objeto de externalização e internalização e como um ego auxiliar. Esses exemplos foram selecionados porque representam a assim chamada "ortodoxia" psicanalítica. As escolas neofreudianas desde há muito concordam com a posição moreniana.

Transparência

Em psicanálise, o analista assume uma posição de receptividade passiva conhecida como "flutuação livre" ou "atenção equilibradamente suspensa" para alcançar a compreensão do sentido inconsciente das associações livres do paciente. No processo dessa atividade empática, ele assume ante o paciente uma atitude "em branco", não transparente e neutra, tentando não "transferir de volta" sentimentos que o paciente lhe transferiu. Essa atitude de "espelho" enseja a livre associação e permite que as reações distorcidas e irrealistas do paciente sejam demonstradas tal como são. A neutralidade do analista, portanto, é um método indireto de fazer emergir a transferência em um ambiente asséptico.

No entanto, fatores da realidade, tais como sexo do terapeuta, seu estado civil, nível de experiência e de competência, assertividade, traços de personalidade, distanciamento pessoal e estilo de liderança podem influenciar significativamente o paciente. Assim, "deve-se concluir que o analista como simples tela na verdade não existe. Não lhe é possível negar que sua personalidade, sua operação, é fator significativo. Ele vai mostrar-se como verdadeiramente é em sua maneira de falar e em sua espontaneidade geral" (Gitelson, 1973, p. 192). Viderman (1991) enfatizou recentemente os poderosos efeitos causados pela pessoa real do analista — em particular sua disponibilidade emocional — no processo da cura psicanalítica. A remoção do psicanalista do campo visual do paciente na verdade não diminui essa influência. Como resultado, "o papel decisivo da personalidade global do analista, tanto no processo como nos resultados da terapia, tem se tornado um objeto sempre presente de consideração; de tal forma que o analista deve ter cuidado ao distinguir entre reações transferenciais e aquelas provocadas pela pessoa que ele é" (Witenberg, 1973, p. 8).

Em contraste com a posição de incógnito, assumida pelos psicanalistas, os psicodramatistas freqüentemente assumem uma atitude altamente aberta e transparente frente a seus pacientes (vejam-se os trabalhos relevantes de Curtis, 1982, e Dies, 1977). A diferença não é apenas uma questão de temperamento contrastante mas também de orientação teórica. Moreno se descontentou com a postura de tela em branco por ela estimular projeções; sentiu que seria de mais útil estimular a tele-relação recíproca, na qual o terapeuta pudesse adotar um posicionamento de autenticidade. Nas palavras de Williams, o psicodramatista:

> tende a ser ativo, oferecendo a plenitude de sua "personalidade" e de seu comportamento que possam ser interpretados pelos membros do grupo. Os psicodramatistas tendem a adotar um perfil de visibilidade e a oferecer mais pistas a respeito do que estão pensando e sentindo; o processo é mais "transparente". Eles podem participar da fase de compartilhamento do psicodrama, por exemplo, e revelar detalhes de suas vidas. (1989, p. 183)

Conclusão

Os psicanalistas e psicodramatistas em geral concordam que as transferências, mesmo sendo universais e inevitáveis, são indesejáveis nas relações interpessoais. Concordam também quanto ao fato de que as transferências que ocorrem dentro dos limites da psicoterapia podem ser utilizadas como um valioso material clínico e como manifestações "vivas" de padrões interpessoais, podendo assim levar a uma melhor compreensão dos conflitos interpessoais do paciente.

O objetivo das investigações interpessoais, no psicodrama, é auxiliar os pacientes a corrigirem suas percepções distorcidas; desligarem-se das relações transferenciais ou reduzirem a intensidade emocional dessas relações até um nível que lhes permita descobrir que tipo de relação real lhes é proporcionada pelo terapeuta e por outras pessoas também reais. Para que se chegue a isso, é importante distinguir, aceitar e mesmo encorajar as relações reais que se estabelecem entre paciente e terapeuta.

Uma vez que, na prática, é impossível a alguém esconder-se por detrás de uma tela em branco, o psicodramatista prefere maximizar os elementos positivos de sua interação terapeuta-paciente e estimula uma atitude aberta, calorosa, respeitosa e empática, aceitando confiantemente que o conflito e a ambivalência nas relações humanas são normais e administráveis. As transferências se farão presentes mas as interações reais permitirão que elas se tornem mais facilmente reconhecíveis.

O dilema do paciente que necessita ser amado para poder tornar-se saudável e o terapeuta que não é capaz ou que não deseja atuar como parceiro amoroso se resolve no psicodrama através do engajamento de uma terceira parte: o ego auxiliar que é alguém diferente do terapeuta. Isso confere ao psicodramatista a liberdade de estabelecer uma relação verdadeiramente télica com o paciente, a qual, se calorosa, autêntica e empática o suficiente, poderá tornar-se, por si só, um poderoso fator terapêutico.

9
Como Se

> O psicodrama é uma forma de se mudar o mundo aqui-e-agora, através do emprego de regras fundamentais da imaginação e sem cair no abismo da ilusão, da alucinação ou do delírio. (J. L. Moreno, *Magic charter of psychodrama*, 1969/1972)
> A pessoa é tudo, menos ela mesma quando fala em seu próprio nome. Dê-lhe uma máscara e ela lhe dirá a verdade. (Oscar Wilde)

Os capítulos anteriores trataram dos aspectos emocionais, cognitivos e interpessoais do psicodrama. Esses aspectos têm sido tradicionalmente considerados como parte central do processo terapêutico. Nenhum deles, porém, causaria nenhum impacto não fosse por seu enquadramento dentro da imaginação e por sua estimulação através da ativação deliberada do "como se". No presente capítulo descreverei o emprego da imaginação no psicodrama e demonstrarei o lugar central ocupado pelo conceito de "como se" na metodologia e na filosofia do psicodrama.

O "Como se" no Psicodrama

O potencial imaginativo da mente, embora muitas vezes insuficientemente desenvolvido, é universal e intrinsecamente passível de ser desfrutado pela maior parte das pessoas. Sempre que nos é possível, agrada-nos imaginarmo-nos em inúmeras situações prazerosas e podemos refugiar-nos em nossos sonhos quando a realidade externa se torna demasiadamente difícil ou amedrontadora. A imaginação permite que a esperança e os sonhos dêem novamente entrada em nossas existências, ainda que por apenas um momento. Quando se conheceram, Moreno disse a Freud: "Começo onde o senhor pára. O senhor analisa os sonhos deles, eu tento dar-lhes coragem para sonhar de novo" (Moreno, 1972, pp. 5-6). Esta breve citação capta o papel central desempenhado pela imaginação no psicodrama; uma crença que é inerente ao psicodrama é a de que é um erro se despojarem as pessoas de seus sonhos ou meramente fazer uso deles como "material" psicológico a ser interpretado.

No psicodrama somos encorajados a atuar nossos sonhos com o objetivo de nos atualizarmos e nos adaptarmos ao mundo exterior. Toda a metodologia do psicodrama — o uso que faz do *role-playing*, dos auxiliares, do palco, dos exercícios de aquecimento, adereços e sua deliberada distorção de tempo e de espaço — se baseia no princípio do "como se" (Buchanan e Little, 1983).

Consideremos primeiramente o uso do *role-playing*, o *sine qua non* do psicodrama, que Geller (1978) descreveu como o comportamento retratado como se fosse real, embora todos saibam que não é. Nesse *role-playing*, os participantes são encorajados a representarem situações do passado *como se* estas estivessem acontecendo no presente, a relacionar-se com objetos inanimados *como se* esses objetos fossem vivos e a falar com os outros membros do grupo *como se* fossem velhos conhecidos ou indivíduos-chave em suas vidas. O próprio palco psicodramático é visto tanto pelos atores como pela platéia *como se* fosse uma arena imaginária dentro da qual qualquer coisa, inclusive o impossível, pode acontecer. Assim, no âmbito psicodramático do *como se*, as experiências interiores podem ser externalizadas, os relacionamentos inter e intrapessoais abstratos podem ser concretizados e os sonhos podem ser trazidos à luz do dia.

O "como se" é essencial à característica que Moreno denominou espontaneidade dramática:

> É essa qualidade que confere novidade e vida aos sentimentos, à atuação e à incontinência verbal, que nada são senão repetições daquilo que o indivíduo já experimentou milhares de vezes antes (...) Esta forma de espontaneidade possui aparentemente grande importância prática, por energizar e unificar o *self*. Faz com que os atos desassociados e que parecem automáticos sejam vistos e sentidos como verdadeira auto-expressão e atuem como "cosméticos" da psique. (Moreno, 1972, p. 89)

A maior parte das técnicas psicodramáticas se baseia em algum elemento de atividade do tipo "como se". Na técnica de inversão de papéis, por exemplo, Arthur atua *como se* fosse Bill e Bill atua *como se* fosse Arthur. Na técnica do duplo, Bill age *como se* ele fosse Arthur, imitando todos os seus movimentos e estados de humor. Na técnica do espelho, Arthur é apresentado *como se* estivesse diante de um espelho. Na técnica de solilóquio, Arthur fala *como se* ninguém o estivesse escutando ou *como se* estivesse pensando alto. Na técnica de projeção do futuro, solicita-se a Arthur que visualize a si mesmo no futuro, tanto da maneira como ele acredita que estará como da que deseja estar; Arthur atua *como se* seu *self* futuro fosse um ser vivente. Finalmente, quando Arthur concretiza seus sentimentos através, por exemplo, da técnica de "escultura", ele os apresenta *como se* existissem no espaço físico.

Os exercícios psicodramáticos de aquecimento se fundamentam também, freqüentemente, na estimulação do "como se". No "reino das plantas", por exemplo, as pessoas são solicitadas a se imaginarem *como se* fossem plantas. Pede-se que visualizem primeiramente o chão em que estão enraizadas, seu tipo de terra, a estação do ano e as condições que lhes são necessárias para realizarem seu potencial. Em seguida são instadas a se "tornarem" a planta e mostrarem em detalhes ao grupo como vivem e se desenvolvem. Em um grupo, um participante apresentou-se como "uma velha árvore sem raízes"; outro, como "um arbusto em chamas enviado por Deus". Uma mulher sentiu-se como "uma trepadeira de rosas sem suporte" e um homem se descreveu como "um toco de árvore cercado de cachorros a urinarem em seu tronco!". O fato de a informação ser apresentada em linguagem do "como se", que parcialmente esconde a realidade e parcialmente a desvenda de forma obscura, torna mais fácil para alguns participantes revelarem ao grupo informações delicadas sobre si mesmos e, assim, trabalhar no psicodrama.

As pessoas, geralmente, não têm dificuldades em fazer uso de sua imaginação. Podem facilmente fazer com que objetos inanimados ganhem vida e relacionar-se com eles como se fossem reais. Por exemplo: ofereceu-se a um grupo de pessoas um aparelho telefônico antigo, desligado, para que brincassem com ele; imediatamente, começaram a usá-lo. Uma pessoa discou um número para chamar a esposa e dizer-lhe que chegaria tarde para o jantar. Uma mulher do grupo atendeu a chamada mas ficou desconfiada e acusou-o de estar sendo infiel a ela. Embora os papéis assumidos nessa improvisação fossem criados ao impulso do momento, os conteúdos interacionais e as emoções pessoais tornaram-se reais, abrindo ilimitadas possibilidades para seu posterior aprofundamento e tratamento.

Quando o "como se" sofre um bloqueio, o psicodrama não funciona. Uma mulher que tinha afirmado veementemente "Eu não preciso de ninguém em minha vida" estava apoiada numa parede e eu pedi a ela que conversasse com a parede. Olhou para mim totalmente confusa e eu lhe perguntei: "Você está se apoiando sobre quem?". Mas ela não respondeu a minha pergunta porque, para ela, a parede era apenas uma parede e nada mais. Naquele momento, ela foi incapaz de "ver". Quando ela mais tarde protagonizou uma dramatização, compreendemos que a figura que havia sido incapaz de ver na parede era seu pai, em quem se encostava em busca de apoio e afeição. A cena que ela tinha sido incapaz de imaginar era a de si mesma, menina, à beira da sepultura de seu pai. No processo psicodramático, o simbolismo da parede mudou como num sonho, tornando-se alternadamente uma lápide tumular, um apoio do qual se depende para proteção e uma barreira dentro dela que deveria ser finalmente destruída.

O "como se" ocorre por definição em toda atividade imaginativa, inclusive o drama, o sonho e o jogo. A capacidade de falar, pensar e sentir "como se..." manifesta-se através da capacidade de operar nos vários níveis hipotéticos (Sarbin, 1972). Na "declaração hipotética" afirma-se algo irreal, falso ou fictício, mas, ao mesmo tempo, essa declaração é uma condição para se elaborar qualquer pressuposto sobre a realidade (Vaihinger, 1911). Sem a "declaração hipotética" não poderíamos descrever, personificar, imaginar, encarnar ou representar a realidade exterior de forma simbólica.

Os Métodos Terapêuticos Baseados na Imaginação

O "como se" tem sido há muitos anos empregado como parte de vários rituais de cura (Sheikh e Jordan, 1983). Na última década chegou a ser associado a vários métodos terapêuticos. Na hipnose, por exemplo, o "como se" é associado ao transe, à sugestão e aos estados alterados de consciência, implicando que quanto mais vívida a sua imaginação, mais sugestionável é a pessoa. Em psicanálise, o conceito de "como se" está relacionado à fantasia inconsciente (Issac, 1952), aos processos primários do pensamento e à livre associação, servindo como veículo para a representação simbólica dos conflitos inconscientes.

Jung dava grande importância ao mundo interno dos seres humanos e aos complexos padrões subjacentes às representações simbólicas, que continuamente se manifestam em nossos sonhos. A utilização que Jung fez da imaginação em terapia (1967) se faz melhor representar através do método que denominou como "imaginação ativa", que poderia se manifestar a partir do sonho, através de imagens hipnagógicas ou da fantasia. Jung via na imaginação ativa um procedimento a ser amplamente empregado, de maneira independente, pelo paciente, em geral quando próximo ao final da análise ou depois dela. No entanto, vários clínicos investigaram o potencial da imaginação como método básico de psicoterapia. As mais conhecidas dessas abordagens são a de Desoille (1965), "sonho em vigília dirigido"; a de Fretigny e Virel (1968), "onirodrama", e a de Leuner (1978), "imaginação afetiva dirigida". Sheikh e Jordan (1983), utilizaram-se do termo "oniroterapias" para definir essas três formas de terapia ("oneiros" significa "sonho").

Várias outras técnicas de imaginação, tais como o uso do sonho em vigília e a imaginação em psicoterapia (Singer, 1974; Singer e Pope, 1978) e a psicoterapia "eidética" (Ahsen, 1968 1984), empregam ativamente os princípios do "como se" em suas abordagens terapêuticas. A imaginação é utilizada também como técnica auxiliar nas práticas mais ecléticas, tais como na psicossíntese (Assagioli, 1973), a modelagem (Bandura, 1971) e a programação neurolingüística (Bandler e Grinder, 1979; Buchanan e Little, 1983).

De maneira muito diferente a psicoterapia adleriana (Mosak, 1979, p. 71; Adler, 1963) estimulou seus pacientes a experimentar um novo comportamento e agir "como se". Esta abordagem mais direta e comportamental se baseia no pressuposto de que, embora os pacientes possam exercer, no máximo, um controle apenas limitado de seus sentimentos, eles podem ser capazes de canalizar seus pensamentos por caminhos em rumos imaginários e atuar "como se" tivessem um estado mental desejado. No *role-playing* clínico (Kipper, 1986) essa abordagem está relacionada com o conceito de "estimulação" e, na terapia de papéis fixos de Kelly (1955), é precondição para o ensaio comportamental.

O corpo de evidências que se têm avolumado rapidamente aponta para o valor da imaginação mental e a eficácia das técnicas de "como se" no tratamento de uma ampla gama de problemas. Os que propõem as abordagens baseadas na imaginação afirmam terem obtido sucesso significativo e citam numerosos casos em apoio às suas teses. Infelizmente, até o presente tem havido um escasso número de trabalhos experimentais voltados para a verificação dos pressupostos subjacentes a esses procedimentos.

Têm sido sugerido numerosos mecanismos que, presumidamente, embasariam a eficácia da imaginação. Singer (1974) tende a crer que a eficácia da imaginação depende essencialmente dos seguinte fatores: 1. discriminação clara pelo cliente de seus próprios processos de fantasia em curso; 2. pistas fornecidas pelo terapeuta a respeito de formas alternativas de abordagem das várias situações; 3. consciência das situações geralmente evitadas; 4. encorajamento pelo terapeuta a se dedicar a ensaiar reservadamente as alternativas; e 5. conseqüente diminuição do medo de abordar abertamente as situações evitadas.

O Valor Terapêutico do "Como Se" no Psicodrama

O psicodrama emprega o "como se" de várias formas, inclusive as acima mencionadas. Sua função básica no psicodrama, porém, é auxiliar o protagonista a dominar vicariamente os acontecimentos estressantes de sua vida, dentro do universo protegido do faz-de-conta. Os participantes são encorajados a abrirem mão de testar a realidade e a se retirarem, temporariamente, do mundo externo. Fazem experiências com várias dimensões novas da realidade, construindo o mundo de acordo com suas próprias idéias espontâneas. De maneira paradoxal, esse procedimento contribui para que a pessoa tanto negue como afirme a realidade exterior. Por exemplo: quando Ana falou com sua mãe falecida, numa dramatização, atuou "como se" ela estivesse viva ali, no palco, momentaneamente negando o fato de que sua mãe já não vivia. Este encontro imaginário, no entanto, ajudou-a a enfrentar melhor a morte de sua mãe, abrindo os canais naturais de luto que Anna, até então, havia bloqueado.

Minha posição é de que o "como se", empregado dessa forma, fortalece o funcionamento do ego do paciente, sua capacidade de lidar com as pressões internas ou externas. Concordo nesse ponto com Blatner e Blatner, que definiram a efetividade do psicodrama em termos de "fortalecimento do funcionamento do ego do paciente" (1988, p. 95). De acordo com as categorias apresentadas por Bellak, Hurvich e Gediman (1973), essas funções do ego abrangem: teste de realidade, julgamento, senso de realidade, regulação e controle de forças, afetos e impulsos, relações de objeto, processos de raciocínio, regressão adaptativa a serviço do ego, funcionamento defensivo, barreiras aos estímulos, funções autônomas, funcionamento sintético-integrativo e competência de comando (tema recapitulado em Blatner e Blatner, 1988, pp. 95-9).

A utilização do "como se" no psicodrama pode ser ilustrada pelo caso de Marianne, uma universitária de 21 anos que tinha sido estuprada sob ameaça de ponta de faca ao retornar a sua casa depois de uma festa. Em conseqüência desse fato ela desenvolveu um medo de ficar sozinha, sofria de constantes pesadelos e evitava a maior parte dos contatos com homens. Queixava-se também de um sentimento de culpa por não haver resistido o suficiente ao assalto. Um ano depois desse fato, em seu psicodrama, Marianne foi estimulada a confrontar-se novamente com o estuprador para que revivesse uma vez mais a experiência traumática. Dessa segunda vez, no entanto, Marianne foi auxiliada para resistir ao assalto, a dar expressão à sua raiva em relação ao estuprador e, em um julgamento imaginário (cf. a "técnica do julgamento" apresentada por Sacks, 1965), acusou seu atacante e declarou sua condenação. A vingança vicária envolvida nesse ato contribuiu para que Marianne redirecionasse uma parcela da culpa que havia dirigido contra si mesma passando a canalizá-la, agora, para o agressor. A dramatização se encerrou com uma viagem imaginária dirigida, na qual se pediu a Marianne que imaginasse "seguir um riacho até sua fonte". Escolheu-se esta viagem imaginária em virtude de sua conhecida importância para Marianne, por simbolizar o caminho de volta à sua privacidade e calor humano, através da deliberada utilização do poder de cura inerente à água e à queda d'água fria. Como resultado dessa sessão, Marianne voltou a trabalhar, embora continuasse levemente ansiosa por algum tempo. Tendo em vista seu casamento no ano seguinte, parece provável que o psicodrama permitiu, no mínimo, que ela abrisse o caminho para seu posterior controle sobre seus sentimentos e seu gradual ajustamento à vida normal.

A Realidade Suplementar

O "como se" psicodramático não opera sobre a realidade da vida mas, sim, sobre a situação semi-real do jogo; é a chamada meta-realidade ou realidade suplementar (Moreno, 1966). "Suplementar", aqui, significa "o que sobrou" e diz respeito àquela parte da experiência que permanece dentro de nós, tendo o mundo externo recebido sua cota de atenção. Nesta esfera, a realidade psíquica é "ampliada" e se dá expressão às "dimensões intangíveis, invisíveis da vida do protagonista" (Moreno e Moreno, 1969). Nas palavras de Moreno: "Trata-se do reino dos sonhos, no qual as dolorosas tarefas da vida se completam com um aceno de mão ou com um sorriso. As cenas da vida que duram dias são aqui reduzidas a um minuto" (1972, p. 214).

De acordo com Blatner:

> o papel da realidade suplementar é mal compreendido em nossas vidas. A visão do homem como *apenas* estando no mundo, com um núcleo único de autenticidade, nega o fenômeno da imaginação. É nossa imaginação que conta para as dimensões auto-reflexivas de nossa consciência, para a capacidade de vermos a nós mesmos à distância (...) A imaginação representa aquela dimensão de nossas vidas que é nossa realidade suplementar. Somos reis e escravos, somos crianças novamente, existimos dez anos além, no futuro. (1973, p. 124)

O conceito de realidade suplementar foi introduzido no psicodrama inicialmente para facilitar a apresentação da verdade pessoal. "O sujeito deve representar "sua verdade", na forma como a sente e percebe, de maneira completamente subjetiva (não importa o quão distorcida possa parecer aos olhos do espectador)" (Moreno e Moreno, 1969, p. 234). No entanto, não é apenas o que "realmente" aconteceu na vida que pode ser retratado; mas também o que nunca ocorreu, embora tenha sido desejado, temido ou admirado: o desconhecido, o não-dito, o não-nascido, o sonho, esperanças, as sensações de *déjà vu*, medos, desapontamentos, expectativas e desejos frustrados (Leutz, 1974; Blatner e Blatner, 1988; Karp, 1988).

> O que conta é o que parece "fenomenologicamente" verdadeiro para o protagonista [como aparece na experiência direta]. Certamente, a validação consensual (como de concordância com as percepções expressas pelos demais) e a checagem do mundo fenomênico do protagonista com o mundo real (correspondência) figura ou poderá figurar mais tarde, considerando-se o conjunto do programa terapêutico do cliente. Mas, durante o psicodrama, o que aparece como verdadeiro para o protagonista (...) tem precedência e recebe o apoio do terapeuta. (Seeman e Weiner, 1985, pp. 151-2)

A afirmação que o psicodramatista faz da verdade pessoal do protagonista e de sua experiência singular da realidade é denominada "validação existencial". Os dois exemplos que se seguem, de pacientes psicóticos — tirados um do psicodrama e outro, da psiquiatria —, podem ilustrar esse conceito central do psicodrama.

Pode-se exemplificar a utilização bem-sucedida da validação existencial através de um dos casos famosos de J. L. Moreno, "*Um caso de paranóia*" (Moreno e Moreno, 1969). Mary era uma jovem psicótica que se havia refugiado em um mundo de fantasia, no qual insistia em procurar "John", seu amante imaginário. Moreno instruiu um de seus assistentes (um auxiliar) para que este desempenhasse o papel de "amigo de John", que estaria ali para ajudar Mary a realizar sua dramática busca. Reconhecendo os aspectos adaptativos do mundo de fantasia de Mary, Moreno procurou não desafiar sua visão da realidade mas, sim, enfatizá-la e tomá-la como seu ponto de partida. A resistência demonstrada por Mary em relacionar-se com pessoas reais no mundo externo foi gradualmente esclarecida, compreendida, substituída e, finalmente, removida. O auxiliar pôde ser desvestido do papel (*de-roled*) quando Mary passou a relacionar-se com ele, não como amigo de John, mas como ele mesmo.

Para maior clareza, vou comparar esse procedimento com os métodos contrários, empregados pelas psicoterapias "racionais-emotivas" e "cognitivas-comportamentais", que se contrapõem diretamente às crenças irracionais. Um fracasso desse procedimento (citado por Mahoney, 1974) é descrito no caso de um paciente esquizofrênico que dizia a todos os que o ouviam que ele estava morto. Foi designado um psicólogo residente para provar ao paciente que sua crença era equivocada. O residente perguntou ao paciente se pessoas mortas sangravam. O paciente respondeu que todo mundo sabia que as pessoas mortas não sangram. O psicólogo, então, tomou um dedo do paciente e picou-o com um alfinete, o que fez saírem várias gotas de sangue. Ao examinar a evidência (isto é, o sangue em seu dedo), o paciente replicou: "Filho de uma puta!, gente morta sangra!". O paciente prontamente acomodou sua crença a respeito de "pessoas mortas" à nova evidência. Essa anedota ilustra algumas das frustrações que podem ocorrer quando se tenta alterar uma visão pessoal de mundo de um paciente de maneira direta, sem antes adentrarmos nele através da afirmação e da validação existencial.

É importante que se enfatize, porém, que no psicodrama existem várias maneiras de se lidar com a realidade externa, algumas das quais serão descritas a seguir.

Procedimentos no Trato com a Realidade Externa

De acordo com Henne (1979) e Pitzele (1991) podem-se empregar três diferentes procedimentos psicodramáticos ao se trabalhar com as várias dimensões da realidade: o realista, o intrapsíquico e o imaginário. Incluiremos também aqui um quarto procedimento, o psicanalítico.

O procedimento "realista" (clássico) retira material da memória pessoal e invoca personagens atuais, apresentando experiências autobiográficas e acontecimentos da vida real. Esse procedimento, em geral, tem início com a apresentação de uma queixa atual, continua com a representação de um evento traumático passado para então retornar ao presente e assim estabelecer uma visão realista da situação atual de vida. Um exemplo é o caso de Rebecka, que apresentou várias cenas de sua vida ocorridas antes e depois do suicídio de seu irmão.

O segundo procedimento, o "intrapsíquico" (denominado "psicodrama figurativo" por Gonseth e Zoller, 1982), é freqüentemente utilizado conjuntamente com o psicodrama clássico. Explora o mundo interno do *self* em toda sua complexidade e focaliza especificamente sobre as várias partes do *self* e o relacionamento que estas estabelecem entre si e com o mundo externo. Na técnica da cadeira auxiliar (Lippitt, 1958), projetam-se aspectos do *self* sobre uma cadeira vazia. Movendo-se de uma cadeira para outra, o protagonista é convidado a dialogar com determinados aspectos de si mesmo, para assim "recapturar" ou re-integrar aspectos dissociados, de maneira similar à utilizada na terapia da Gestalt.

Nessa sessão "figurativa", a própria psique pode-se apresentar no palco, em uma espécie de drama íntimo. Isto possibilita que se identifique o ego, um protagonista atormentado, que se queixa de não ter mais forças para suportar a dureza da vida, que se sente desamparado e insatisfeito consigo mesmo. Por um lado, ele tem que lidar com o "id", uma criança irresponsável que exige sempre a imediata gratificação de todas as suas necessidades. De outro, o "superego", um tirano que se pretende justo, critica cada movimento que ele faz e exige total obediência. Além do mais, ele é lembrado a respeito de suas responsabilidades econômicas e várias vozes da sociedade lhe comunicam que: "É melhor você chegar a um acordo logo porque, se não conseguir, você não há de sobreviver aqui por muito tempo!". O protagonista finalmente consegue um tipo de acordo entre todas essas exigências conflitantes e, com a ajuda de alguns auxiliares que põem na linha todos esses desordeiros, readquire um certo equilíbrio emocional.

O terceiro procedimento, "imaginário", é utilizado tanto na fase intermediária de uma sessão clássica como também como forma específica de psicodrama. Recebe igualmente a denominação de "metafórico", "surrealista" ou "simbólico". Esse procedimento é muito semelhante a algumas formas de dramaterapia (Jennings, 1986; Landy, 1986) e inclui a representação psicodramática de sonhos (Nolte, Weistart e Wyatt, 1977). Caracteriza-se, fundamentalmente, pela apresentação simbólica da realidade interna do protagonista, através de histórias imaginárias, improvisações, exercícios teatrais, filmes, movimentos ou sons. Jane, por exemplo, apresentou o clima de sua vida através de um arco-íris colorido que possuía, de um lado, um tesouro escondido; e, de outro, o taxista. A sessão de psicodrama descrita no Capítulo 1 (Quem Dirige Meu Carro Verde?) representa outro exemplo.

Todos esses três procedimentos psicodramáticos incluem cenas de realidade suplementar imaginárias mas são diferentes no que diz respeito ao *timing* adequado para a apresentação das cenas. O procedimento clássico insiste na apresentação da realidade antes da realidade suplementar. O procedimento intrapsíquico se mantém mais ou menos como uma espécie de realidade suplementar durante toda a sessão. E o procedimento imaginário parte da realidade suplementar e freqüentemente, embora nem sempre, termina na realidade.

O quarto procedimento, o "psicanalítico", representa ainda outra estratégia. O psicodrama analítico, segundo Anzieu, se mantém dentro dos limites do que Lacan denominou como "mola mestra da psicanálise": o imaginário, o simbólico e o real.

> À medida que o psicodrama expressa fantasias, o tema proposto pelo sujeito coloca-as no plano da satisfação imaginária. À medida que se definem os papéis que o sujeito deseja experimentar, torna-se parte do registro simbólico, intermediário entre a pura pantomima e a pura verbalização, peculiar ao psicodrama. Quanto ao aspecto do jogo, ele se constitui como teste de realidade representado, simultaneamente, pelo psicodramatista e pela capacidade do sujeito de assumir efetivamente o papel anunciado. Assim, a eficácia do "como se", no psicodrama, reside no que o etnologista Levi-Strauss denominou "eficácia simbólica". (Anzieu, 1960, pp. 43-4)

Role-playing e Role-taking

Várias teorias diferentes podem ser utilizadas como forma de apoio cognitivo ao emprego dos métodos "como se" no psicodrama. Em primeiro lugar, mencionarei aqui, brevemente, a importância do jogo no desenvolvimento infantil e na psicoterapia e, em particular, a importância do *role-playing* e do *role-taking* na cristalização da identidade unificada. Passarei então a tratar de algumas teorias paralelas relevantes da psicologia social, da teoria do aprendizado social e da psicanálise. Finalmente, apresentarei algumas idéias centrais do *role-taking* no teatro.

Todo jogo — incluindo-se o *role-playing* — traz em si elementos de "como se" e se constitui numa atividade de importância central através da vida. Moreno discordava de Freud (1908) quando este afirmava que o jogo era abandonado na idade adulta. Na medida em que crescem, o jogo se torna mais ritualizado, estruturado e controlado, mas não desaparece: coexiste com a imaginação, durante toda a vida. Em virtude da posição de destaque ocupada pelo jogo no psicodrama, às vezes me agrada pensar que esse método é um tipo de "ludoterapia" válido tanto para crianças como para adultos.

O jogo é um meio ativo de administrar a ansiedade, de aprender o comportamento socialmente adaptativo e de satisfazer vicariamente as necessidades humanas. De acordo com Singer (1977), a imaginação e as atividades baseadas no faz-de-conta desempenham um importante papel na aquisição infantil de um vocabulário variado, no desenvolvimento da capacidade imaginativa, da capacidade de tolerar os períodos de espera, da empatia e do domínio dos papéis sociais. O autor salienta que:

a dimensão do "como se", a atividade de fingir e o mundo do faz-de-conta apresentam grande potencial de enriquecimento da experiência infantil e de preparo da criança para aspectos seguintes e mais formais da educação, na faixa etária posterior aos cinco ou seis anos de idade. (p. 141)

O *role-playing* tem sido considerado especialmente como efetivo no ajudar as pessoas a diferenciar entre fantasia e realidade, entre o eu e os outros. O *role-playing* pode assim contribuir para a formação de um sentimento unificado e consistente do eu. Tomar o papel do outro" é essencial em todos os processos de internalização: imitação, espelho, identificação, modelagem, introjeção e assimilação. Piaget (1951) descreveu como se dá o início do simbolismo envolvido no jogo infantil, partindo da imitação, na presença de um modelo, para a imitação diferenciada e daí para a representação mental interior. Ao assumirmos e internalizarmos um papel, de início nos comportamos "como se" possuíssemos determinados atributos e apenas posteriormente sentimos que podemos nos identificar com o papel e adquirir um sentido unificado de *self*. Esse processo vai ao encontro da teoria de *role-playing* e *role-taking* de Moreno quanto ao desenvolvimento infantil: "Os papéis não surgem a partir do *self*, mas este pode surgir a partir dos papéis" (1960a, p. 81).

Esses pontos de vista coincidem com as teorias de psicólogos sociais como William James, C. H. Cooley e G. H. Mead, que descrevem o desenvolvimento da personalidade em termos de interação social com "outros generalizados". Ao observar a maneira pela qual os outros me vêem, vejo a mim mesmo como em um espelho e assim construo minha própria imagem de mim mesmo. Através da interação social, do *role-playing* e da inversão de papéis com os outros, eu aprendo a "imitar" suas respostas e torno-me assim "objeto" em relação a mim mesmo (este "sou eu"). Ao mesmo tempo, eu existo (sou) como entidade separada (este sou eu) que dá início a respostas novas e espontâneas e que representa a parte subjetiva, pessoal de mim mesmo. Jogar papéis se torna, desta forma, no meio através do qual assumimos sem cessar novos papéis, uma capacidade-chave para o desenvolvimento da personalidade, de acordo com Blatner e Blatner (1988).

Segundo a perspectiva da teoria da aprendizagem social (Bandura, 1971), a função do *role-playing* assume contornos ligeiramente diferentes. As pessoas adquirem novos repertórios comportamentais e modificam suas respostas sociais através da observação de modelos: pais ou adultos significativos que ajudam os indivíduos a se sentirem à vontade em relação a si mesmos.

De uma perspectiva psicanalítica, Jacobson descreve como o engajamento no "como se" e no "faz-de-conta" contribui para que a criança desenvolva um sentido de *self* em relação ao mundo que a circunda e diferencie entre o que está "dentro" e o que está "fora":

> No começo, as imitações que o bebê faz da mãe, de seus gestos, comportamentos e ações são ainda apenas atividades formais do tipo "como se", sem consciência de seu significado e que se baseiam meramente nos laços estreitos de empatia com a mãe. Imitar ou desempenhar o papel da mãe significa ser ou tornar-se a mãe. (1964, p. 43)

Da mesma forma, Winnicott (1971) sugere que a criança se utiliza de um tipo de área intermediária, uma esfera mediana de jogo não diferente da realidade suplementar, na qual o mundo interno subjetivo ("eu") pode encontrar-se com a realidade externa (me). Nesta esfera, a criança tenta conectar os dois mundos e uni-los um ao outro, mas ainda os mantém em separado tal como o fazemos nas atividades ligadas à imaginação, à fantasia, à ilusão e todas as outras do tipo "como se". Winnicott descreve também como a criança joga com um tipo de "objeto transicional" — a primeira posse de tipo "não-eu" — que ajuda o processo de diferenciação. Este objeto pode ser um cobertor, uma chupeta ou um brinquedo macio que ajudem a criança a alcançar uma representação interna de um objeto externo.

O *Role-taking* no Teatro

Como extensão do teatro clássico, o *role-playing* psicodramático pode ser encarado como uma tentativa de simulação ou representação da realidade (Kipper, 1986). Os objetivos do teatro, no entanto, são obviamente diferentes dos do psicodrama. Enquanto teatro objetiva produzir momentos de entretenimento estimulante para a platéia, o psicodrama propicia aos atores uma oportunidade de crescimento. Segundo Martin:

> O primeiro tem como objetivo a criação de uma realidade simulada para um determinado público; os que assumem papéis adotam várias técnicas, dentre as quais se incluem objetos de apoio, cenário, música etc., para facilitar a superação das desconfianças da platéia. Desse ponto de vista, se os próprios atores se deixam ou não atingir por esse rompimento é irrelevante, embora alguns argumentem que o envolvimento dos atores facilita a reação do público (Stanilavsky, 1936), enquanto que outros afirmam o contrário. (Diderot, 1951, p. 588)

Embora os objetivos sejam diferentes, há muito de semelhança. O processo de *role-taking* no psicodrama é similar à maneira pela qual um ator profissional assume um novo papel (Sarbin e Allen, 1968; Goldfried e Davidson, 1976; Yablonsky, 1976; Kipper, 1986). Os atores não lutam apenas pelo domínio técnico de seus papéis. Tentam também incorporar e integrar emocionalmente seus papéis com suas próprias personalidades, tarefa que exige dos atores uma enorme criatividade. Uma vez que eles se utilizam deles mesmos como instrumentos de personificação, devem estabelecer com o papel um relacionamento interior e ser capazes de mantê-lo de tal forma que a platéia possa vê-los como as pessoas que fingem ser. Para chegar a isso, têm que acreditar em seu próprio desempenho até o ponto em que seu comportamento e seus sentimentos sejam vivenciados como autênticos.

Esse estilo "autêntico" de atuação geralmente é associado com a escola de Stanislavsky (1936), que empregou o que ele denominava o "se" mágico como um tipo de "alavanca" que transporta o ator da realidade cotidiana para o nível da imaginação. Ao utilizar esta técnica, o ator revive ativamente uma lembrança antiga e a transfere para o palco. Por exemplo: um ator que deva personificar uma pessoa irada reviverá emocionalmente a memória de uma situação na qual tenha sentido raiva e se utilizará desta lembrança para evocar os mesmos sentimentos novamente.

Existe alguma controvérsia, naturalmente, quanto à capacidade de os atores assumirem verdadeiramente os papéis que lhes são atribuídos, usando scripts predeterminados. Segundo Moreno (1923), tais papéis estarão necessariamente em conflito com os atores como pessoas, em virtude do fato de que esses papéis lhes são prescritos e não surgem espontaneamente (sua *sponte*: por si mesmo, de dentro), exigindo assim dos atores um certo grau de frustração. Yardley (1982), no entanto, discorda de Moreno (1972) sobre esse ponto

> porque o ator stanislavskiano não desempenha meramente a estrutura óssea de um papel esquelético, mas se integra a ele e o personifica dentro de si com uma estrutura de "como se", levando o papel a uma corporeidade vital. (p. 297)

Seja como for, a tensão entre o ator como pessoa e o ator como quem atua um papel reflete uma condição humana universal: paraleliza o conflito potencial que existe entre o *self* pessoal e o papel social que deve atender às expectativas do mundo externo.

Por intermédio do uso da imaginação e das técnicas de "como se", o psicodrama busca ativamente resolver esse aparente conflito e transformar as duas polaridades em estados complementares e mutuamente dependentes. Nesse processo, o "como se" se torna um poderoso fator terapêutico, que funciona como um tipo de "alavanca" do *self* em direção à sua concretização. Assim, o "como se mágico" de Stanilavsky se transforma com Moreno em "como é" (Ginn, 1974, p. 132).

Role-Playing e Autenticidade

Por se basear no "como se", alguns profissionais vêem o psicodrama como falso e inautêntico. Janov (1970), por exemplo, define-o como "jogo como se", afirmando que é um equívoco instruir pacientes a atuarem e sentirem como outra pessoa quando, no mais das vezes, eles são incapazes de sentirem como eles mesmos. Essa crítica se baseia no pressuposto de que o *role-playing*, em si, é fingimento e que qualquer forma de utilização da imaginação, em psicoterapia, conduz necessariamente a ilusões.

Ainda assim, o simples fato de a declaração de Shakespeare, de que "o mundo é um palco", se ter transformado em um princípio popularmente aceito e empiricamente estabelecido, é indicação de que todos nós, de uma forma ou de outra, jogamos papéis. Se isso é verdade, todas as pessoas estarão, então, dissimulando? E por que uma pessoa não pode ser ela mesma sem desempenhar um papel? Acredito que todo método terapêutico que se fundamenta no *role-playing* e no "como se" deve resolver esta aparente contradição.

O psicodrama, obviamente, não faz uso do *role-playing* e do "como se" para propiciar o desenvolvimento de um falso eu. Esses métodos são mais um meio de se expandirem as várias partes do *self*, através da experimentação ativa de novos papéis, da mesma forma como uma pessoa experimenta um casaco novo. Essa ação não modifica a pessoa que veste o casaco, mas, às vezes, ao vestir um casaco bonito e de bom caimento, a pessoa poderá se comportar de forma diferente e talvez também sentir diferente. Não há nada de inautêntico ou hipócrita nesse processo de assunção de papéis, desde que os novos papéis desempenhados não mascarem a pessoa real. Absolutamente ao contrário, os papéis podem ajudar a desenvolver uma identidade mais flexível e funcional.

Sem dúvida, uma atividade "como se" não é "real". Todos os que dela participam sabem disso. No entanto, ela apresenta resultados reais e invoca sentimentos reais, no mínimo tão reais como qualquer outra coisa que nos seja conhecida. O aspecto do faz-de-conta desaparece assim que os participantes se envolvem emocionalmente no *role-playing* (Martin, 1991), e começam a pensar, sentir e atuar da mesma forma como o fazem na vida real. A parcela de envolvimento emocional (o nível de aquecimento), no *role-playing*, é o fator que determina a autenticidade do "como se".

Esse envolvimento pode ser obtido através da abertura para absorver vivências que propiciem a automodificação ("absorção"), um traço ligado à suscetibilidade hipnótica (Tellegen e Atkinson, 1974), ou através do "distanciamento estético" (Scheff, 1979) que, em resumo, significa que os atores devem envolver-se emocionalmente no *role-playing* mas não até o ponto de esquecerem quem são e onde estão. O envolvimento emocional no *role-playing* pode, segundo Yardley (1982), ser estimulado através das três técnicas práticas seguintes, que têm paralelo no trabalho de palco. 1. *Particularização*. Neste contexto, a particularização é o detalhamento explícito de objetos (cadeira, carro) e exige algum tipo de aquecimento para uma situação, com uma descrição de seu contexto e dos antecedentes do evento. 2. *Personalização*. A personalização diz respeito a quanto o material particularizado tem origem no próprio sujeito. Por exemplo: ao compor o cenário, o protagonista o faz de maneira que lhe é pessoalmente significativa e apresenta um material que lhe advém de sua própria experiência. 3. *Presentificação*. Esta prática, finalmente, se refere à apresentação no aqui-e-agora do material particularizado e personalizado, e não uma reconstrução do passado. Esse envolvimento permite que o protagonista do psicodrama "leve o jogo a sério".

Conclusão

Podemos concluir, assim, que as características de irrealidade e inautenticidade do "como se" desaparecem como resultado do envolvimento emocional no *role-playing*. Este, conseqüentemente, se transforma em uma engenhosa ferramenta ilusionista, que traz à tona um material autêntico. "Por isso, desde que por tantas vezes produz um comportamento de genuína auto-expressão, o *role-playing* deve ser visto tanto como um comportamento 'tal como é' quanto como um comportamento 'como se'" (Kipper, 1986, p. 28).

10
Acting Out

Os participantes do psicodrama não apenas falam sobre seus conflitos, mas também os atuam por meio de formas abertas de comportamento no *role-playing*, dentro dos limites do cenário terapêutico. O conceito de *acting out* representa a dimensão comportamental da cura psicodramática porque, através de seu uso, se repetem, via ação, os acontecimentos antigos e seus respectivos resíduos emocionais, através de uma expressão motora direta de processos intrapsíquicos. As tensões interiores podem assim ser transformadas em comportamento aberto, o que enseja a possibilidade de se alcançar a completação do ato, uma satisfação experiencial da fome de atos que se assemelha à catarse total. De acordo com Breuer e Freud:

> a catarse total depende da prévia ocorrência de uma reação energética ao evento que provoca um afeto. Por "reação" entendemos aqui toda a classe de reflexos voluntários e involuntários — das lágrimas a atos de vingança — na qual, como o demonstra a experiência, são descarregados os afetos. (1893, p. 8)

Acting Out

A tendência ao *acting out* se amplia no ambiente do grupo psicoterapêutico. Quando se juntam num grupo pacientes neuróticos que se mostram bem integrados em outras situações, eles se tornam por vezes irracionais, impulsivos e caóticos. É possível que atirem objetos, se retirem do grupo, cheguem atrasados, fiquem em silêncio, formem subgrupos ou se comportem de outras formas prejudiciais ao progresso da terapia. O conceito de *"acting out"* é, geralmente, utilizado para se analisar esse fenômeno. Mas esse conceito é tão multifacetado e complexo que os levantamentos da literatura demonstram pouca concordância quanto à sua definição (Abt e Weissman, 1965). Além disso, parece que se desenvolveram sobre essa questão duas diferentes escolas de pensamento: uma, representada pela psicanálise e a segunda, pelo psicodrama. Embora a psicanálise desestimule o *acting out*, Moreno (1972) afirmou que "A atuação de dentro para fora, ou *acting out*, é uma fase necessária ao progresso da terapia" (p. x).

Neste capítulo tentarei resumir as várias formas pelas quais o *acting out* tem sido definido pelos autores das escolas psicanalítica e psicodramática, apresentando uma discussão comparativa. Meu principal objetivo é o de demonstrar que o conceito de *acting out* poderia ser substituído por vários termos de terminologia da ação que enfatizem mais o fazer do que o ser, uma vez que isto permite estabelecer uma distinção entre os vários aspectos dos fenômenos da ação na psicoterapia de grupo mais acurada do que aquela que nos é permitida pela simples utilização do sufixo *out*.

Acting Out na Psicanálise

Não é objetivo deste capítulo oferecer uma revisão completa da literatura psicanalítica a respeito do conceito de *acting out*. Já o fizeram, de forma excelente, Rexford (1966), A. Freud (1968) e Sandler, Dare e Holder (1973). As definições do conceito de *acting out* mais freqüentemente utilizadas abrangem todos ou alguns dos seguintes aspectos:

1. Ações malfeitas, inconscientes, sintomáticas ou aleatórias;
2. Expressão física (comportamental) de lembranças e fantasias;
3. Repetição, revivescência, re-atuação de uma lembrança do passado;
4. Todos as formas comportamentais motoras que ocorrem dentro do contexto analítico;
5. Ações fora do contexto analítico que ocorrem como reação a acontecimentos que se deram dentro dele;
6. Resistência; processo oposto ao de elaborar e obter *insight*; substituição do pensamento pela ação; substituição da memória;
7. Descarga motora de sentimentos, tensões e impulsos (ab-reação);
8. Tentativa de realizar desejos, satisfação de necessidades infantis;
9. Tentativas, experimentação;
10. Comportamento anti-social impulsivo, delinqüencial ou perigoso.

Ilustrarei essas formas de *acting out* com alguns exemplos simples. Quando Walter sente raiva em relação ao terapeuta, simplesmente abandona a sala, em vez de falar ao terapeuta sobre seus sentimentos. Quando sua terapeuta sai em férias, Tom começa um curso de treinamento da assertividade. Os membros de um grupo terapêutico passam a encontrar-se fora das sessões sem informar o terapeuta sobre esse fato. Uma das participantes do grupo envia cartas de amor ao terapeuta e insiste em vê-lo fora do grupo, em particular. Tais ações devem ser entendidas como expressão de algum ou de todos os aspectos acima mencionados, tendo sido tradicionalmente considerados como obstáculos nas terapias psicanalíticas. Segundo Yalom: "O *acting out* é, por definição, uma resistência à terapia; é uma ação ocultada da visão analítica do grupo; através de suas ações, os pacientes descarregam impulsos que deveriam ser examinados na terapia" (1975, p. 427).

Mas o entendimento psicanalítico desse termo, que já foi estreito, se está ampliando. O *acting out* já não é mais considerado apenas como um obstáculo ao tratamento, mas hoje faz parte do processo terapêutico como uma fonte de informação sobre os estados mentais inconscientes e como uma contribuição indispensável para a recordação. Atualmente os terapeutas se distribuem em um espectro, que vai desde os que ressaltam a natureza danosa e destrutiva do *acting out*, até os que dão ênfase às suas características de comunicabilidade e adaptabilidade (A. Freud, 1968).

Discutindo os incidentes de *acting out* dentro dos grupos, Grotjahn (1976) conclui que nas mãos de um terapeuta habilidoso e experiente, o *acting out* pode conduzir a uma análise de *insight* e de integração bem-sucedidos.

Acting Out no Psicodrama

No psicodrama o termo *acting out* tem o sentido de "dramatização". Moreno, por exemplo, afirma sobre esse conceito: "Por que não permitir que o protagonista represente seus pensamentos ocultos e suas lutas, como uma alternativa à análise de resistências? O paciente que se encontra no divã pode ser, por exemplo, uma mulher que de repente sente vontade de se levantar dali e dançar, ou falar com seu marido de quem suspeita que a esteja traindo ou, movida por um sentimento de culpa, pode querer ajoelhar-se e rezar" (p. ix).

As definições psicodramáticas de *acting out* incluem:

1. Vivência, realização através de meios motores;
2. Ab-reação (ventilação dos sentimentos);
3. Re-atuação, revivescência de um acontecimento passado ou pré-atuação, vivência prévia de um acontecimento futuro "como se" este ocorresse no aqui-e-agora;

4. Expressão de uma realidade interior no mundo externo;
5. Comunicação não-verbal, uso espontâneo da "linguagem de ação";
6. Todo "fazer" (ações exigidas e manifestas) no palco do psicodrama.

Em sua conotação mais ampla, o *acting out*, no psicodrama, se refere a toda a produção de um organismo, toda forma aberta de comportamento dentro do contexto terapêutico. A pessoa pode mover-se da forma como desejar, ficar em pé, puxar e empurrar, provocar sons, gesticular ou pronunciar palavras. Tudo isso é *acting out*, uma comunicação através da linguagem de ação universal.

Moreno, ao utilizar-se desse termo, referia-se ao atuar aquilo que está dentro de uma pessoa, em contraposição ao reagir aos estímulos do mundo externo. Para ele, *out* do termo *acting out* significa para fora do interior.

Segue-se um exemplo clínico. Ethel, uma mulher casada que morava com sua mãe invasora, queixava-se de sentir-se tensa e irritada a maior parte do tempo. Sofria de ataques ocasionais de ansiedade, nos quais sentia seu coração pulsando forte e sudorese generalizada. Em uma sessão de psicodrama, foi solicitada a mostrar um encontro típico entre ela e sua mãe (desempenhada por um auxiliar). Nessa cena, ficou claro para o grupo que Ethel reprimia muitos sentimentos em relação a sua mãe; foi pedido que ela dissesse a sua mãe tudo o que sentia a respeito dela. Ethel hesitou, olhando para a mulher que se sentava a sua frente e depois, vagarosamente, começou a falar. Sua raiva foi aumentando até que, finalmente, explodiu em gritos furiosos: "Eu te odeio, eu te odeio!". Parecia que dentro de Ethel algo se rompia e ela começou a gritar e a chorar. Quando já não tinha mais forças, deixou-se cair exausta ao chão sussurrando desculpas, dando expressão a intensos sentimentos de culpa por haver se utilizado de palavras tão fortes contra sua mãe. A sessão continuou com Ethel desempenhando os papéis de sua mãe, de seu marido e de seus filhos. Ela atuou *"acted out"* seus sentimentos e pensamentos, suas percepções e fantasias e, nesse processo, suas *ousés* de ansiedade se tornaram mais compreensíveis para ela e mais fáceis de serem gerenciadas.

Os participantes de uma produção psicodramática são estimulados a continuar e a completar suas ações através da dramatização, do *role-playing* e da auto-apresentação dramática. O *acting out* pode ser uma expressão motora direta de processos intrapsíquicos, na qual as tensões internas são transformadas em comportamento aberto, sem passar por uma tradução simbólica verbal. Mas a especial vantagem do *acting out* psicodramático é a múltipla utilização das formas verbais e não-verbais de comunicação (Polansky e Harkins, 1969).

Deve-se observar que o *acting out*, como ingrediente de valor no psicodrama, se limita à atuação que se dá dentro dos limites do ambiente terapêutico. Moreno estabeleceu claramente uma diferenciação entre "*acting out* irracional, não calculado, que se apresenta na própria vida e que é prejudicial tanto para o paciente como para os demais" e "*acting out* terapêutico controlado, que tem lugar dentro do contexto terapêutico" (1972, p. x). No entanto, embora fizesse esta distinção, Moreno não chegou a estabelecer diferenciações entre os diferentes aspectos apresentados pelo *acting out* dentro do próprio contexto.

O Sufixo "Out"

Existe uma tendência, por parte de alguns psicoterapeutas, no sentido de se classificarem como *acting out* qualquer comportamento social desviante do paciente, durante o tratamento. Segundo Menninger e Holzman:

> seria melhor que algumas dessas formas de comportamento fossem diferenciadas como *acting up* (superatuar), *acting in* (atuar dentro) ou, simplesmente, *acting* (atuar)! Porque certamente nem todos os comportamentos que o analista não aprova podem ser classificados na categoria da *acting out*. (1973, p. 11)

Sandler e outros sugeriram a substituição de *acting out* por "desempenho", tendo em vista que a confusão que tem ocorrido em torno desse termo decorre de um equívoco de tradução do vocábulo alemão *agieren* (traduzido para o inglês como *acting out*): "... e mais especificamente a inclusão da preposição *out* contribuiu para algumas das mudanças no significado do conceito" (1973, p. 95).

Muitos autores tentaram também lançar uma luz sobre o conceito, modificando seu sufixo. Eidelberg (1968) limita seu sentido à atuação fora do ambiente analítico. Por exemplo: "Um paciente repentinamente se recusa a pagar a pensão de sua ex-mulher, deslocando sua resistência a pagar os honorários do analista" (p. 11). Eidelberg sugere o termo *acting in* para designar ações que ocorrem dentro do consultório; por exemplo, um paciente que, durante a sessão, se levanta do divã e retira um livro da estante. Zeligs (1957) e Rosen (1965) consideram que o *acting in* deve ser diferenciado do "*acting out* que ocorre dentro da análise". Robertiello (1965) propôs a expressão *acting through* para descrever a repetição significativa do passado que resulta em controle e mudanças.

Em uma mesa-redonda sobre o conceito de *acting out* em psicoterapia (Hulse, 1958), e em um trabalho de Bromberg (1958), encontramos tentativas de diferenciar a atuação irrealista (*acting out*) da atuação realística do cotidiano (*acting*).

Dentro do quadro de referência psicodramático, Blatner (1973) sugere que o termo *acting in* seja utilizado para se designar a aplicação dos métodos de ação "que transformam os impulsos em *insights*" (p. 2). Essa mudança confunde ainda mais a questão, pois não esclarece se o sufixo "*in*" se refere à internalização na personalidade, ao desenvolvimento do *insight* ou à atuação no *in*terior do ambiente psicodramático.

O sufixo "*out*" (fora, para fora, em direção externa) não é menos ambíguo, pois tem, no mínimo, três significados:

1. Resistência: fora (*out*) do ambiente terapêutico, isto é, fora da influência e da visão do terapeuta;
2. Ab-reação: fluxo (*outflow*) de energia de dentro para fora, descarga de tensão, liberação de sentimentos;
3. Comunicação: voltada para o mundo externo, fora, a partir do interno).

Esses três sentidos de "*out*" refletem algumas das concepções mais amplamente aceitas do que se inclui no *acting out*. Além da "ação repetitiva" (concretização da transferência), elas compreendem os principais componentes do fenômeno conhecido como *acting out*.

A posição que defendo é a de que o sufixo *out* não é adequado para designar todos esses elementos — e que se faz necessária uma outra terminologia, que possa substituí-lo. "Manifestações ativas" indica muito mais do que o mero *acting out*. Elas incluem todos os atos de uma pessoa. Em vez de denominarmos alguns tipos de ação como *acting out* e outros como *acting in* ou *acting through*, todas as ações devem ser descritas e analisadas em termos do sentido que apresentam dentro do processo terapêutico.

A distinção entre ações que ocorrem dentro e fora do ambiente terapêutico é irrelevante e desconsidera aquela que é mais importante, ou seja, a distinção entre ação intrapsíquica e ação aberta (Boesky, 1982). Os sufixos *in* (interno, dentro) e *out* (externo, fora), da forma como são tradicionalmente utilizados, apenas localizam a ação do paciente, não especificando a natureza dela. Para descrever ações que têm lugar fora do contexto terapêutico como reação às experiências que se deram dentro dele, deve-se empregar um termo mais geral, tal como deslocamento (*displacement*). É um equívoco denominá-las *acting out*, porque tais ações não são apenas "*acting out*" (atuar fora) mas também "*feeling out*" (sentir fora) e "*thinking out*" (pensar fora). Como Rangell ressalta: "Todos os conteúdos psíquicos relevantes, mantidos defensivamente fora da análise, devem ser trazidos para dentro dela" (1968, p. 200).

Terminologia de Ação

O emprego de uma terminologia de ação pode substituir o termo inglês *acting out* de forma bastante benéfica. Com o propósito de atender a uma definição psicológica, sugiro traduzir os componentes do *acting out* mencionados anteriormente para os seguintes termos de ação: 1. contra-ação (resistência); ab-reação (ventilação); 3. ação comunicativa (expressão) e 4. ação repetitiva (revivescência transferencial) e que nos limitemos a utilizar o conceito multifacetado *acting out* para designar apenas fenômenos específicos ao psicodrama e à psicoterapia em geral.

Além disso, poderíamos constatar que é clinicamente útil estabelecer uma distinção entre ações racionais, controladas, sociais e outras ações adequadas, e aquelas que lhes são opostas. Dependendo de nossa teoria da técnica psicoterápica e de nosso sistema de valores, poderíamos sugerir que alguns tipos de ação são terapeuticamente úteis e normais, sendo outros destrutivos e anormais.

Isso traz algumas complicações. Um comportamento considerado por alguns como impulsivo e descontrolado pode ser visto por outros como espontâneo e expressivo. Podem-se ilustrar alguns desses diversos sistemas de valores pelas respostas a uma versão anterior deste trabalho que foi publicada na revista *Group Analysis*, em 1985. Jean-Claude Rouchy, um analista de grupo parisiense, considerou esse trabalho como "divertido" (p. 63) enquanto que Marcia Karp, psicodramatista inglesa, "não viu nenhuma graça" (p. 65).

Tudo isso vem a realçar a necessidade de uma teoria básica da ação (Parsons e Shils, 1951; Moreno, 1953; Hartmann, 1964), na qual as ações de natureza regressiva-progressiva, passivo-ativa, espontânea-inibida, consciente-inconsciente, externa-interna, manifesta e latente e determinada e livre, sejam adequadamente definidas.

Exemplos

Os seguintes exemplos, tomados de sessões de grupo, poderão ilustrar minha tese.

Consideremos uma situação na qual um paciente beija o terapeuta. Trata-se aqui de uma forma de *acting out*? Se o for, quando é que o beijo é construtivo e quando é destrutivo para o progresso da terapia? Não teria sentido afirmar-se simplesmente que isso é *acting out*, porque *acting out* é uma folha em branco que pode ser preenchida com qualquer significado desejado por quem fala e por quem ouve. O significado do beijo pode ser melhor analisado em termos dos quatro aspectos básicos acima descritos. O beijo pode ser entendido em qualquer ou em todos os sentidos seguintes: 1. Como contra-ação, pode ser uma tentativa de seduzir o terapeuta, em que o paciente se recusa a examinar ou a permitir que o grupo examine o significado da ação. Nesse caso, é destrutivo ao progresso da terapia, devendo, se possível, ser minimizado. 2. Como ab-reação, pode ser uma descarga afetiva de sentimentos eróticos reprimidos em relação ao terapeuta. A ab-reação e a catarse são importantes para o processo terapêutico grupal. São, no entanto (como apontei no Capítulo 6), processos apenas parciais que, para se tornarem verdadeiramente terapêuticos, devem ser complementados com outros fatores. 3. Como comunicação, o beijo pode transmitir afeto. Incluídas as expressões verbais e não-verbais, a comunicação é sem dúvida vital ao progresso terapêutico. 4. Como uma repetição, o beijo pode representar um vínculo falso entre o terapeuta e uma pessoa que o paciente desejou beijar anos atrás, uma repetição de um beijo dado no passado ou uma recordação experimental, um modo primitivo de reconstrução (Ekstein e Friedman, 1957). As ações repetitivas, ou concretizações transferenciais, são geralmente consideradas como ingredientes indispensáveis na psicoterapia dinâmica e no psicodrama.

Um segundo exemplo ilustra o caso em que um fato acontecido fora do contexto do psicodrama foi uma reação a uma situação que existia dentro.

Depois de duas terapias individuais mal-sucedidas, Iris, uma mulher de 32 anos, começou o psicodrama por não ter conseguido terminar os estudos universitários e por uma incapacidade de estabelecer relacionamentos heterossexuais duradouros. Depois de alguns meses no grupo, Iris revelou que na semana anterior havia participado de uma maratona terapêutica de dois dias.[*] Esse fato surpreendeu o grupo, que nada sabia das intenções de Iris, e ela explicou que havia evitado falar sobre seus planos porque temia que os companheiros do grupo, e em especial o diretor, a desaprovassem.

Embora a maior parte dos terapeutas de grupo provavelmente interpretasse o comportamento de Iris como um simples *"acting out"*, uma abordagem mais produtiva seria analisar os vários sentidos específicos dessa situação. O primeiro e mais óbvio aspecto é, sem dúvida, a resistência: a fuga de Iris em relação ao grupo. Quando lhe perguntaram sobre essa questão, ela admitiu estar se sentindo entediada com o grupo e pessimista quanto a sua capacidade de ajudá-la a mudar. Uma investigação mais aprofundada revelou fantasias de ser auxiliada por algum tipo de força mágica, sem nenhum envolvimento ou responsabilidade de sua parte. Isso, por sua vez, levou à discussão de um segundo aspecto, o repetitivo: a incapacidade de Iris de sustentar seu envolvimento com o grupo era uma repetição de sua incapacidade de se manter envolvida em qualquer relacionamento duradouro e íntimo, o que era precisamente a razão principal pela qual tinha procurado a terapia. O terceiro aspecto — comunicacional — foi traduzido verbalmente, e expresso em termos de desconfiança e descrença em relação ao grupo. Finalmente, durante a discussão do grupo, Iris admitiu que havia se sentido agradavelmente infiel ao terapeuta durante sua participação no *workshop* de fim de semana. Isso permitiu a análise do quarto aspecto, o da ab-reação de sentimentos de rebelião em relação a figuras de autoridade, uma reconstrução de um rela-

---

[*] EST - Erhard Seminar Training. (N. T.)

cionamento ambivalente com seu pai sedutor. A análise desses quatro sentidos de ação demonstrou ser um roteiro bastante útil ao terapeuta e benéfico para a terapia de Iris.

Várias ações, tais como atirar objetos, chegar atrasado, formar subgrupos, relacionamento sexual, silêncio e abandono em meio ao progresso da terapia, devem ser compreendidas em termos de seu sentido enquanto atos, e não meramente lançadas na categoria geral de *acting out*.

Conclusão

Entre a psicanálise e o psicodrama existe um consenso, freqüentemente negligenciado, sobre a utilidade terapêutica da contra-ação, da abreação, da ação comunicativa e da ação repetitiva (Montagna, 1982).

Embora seja verdade que o comportamento motor é comumente interpretado na psicanálise como resistência e que o refreamento da motilidade seria uma resistência no psicodrama, ambas as abordagens enfatizam a importância de analisar e resolver as contra-ações. No psicodrama, a contra-ação é uma não-invocação da espontaneidade, que opera contra o progresso terapêutico, definição que vai ao encontro da proposta de Schafer (1976), de que "resistir é engajar-se em ações contrárias à análise e, ao mesmo tempo, engajar-se também na análise em si (...) é a contra-ação analítica" (p. 244). As ações irracionais levadas a efeito fora do contexto terapêutico são potencialmente destrutivas e, na verdade, tanto o psicodrama como a psicanálise desencorajam e tentam minimizar formas danosas de comportamento em que os clientes ponham em risco sua própria segurança ou a dos demais.

Alguns autores criticam o psicodrama porque este gratifica as necessidades afetivas dos pacientes, contrariamente à regra psicanalítica de abstinência, encoraja a regressão defensiva até níveis bastante primitivos e fortalece a resistência em face da atividade verbal. Lebovici (1974), que é psicanalista, rebate esse argumento afirmando que o psicodrama nada faz nesse sentido. Em meu ponto de vista, o princípio psicodramático do completamento do ato, de acordo com o qual as ações passadas são reproduzidas e integradas ao presente, é congruente com a prática psicanalítica; a atuação psicodramática não é uma regressão defensiva, oposta à elaboração, mas é, antes, uma forma de regressão a serviço do ego, um processo terapêutico de reorganização.

Nenhuma terapia será adequada, sem que se permita que todas as ações — sejam elas emocionais, cognitivas ou comportamentais — emerjam dentro do contexto terapêutico. Os pacientes sujeitos a seus impulsos vão reagir à terapia não os restringindo, enquanto que os pacientes inibidos controlarão e retardarão suas ações. A psicanálise e o psicodrama oferecem a ambos esses tipos de pacientes oportunidades de se comunicarem e se expressarem verbal e não-verbalmente, sem desaprovação ou retaliação. Na psicanálise, os pacientes são estimulados a dizer o que lhes vem à mente para, assim, desvelar seu material inconsciente. No psicodrama, são estimulados a fazer o que vier a seu corpo-mente para, assim, favorecerem a ação espontânea. A despeito dessa diferença na técnica, o que emerge por intermédio das palavras ou do comportamento é visto por ambas as abordagens como informação importante a respeito do eu interior.

A ação repetitiva e a reprodução de experiências reprimidas são necessárias para assegurar a recordação (*recall*) e traduzir algumas das fantasias inconscientes mais inaceitáveis em pensamentos conscientes. Tanto o psicodrama como a psicanálise concordam sobre a importância da transformação das ações não-espontâneas, "lá e então" (sejam decorrentes da liberação de impulsos ou de inibições), em ações mais espontâneas "aqui-e-agora". Da mesma forma, ambas concordam a respeito do objetivo de se estreitar a defasagem entre a experiência consciente (de descarga motora e afetiva) e os significados inconscientes dessas mesmas ações.

A controvérsia original entre psicanálise e psicodrama, a respeito do *acting out*, perde, assim, muito de sua relevância.

11
Magia

Até o momento, a discussão sobre a cura psicodramática se limitou a analisar aspectos específicos a esse método, tais como catarse, *insight* de ação, tele, *como se* e *acting out*. Parece, todavia, que há outros aspectos da cura em psicodrama mais gerais mas não menos potentes, que também influenciam os resultados. Esses aspectos gerais ou não-específicos são comuns a formas de cura diferentes e universais, e ocorrem na maioria das psicoterapias (Frank, 1961). Em sua relação com esses aspectos gerais da cura, os psicodramatistas podem ser considerados como versões modernas dos xamãs, médicos feiticeiros e mágicos curandeiros que aprenderam ou possuem poderes inerentes de conseguir curas que são difíceis, senão impossíveis, de serem explicadas.

Notei pela primeira vez a presença desses fatores inespecíficos por ocasião de um psicodrama que dirigi há muitos anos. No início da sessão, fiquei tenso a respeito do meu próprio desempenho. Eu desejava fazer algo no sentido de alcançar algum progresso, mas me sentia preso e obviamente fracassando. Ao procurar pistas para continuar a dramatização, toquei suavemente o pescoço da protagonista. Isso pareceu tê-la liberado e ela começou a se abrir. À medida que suas palavras ressoavam contra a palma de minha mão, uma cálida energia subiu de dentro e eu pode sentir que minha mente se clareava. Ao mesmo tempo comecei a empatizar com ela e tornei-me seu duplo psicodramático. Não mais a sentia como uma pessoa separada, mas como parte de mim mesmo. Creio que ela percebeu isso, o que deve ter feito com que ela fosse capaz de abrir-se. Daquele ponto em diante a sessão progrediu por si mesma, cena por cena, até um completamento terapêutico satisfatório, que pareceu surgir de dentro da protagonista, sem nenhum esforço deliberado de minha parte. Quando terminei, penso que até o velho Moreno me acenaria a cabeça em sinal de aprovação. A protagonista e o grupo pareciam estar em transe positivo. Seja como for, eu estava inseguro quanto ao que havia ocorrido e sentia-me exausto. Fosse o que fosse o que tivesse acontecido, dirigir daquele jeito também drenou minhas energias físicas e mentais. "Existe magia no psicodrama", pensei comigo mesmo, "e ela está agindo sobre todos nós".

Essa experiência me causou um sentimento desconfortável de estar praticando alguma forma primitiva de cura mágica. Desde então, tenho participado eventualmente de sessões semelhantes, nas quais certas forças extraordinárias mas invisíveis parecem atuar. Ao contar para outros profissionais e participantes sobre essas experiências, surpreendi-me ao saber que muitos deles também tinham experimentado processos misteriosos de cura no psicodrama: processos paralelos ocultos que levaram à resolução de conflitos, toques físicos que ensejaram um sentimento de cura, sugestões que produziram relaxamento, rituais simbólicos que ensejaram a reconciliação com a morte, profecias que se auto-realizam e momentos repentinos de criatividade que fizeram surgir emoções intensas, descrença ou a mais absoluta confusão. Quanto mais eu ouvia, mais sentia que no psicodrama existia algo além do que nossos olhos alcançam. A natureza e função desses elementos misteriosos, no entanto, têm sido largamente negligenciadas pela literatura psicodramática. Quando muito, têm sido descritas como manifestações das "qualidades épicas" do psicodrama e das dimensões de espiritualidade e criatividade do "homem cósmico" (Moreno, 1966).

> O psicodrama é mais amado ainda por suas qualidades épicas, por sua riqueza, por mostrar às pessoas o valor e a intencionalidade de suas existências, por validar um ponto de vista, por dar sentido a uma experiência de loucura, pela expressão de sentimentos reprimidos, por oferecer um clarão, um momento de epifania, intensidade ou poesia. (Williams, 1989, p. 79)

Parece claro que o valor do inexplicado no psicodrama ainda não foi plenamente reconhecido. Portanto, o propósito deste capítulo será o de apresentar algumas idéias preliminares sobre esse assunto — uma vista d'olhos, se é que isto é possível, sobre os aspectos mágicos ou inespecíficos do psicodrama.

Magia

O papel da magia na cura tem sido reconhecido por muitos teóricos, dentre os quais se incluem: Coriat (1923), Frazer (1951), Malinowsky (1954), LeShan (1966), Middleton (1967), Ehrenwald (1967), Dossey (1982) e Versluis (1986). Bandler e Grinder (1975) utilizaram a metáfora do mágico quando descreveram as habilidades de terapeutas bem-sucedidos na Programação Neurolingüística (PNL). Buchanan e Little (1983) usaram a mesma metáfora para descrever psicodramatistas que têm dificuldades em traduzir seu estilo de direção em "componentes exatamente mensuráveis de comportamento, passíveis de serem transmitidos a outras pessoas" (p. 114) e Karp (1988) recomendou que o diretor de psicodrama "não tenha medo de ser um mágico" (p. 49).

No entanto, apesar do fato de a estrutura da sessão de psicodrama poder apresentar certas similaridades com uma sessão espiritual (Bonilla, 1969) ou com um ritual primitivo (Collomb e dePreneuf, 1979), os psicodramatistas não são mágicos "de verdade", que lidam diretamente com fenômenos sobrenaturais como espiritismo, parapsicologia ou percepção extra-sensorial; como não são mágicos de palco, que tiram coelhos da cartola. Os psicodramatistas devem, antes, ser vistos como "mágicos do faz-de-conta", ilusionistas que fazem aparecer o eu interior dos participantes. Tal papel é captado brilhantemente na seguinte declaração do personagem Tom Wingfield, na peça de autoria de Tenessee Williams *Glass Managerie* (Gassner, 1947): "É, eu tenho truques de mágica nos bolsos. Nas mangas. Mas sou o oposto de um mágico de palco. Ele oferece a vocês a ilusão que parece verdade. Eu lhes ofereço a verdade sob a agradável máscara da ilusão".

As práticas mágicas, no psicodrama, estão fundamentadas na noção de que a doença é resultado de uma desarmonia entre as várias energias presentes no indivíduo, na sociedade e na natureza. Os psicodramatistas utilizam diferentes denominações para descrevê-las: espontaneidade-criatividade-conserva (Moreno, 1953); Yin e Yang; ego-superego-id (Freud); conflito de classe social; interação pessoa-situação (Magnusson e Endler (1977), epistemologia cibernética (Bateson, 1972) ou teoria de campo (Lewin, 1951). Para que uma pessoa se torne saudável deve encontrar o adequado equilíbrio, ou integração, entre essas várias forças.

Auxílios Inespecíficos à Cura

A cura misteriosa ou "mágica", que leva à "remissão espontânea", vem sendo há muitos anos observada em psicoterapia; a psiquiatria, de acordo com Fenichel (1946), "está tingida de magia" (1946, p. 3). No início, essa cura era tida como efeito placebo (Shapiro, 1971) — remédios ineficazes em si, mas que, através de sua influência sugestiva, podem efetuar uma cura. Como tal, os placebos eram considerados prejudiciais a uma boa terapia, e os pesquisadores da psicoterapia tentavam minimizar seus efeitos. Mais tarde, os aspectos misteriosos de cura foram definidos como "denominadores comuns" (Frank, 1969); ou seja, fatores de cura que são ativos em vários métodos de psicoterapia, independentemente da filosofia terapêutica. Finalmente, passou-se a utilizar o termo "fatores inespecíficos" (Strupp, 1972, 1973; Kazdin, 1979) em virtude do fato de que, embora fossem responsáveis pela melhora do sofrimento dos pacientes, esses agentes eram inespecíficos a uma particular técnica de tratamento ou orientação teórica.

A despeito do caráter universal de sua presença, as formas inespecíficas de auxílio são definidas diferentemente nas várias abordagens terapêuticas. Na psicanálise, por exemplo, os elementos "não interpretativos" (Stone, 1981) são considerados inespecíficos, ao passo que na terapia comportamental é o relacionamento terapeuta-paciente que é considerado não-específico. Uma ilustração esclarecedora da transição do placebo (inespecífico) de ontem, para a terapia comportamental de hoje, foi considerar a dessensibilização como controle placebo dos efeitos da psicoterapia psicanalítica (Goldstein, 1960).

A catarse, o *insight* de ação, a tele, o *como se*, o *acting out*, todos de há longo tempo são considerados como fonte específica de influência sobre a mudança do paciente, no psicodrama. Acredita-se que esses aspectos aumentam substancialmente a probabilidade de eficácia do psicodrama e são considerados agentes convencionais de mudança. Ainda assim, sem que se considerem as formas inespecíficas de auxílio, este quadro estará incompleto.

O que se segue pode servir como um exemplo simples. Perguntei a uma mulher, que por muitos anos havia participado de grupos de psicodrama, o que ela considerava que mais a havia ajudado em sua experiência psicodramática, ao que ela respondeu: "As sessões que protagonizei foram importantes, sem dúvida; tive a oportunidade de trabalhar temas muito importantes, que me perturbavam bastante. Mas, a longo prazo, o mais importante para mim foi ter estabelecido um relacionamento muito próximo com Zerka, um tipo de amizade que se estendeu para além do relacionamento usual entre paciente e terapeuta. Ela me levou a restaurantes e viagens e me tratou como nem minha mãe havia feito. Essa amizade teve um tal impacto sobre mim que até hoje sinto seus efeitos!".

Os participantes do psicodrama, no entanto, costumam estar relativamente inconscientes da existência de aspectos inespecíficos de cura. Tais fatores são por isso mesmo difíceis de ser operacionalizados e é quase impossível pesquisá-los. Como resultado disso, em minha pesquisa sobre a percepção dos aspectos terapêuticos do psicodrama (Kellermann, 1985a; 1986; 1987c) não foi surpresa o fato de que os aspectos inespecíficos tenham sido considerados como de menor importância que os demais aspectos de cura.

As formas inespecíficas de auxílio podem ser definidas como enquadrando-se nas quatro categorias seguintes (Frank, 1971; Hobbs, 1962; Strupp, 1973). Primeiramente, há a relação "real" entre terapeuta e paciente, emocionalmente carregada e que, em seu grau ótimo, inclui cuidado, confiança e ausência de terceiras motivações (descrita nesta obra como tele-relação). Em segundo lugar, o paciente é levado a perceber o terapeuta como detentor de poderes especiais de cura (descritos no Capítulo 4). Em terceiro, existe um contexto de cura que, através da sugestão, propicia um sentimento de esperança e segurança. Finalmente, acontecem os rituais terapêuticos e as cerimônias de cura com relevante simbolismo, para ajudar as pessoas a fazer importantes transições em sua vida.

Tanto quanto eu consigo entender, as formas inespecíficas de auxílio podem ser concretizadas, no psicodrama, por intermédio da ativação deliberada desses quatro processos. Vou discutir aqui os dois últimos — sugestão e ritualização — com algum detalhe. Durante uma sessão de psicodrama, os participantes estão em primeiro lugar emocionalmente estimulados e aquecidos através da sugestão. Eles são então convidados a participar de um ritual de cura, um tipo de cerimônia que os ajuda a se ajustarem a uma nova situação.

O Contexto de Cura da Sugestão

O elemento sugestão é um importante fator terapêutico na maior parte das psicoterapias, inclusive a psicanálise (Bibring, 1954; Wolber, 1977; Appelbaum, 1988). No psicodrama, os participantes sofrem constantemente a influência de várias formulações e diretivas de natureza autoritária.

No começo de uma sessão de psicodrama, os participantes são estimulados através do uso de técnicas de "aquecimento", tais como relaxamento, músicas que eliciam emoções, exercícios de imaginação e *role-playing* improvisado. Essas técnicas são em si sugestivas e provocam um estado de consciência alterado que faz com que as pessoas se tornem mais suscetíveis às influências externas e mais abertas à mudança. Pronunciam-se palavras fortes, que abrem as portas para as instâncias recônditas da alma e toques físicos transmitem mensagens subliminares sutis e poderosas.

Muitas dessas técnicas trazem uma aura de segredo. Isso por si só, segundo Luhrman, tem um efeito mágico sobre as pessoas...

> O segredo tem a ver com controle. Tem a ver com a posse individual de um saber, que os demais não possuem, e das conseqüências psicológicas dessa posse privilegiada decorrem seus efeitos sobre a prática da magia. O segredo aumenta o valor do objeto velado. O que está escondido se torna desejável e parece poderoso, e os mágicos exploram essa tendência para darem o significado mágico. (1989, p. 161)

Os participantes do psicodrama são persuadidos a "sentir mais e pensar menos"; o foco explícito da investigação volta-se mais para as experiências de cunho emocional do que para a cognição, razão ou racionalidade. Em conseqüência disso, aumentam as expectativas de que algo extraordinário aconteça. Cresce a esperança de que o método funcionará e os participantes são levados a acreditar que alcançarão aquilo de que necessitam "bastando para isso que lhe estendam suas mãos". A mensagem tácita é que "sem fé, o psicodrama não funciona" e que "o diretor deve confiar no método psicodramático como árbitro final e como guia do processo terapêutico" (Zerka Moreno, 1965). Através de suas palavras e ações, o psicodramatista transmite confiança no procedimento terapêutico e no potencial criativo de cada indivíduo.

No psicodrama, a prática da sugestão se baseia no despertar deliberado do "pensamento mágico", uma forma de pensamento especialmente prevalente em crianças menores (Fraiberg, 1958). O pensamento mágico permanece em uma área recôndita de cada indivíduo, durante toda sua existência, podendo ser revivida ao longo da fase adulta através de vários métodos. As pessoas são facilmente convencidas a recorrer ao pensamento mágico porque ele oferece um sistema de respostas a questões difíceis e possibilita formar um quadro coerente de um universo por vezes caótico. "O princípio que orienta a magia", segundo Freud (1913-14), "é o princípio da onipotência do pensamento" (p. 85), a crença de que uma pessoa é capaz de modificar o mundo exterior com seu simples pensar. Esse poder total sobre o meio advém da crença de que os desejos podem produzir acontecimentos reais. Nas palavras de Appelbaum:

> Em síntese, o contexto favorável à cura implica um nível primitivo de realidade e experiência, com elevada sugestionabilidade, mais sentimento e menos cognição, carência e expectativa de ajuda externa, para aquela necessidade, sendo que todos esses elementos predispõem o indivíduo a sentir que tudo é possível; ou seja, um tipo específico de regressão controlada, a serviço do eu terapêutico. Se essas características nos soam familiares, isto se deve ao fato de que é dessa maneira que os manuais psicanalíticos fazem referência à oralidade — uma fase característica dos estágios primitivos da existência, que encerra em si a necessidade de cuidados e a expectativa de cura através da diminuição das tensões corporais, uma crença na magia e na onipotência, e descarga massiva de sentimentos. Chega-se, assim, à caracterização da relação de cura como derivada das formas mais precoces de obtenção entre mãe e filho. (1988, p. 203)

A Loja Mágica

Um bom exemplo do pensamento mágico no psicodrama é a utilização da técnica complementar conhecida como a "loja mágica" (Weiner, 1959; Schutzenberger, 1970; Petzold, 1978). Nessa técnica, características de personalidade e suas respectivas concretizações são traduzidas em transações econômicas entre um comprador e um vendedor.

Escolhe-se um vendedor para tomar conta da loja e os demais participantes entram, um de cada vez, para comprar artigos reais ou imaginários do passado, presente ou futuro, que sintam que lhes são necessários. Nessa loja mágica as pessoas podem comprar tantos quilos de coragem, um pouco de fantasia, a capacidade de dizer "não" ou qualquer outro tipo de necessidade ou desejo inalcançados. Uma pessoa pode querer comprar uma parte de si que tenha perdido, outra deseja tornar-se famosa, outra ainda deseja comprar a capacidade de rir de si mesma.

O preço, que não envolve dinheiro, é estipulado pelo vendedor após alguma barganha. "Quanto custa uma garrafa de autoconfiança?" Um vendedor sugeriu que o preço poderia ser um pouco da sensibilidade do comprador, o que o cliente não aceitou. Os preços solicitados para cada item devem representar algo que seja relevante para o item desejado e fazer parte das características do comprador, o qual deverá abrir mão de algo que tenha valor para ele. A um homem que desejava comprar a capacidade de ser amado por sua esposa foi pedido que renunciasse a algumas horas de seu trabalho, que fosse menos egoísta e desistisse de uma boa parte de seu prestígio social.

A loja mágica é estocada tanto com conteúdos simbólicos e projetivos como com elementos provindos da realidade externa, o que faz dessa técnica um excelente instrumento de diagnóstico. Segundo Petzold (1978), no entanto, a loja mágica faz mais do que servir, simplesmente, como estímulo para o material projetivo. Se ela incluir um trabalho com conflitos intrapessoais, pode tornar-se também um agente terapêutico em si, capaz de levar à realização simbólica de desejos, ao *insight* dos conteúdos ocultos de necessidades pessoais e à investigação de caminhos que conduzam a uma adaptação mais criativa à realidade externa.

Rituais

O procedimento do psicodrama pode ser considerado, em sua totalidade, como sendo uma espécie de ritual, uma cerimônia de cura com relevância simbólica para o protagonista. Essas cerimônias, no entanto, são empregadas também como técnicas complementares ou como cenas de encerramento, dentro de processo psicodramático. Tanto em contextos mais amplos como nos mais reduzidos, esses rituais apresentam efeitos terapêuticos de natureza mística.

Tradicionalmente, os rituais são utilizados para ajudar a transitarem de uma fase da vida para outra. Os rituais acontecem por ocasião do nascimento, na confirmação e no casamento para fins de iniciação, e nas cerimônias funerárias, para ajudar a viver sem os mortos. Os rituais possuem uma estrutura fortemente formalizada, apresentando um enquadramento distinto para a ação. A dramatização real dos eventos importantes da vida contribui para que as pessoas se ajustem às novas circunstâncias e, de acordo com Hart e Ebbers: "são os rituais instrumentos poderosos para estimular e estabilizar mudanças" (1981, p. 189).

Os rituais podem ser utilizados no psicodrama na forma de "ritos de iniciação", com adolescentes por exemplo, que precisam chegar a um acordo consigo mesmos (Pitzele, 1991), ou sob a forma de "ritos de reconciliação" para casais que pensam em se divorciar (Williams, 1989). Aguilar e Wood (1976) descreveram o emprego de rituais dramáticos com objetivos simbólicos ainda mais elevados; como, por exemplo, sepultar o passado de uma pessoa.

No entanto, os rituais têm sido mais comumente empregados no psicodrama para auxiliar as pessoas a finalizarem transações incompletas do passado e, em particular, para ajudá-las a se despedirem de entes falecidos. Nos "rituais de despedida" psicodramáticos, os protagonistas são ajudados a resolver simbolicamente o luto não resolvido e a conferirem um novo sentido a acontecimentos traumáticos. As sessões de psicodrama envolvem, freqüentemente, cerimônias que concretizam despedidas (Blatner e Blatner, 1986, p. 166) e cenas de falecimentos (Siroka e Schloss, 1986), nas quais o protagonista se dirige a uma pessoa importante (cujo papel é desempenhado por um auxiliar) que se encontra à beira da morte ou já tenha falecido, bem como várias cerimônias de luto, que o ajudam a aceitar suas perdas e a se ajustar a uma nova realidade.

Por ocasião de um psicodrama recente, uma mulher que tinha abortado reviveu seu processo de engravidamento e de perda da criança. Ela chorou seu filho morto, expressou raiva contra seus médicos e recebeu o apoio ambivalente do marido (desempenhado por um auxiliar) que tinha desmaiado na sala de parto. Na cena do aborto espontâneo, haviam-lhe tirado sua criança e, no psicodrama, ela foi levada a tomá-la em seus braços, a despedir-se dela e a sepultá-la simbolicamente. Na cena de encerramento a criança não nascida (desempenhada primeiramente pela protagonista e depois por um auxiliar) pediu a ela que se lembrasse dela com a mesma alegria que ela havia sentido ao saber que estava grávida.

Segundo Hart (1983), o re-encenar rituais fúnebres ajuda principalmente as pessoas que apresentam sentimentos não resolvidos em relação à morte de alguém próximo, na maior parte dos casos porque não puderam estar presentes ao funeral verdadeiro e, portanto, não puderam participar do processo de luto original. Em tais casos, pode ser importante realizar rituais de separação com o emprego de objetos concretos que sirvam de símbolos do relacionamento com a pessoa falecida. As roupas de crianças mortas, por exemplo, podem ser queimadas, enterradas ou jogadas fora (Selvini-Palazzoli et al., 1977), pode-se escrever cartas aos médicos e pode-se destruir objetos reais de significado simbólico (tais como alianças de casamento, fotografias e cartas de amor).

Conclusão

Embora nossa meta seja a de alcançar a compreensão, a mais completa possível, sobre o psicodrama, muitos pontos se mantêm incompreensíveis e misteriosos à fria luz da razão. No que diz respeito aos processos que vimos de descrever neste capítulo, tenho pouco mais a dizer a não ser que esta parte do psicodrama permanecerá sempre como um mistério. E talvez seja melhor assim. Porque, uma vez que as forças ocultas da magia têm surgido no processo psicodramático, é melhor continuar com a inocência de uma criança, nada mais dizendo sobre ela que aquilo que possa ser entendido em termos simples. Nas palavras de Wittgenstein (1992), "sempre que não se puder falar, o melhor é permanecer em silêncio".

12
Resistência

Nos capítulos anteriores descrevi os vários aspectos do psicodrama que ensejam o progresso terapêutico, apontando também os meios como o psicodrama "funciona". No entanto, surgem freqüentemente obstáculos que impedem o emprego efetivo dos recursos terapêuticos do psicodrama. Tais obstáculos, ou *resistências*, são ativados pelos participantes quando eles sentem necessidade de se defenderem contra alguma ameaça real ou fantasiada.

O psicodrama, em geral, dispõe apenas de teorias parciais a respeito da resistência. Neste capítulo proponho uma teoria mais consistente de resistência e sugiro algumas técnicas que podem ser úteis para resolvê-la adequadamente através da análise e/ou de sua neutralização.

Resistência

"A resistência é uma função da espontaneidade; deve-se à diminuição ou perda dela" (Moreno, 1953, p. liv). No psicodrama, a resistência é definida como uma tática de segurança do protagonista contra o envolver-se, aquecer-se ou tornar-se espontâneo. Em outras palavras, é uma força que restringe ou inibe a ação espontânea, é a não-invocação da espontaneidade que age contra o processo terapêutico.

A resistência é também uma das formas pelas quais os protagonistas respondem de maneira inapropriada a novas situações, o que os impede de utilizarem sua espontaneidade como agente de adaptação, de enfrentamento e de controle. A resistência se transforma num tipo de *role-playing* compulsivo, que suplanta a flexibilidade espontânea do *self*, agindo de acordo com papéis conservados (comportamento congelado, habitual). Ao resistirem, os protagonistas reduzem ao mínimo seu desenvolvimento em uma determinada situação, oferecendo uma resposta simples e repetitiva em lugar da resposta nova que as circunstâncias exigiriam. Isto os leva a continuar a viver com um baixo índice de espontaneidade, impedindo-os de lidarem com seus problemas de forma criativa e flexível.

Uma vez que muitas teorias sustentam que as resistências aparecem quando a investigação terapêutica toca em algum conflito crucial, gerador de ansiedade, existem tantas teorias sobre a resistência quanto sobre as origens da ansiedade. A resistência pode ser entendida tanto sob o ponto de vista psicodinâmico como sob o comportamental (Wachtel, 1982), para citar apenas dois. Tendo em vista o objetivo da presente análise, adotarei o ponto de vista de Moreno (1953) que afirmou que a ansiedade resulta de uma "perda da espontaneidade" (p. 42), de uma incapacidade de viver o aqui-e-agora. Segundo essa teoria, os protagonistas tornam-se ansiosos e resistem quando não conseguem encontrar respostas adequadas às pressões tanto internas como externas.

Em sentido operacional, a "resistência significa tão-somente que o protagonista não deseja participar da produção" (Moreno, 1972, p. viii). A resistência, aqui, diz respeito à inexistência de uma aliança terapêutica e a um comportamento que se opõe ao processo psicodramático. Essa definição, porém, tem seus pontos falhos: uma certa oposição em relação a deficiências do método e/ou do terapeuta pode ser justificada e realista, não devendo, portanto, ser confundida com resistência.

Os princípios da resistência podem ser exemplificados pelo caso de John, que participava de um grupo de psicodrama porque tinha problemas de caráter interpessoal. Como exercício de aquecimento, o psicodramatista pediu aos membros do grupo que apresentassem ali uma situação curta, mas importante, ocorrida em seu passado. Todos apresentaram suas cenas, menos John, que permaneceu sentado em silêncio, em atitude de não-cooperação. Quando perguntado sobre as razões de sua recusa em apresentar uma cena, respondeu: "Não posso fazer isso. Isso é uma idiotice! Vim aqui para fazer amigos, não para participar de brincadeira de crianças!".

Outra participante, Mary, resistiu de maneira mais sutil. Ela tinha se apresentado como voluntária para dramatizar uma situação, mas optou por omitir todos os sentimentos conflitivos e aspectos problemáticos. Na aparência, ela se mostrava madura para embarcar na viagem terapêutica mas, no fundo, controlava completamente a situação e continuava a esconder seu mundo interior caótico. Ela não deixava dúvidas de que lhe agradava o fato de concentrar sobre si a atenção de todo o grupo e levou um bom tempo antes que o grupo compreendesse que ela estava jogando com eles o jogo da resistência.

Se encararmos o psicodrama como um processo gradual de integração, a resistência poderá ser vista como força contrária (Greenson, 1967), pressão contrária (Menninger e Holzman, 1973), desejo contrário (Rank, 1957) ou contra-ataque (Perls, Hefferline e Goodman, 1950). Para enfatizar, porém, a participação ativa do protagonista, prefiro descrever a resistência como sendo uma contra-ação. Tomada como manifestação ativa de defesa, a resistência torna-se uma criação dos próprios protagonistas, não algo que lhes é imposto ou infligido pelo mundo que os cerca. Os protagonistas que se recusam a envolver-se no processo terapêutico, mesmo quando manifestam essa sua recusa de maneira extremamente passiva, estarão *atuando* de fato no sentido de bloquear sua energia espontânea.

Aceitando o fato de que os protagonistas realmente resistem, poderíamos estabelecer algumas distinções quanto às formas pelas quais eles resistem, quando e onde eles resistem, o que tentam evitar e por que o fazem. As maneiras como os protagonistas resistem serão descritas como "manifestações de resistência" e o que eles resistem como "funções de resistência".

Manifestações de Resistência

De que forma os protagonistas resistem? Há várias maneiras pelas quais se pode permanecer sem se envolver no processo psicodramático. Todos os aspectos da vida mental podem servir como função defensiva, podendo manifestar-se como resistências. A expressão de um sentimento, como o riso, pode ser uma defesa contra a expressão de outro sentimento, como o de tristeza. Uma atitude de indiferença pode ser uma evitação complacente de envolvimento do eu. Todos temos nossas próprias maneiras de fugirmos ao envolvimento. Entre as inúmeras rotas de fuga que permitem que as pessoas escapem do sentimento, as mais comuns serão mencionadas aqui.

Os autores psicanalíticos descreveram com suficientes detalhes as formas como os pacientes resistem: atrasando-se, perdendo a hora, abandonando a terapia ou esquecendo-se de pagar, ou ainda permanecendo em silêncio, afastados, passivos, intratáveis, entediados ou envergonhados. Enquanto o paciente que resiste à psicanálise geralmente "não está a fim de falar", o protagonista que resiste no psicodrama "não está a fim de atuar". A mensagem que se esconde por detrás dessas afirmações, naturalmente, é a de que ambos não querem sentir ou expressar seus sentimentos, seja através da fala, seja através da atuação.

As pessoas podem resistir ativa ou passivamente, manifestando sua evitação de maneira sutil e disfarçada ("Não tenho nada a dizer...") ou através de um protesto mais direto ("Este método não funciona comigo!"). Algumas podem demonstrar um entusiasmo inicial, apenas para acrescentar seu inevitável "mas" quando se pede que elas próprias se revelem. Um participante de grupo afirmou: "Pessoalmente, não tenho nada contra assumir o papel do protagonista. Eu simplesmente considero que, por várias razões, seria melhor que outra pessoa se utilizasse do tempo do

160

grupo". Mas um minuto depois, quando adquiriu mais confiança, acrescentou despreocupado: "Sabe, tem uma coisa a respeito dessa representação que me incomoda fisicamente!".

Pessoas que participam de um grupo de psicodrama pela primeira vez geralmente apresentam uma resistência inicial em relação ao *role-playing*, especificamente. Esta resistência pode ter origem em seu embaraço por se sentirem o centro das atenções, ao temor de se expor publicamente, que se expressa pelo horror ao palco, ou à falta de suficiente preparação emocional (aquecimento). Bentley (1967) acredita que a maior parte dos adultos reage inicialmente com alguma hesitação: "Eu nunca poderia fazer isso. Eu me afundaria no chão!". Leveton descreve as questões e temores iniciais de uma pessoa que entra no psicodrama:

> Você tem que saber representar? Eu não sou ator, não sei fingir nem fazer de conta que sou outra pessoa. A gente tem que entrar na cena? Na frente da platéia? Eles vão é rir muito de mim, vão me deixar representar os meus problemas e depois vão me ridicularizar. Vou só sentar ali quietinho, na esperança de que o diretor não me veja. (1977, p. 16)

Mas mesmo quando os protagonistas estão adequadamente aquecidos para a ação e motivados para trabalhar, as resistências podem desenvolver-se no decorrer de qualquer sessão, fazendo com que evitem certas cenas ou papéis específicos. Quando ocorre de áreas sensíveis serem prematuramente desveladas, os protagonistas ficam travados e não-cooperativos, provocando um xeque na terapia.

Segundo Korn, uma das maneiras de evitar envolver-se emocionalmente no psicodrama é:

> Impedir que uma situação inter-humana pareça importante. O membro do grupo se defende de "envolver-se" "e essa ausência de envolvimento impede que a situação grupal se torne urgente e exigentemente relevante para suas preocupações pessoais básicas. Os outros membros do grupo são apenas "outros pacientes". A situação do grupo é apenas "tratamento". A transformação dramatúrgica da terapia em vida real não acontece. (1975, p. 187)

Seabourne (1966) descreve vários tipos de protagonistas "difíceis". Por exemplo: o que narra e intelectualiza; o que tolera apenas um grau mínimo de participação em uma sessão; o que não sobe ao palco ou que tende a dele se retirar antes que a cena seja encerrada; o que "não tem nenhum problema"; o que não consegue limitar ou focalizar o material apresentado; o que domina o grupo; os pacientes disruptivos (psicóticos, histéricos ou suicidas/homicidas), que agem de uma forma tal que impede que o grupo prossiga em suas atividades. Esses participantes não apenas resistem ao seu envolvimento emocional no processo psicodramático mas também perturbam o estabelecimento de um clima de trabalho grupal construtivo. Sacks (1976b), igualmente, descreve algumas formas sutis de resistência entre participantes de psicodrama que podem tornar-se confusos, esquecer o objetivo da sessão, expressar-se somente através de sentenças curtas, rir em momentos impróprios, inibir a expressão corporal ou bloquear suas vozes.

Segundo Quin (1991), os profissionais de saúde mental que participam do psicodrama para seu próprio crescimento pessoal são mais suscetíveis a encontrar meios sutis de resistência:

> Minha experiência de trabalho com profissionais da área de saúde mental que atuam como protagonistas demonstra que eles podem ser criativos, estimulantes e corajosos quanto aos riscos que devem assumir, mas, quando se bloqueiam, o fazem com grande eficácia. Pessoas treinadas e sensíveis podem repentinamente começar a derramar "lágrimas de crocodilo" e assim evitar o sofrimento real; ou manipular o diretor, talvez usando a palavra para evitar a ação; ou deixando-se levar por caminhos bem conhecidos mais do que enfrentar terrenos desconhecidos. (p. 241)

As barreiras entre os membros de um grupo, ou entre estes e o psicodramatista também podem ser encaradas como manifestações de resistência. Moreno (1972) denominou-as resistências "interpessoais" (p. 215), indicando a tendência das pessoas de evitarem o envolvimento recíproco espontâneo, não se tomando um ao outro pelo que e por quem são. O passado exerce uma influência capaz de distorcer esses relacionamentos, que poderia ser vista, na terminologia psicanalítica, como resistências transferenciais. Esse aspecto da resistência é enfatizado por Kruger (1980) que a define, no psicodrama, como "a concretização interpessoal da defesa intrapsíquica no relacionamento transferencial entre os membros e o grupo, ou entre os membros e o terapeuta" (p. 243).

Um exemplo de resistência interpessoal pode ser ilustrado com o caso de Ralph. Ralph tinha "assuntos não resolvidos" com sua mãe e conscientemente não se permitia escolher uma mulher mais velha do grupo para representar sua mãe, porque temia que a semelhança dessa mulher com sua mãe pudesse fazer com que ele se deixasse dominar por um sentimento "real" de agressividade. Em vez disso, escolheu um bom amigo do grupo que, na verdade, representava sua mãe ideal; essa escolha evitou que ele lidasse com seus sentimentos de agressão e que progredisse na terapia.

No psicodrama, não apenas os protagonistas, mas também os auxiliares e o grupo, como um todo, podem resistir. A resistência mais comum entre auxiliares é eles se recusarem a desempenhar determinados papéis antagonistas. Segundo Moreno (1972, p. xvi), as razões para essa recusa podem ser de caráter tanto "terapêutico" (o protagonista "usa" a situação de *role-playing* sem nenhum desejo de inverter os papéis com o auxiliar), como "particular" (indicando dificuldades pessoais com determinados papéis).

As normas do grupo, o clima grupal e a estrutura sociométrica do grupo podem também causar resistência em membros individuais. Sam parti-

162

cipava de um grupo e durante várias sessões ficava sentado, frio e silencioso, recusando-se a tomar parte no trabalho porque se percebia como um "isolado", um solitário pária sociométrico. Sam teve de ser integrado através de todo o grupo prestar atenção ao seu problema antes que ele se sentisse suficientemente seguro para participar de maneira mais ativa.

As resistências grupais podem ser descritas ainda tanto em termos dos pressupostos grupais básicos de Bion (1961) — dependência, luta e fuga e emparelhamento — como em termos do conceito correlato de Whitaker e Lieberman (1964), "conflito focal de grupo" (solução de um conflito grupal compartilhado).

Exemplifico essas resistências grupais com uma situação ocorrida em um grupo que dirigi. Era formado por adolescentes, dentro de um contexto educacional. Desde o princípio fui recebido com um silêncio desconfiado e hostil, como se o grupo todo tivesse reunido forças contra mim, em oposição passiva. A resistência era tão intensa e seu silêncio tão compacto que, de início, me senti tentado a abandoná-lo e é provável que fizesse isso se eu não tivesse contratado o trabalho com a instituição muito tempo antes. O que me surpreendeu, no entanto, foi o fato de que os participantes do grupo continuaram a freqüentar regularmente as sessões e, a despeito de seus longos silêncios, pareciam gostar de participar do grupo. Foi necessário um longo tempo para que eu pudesse entender que o grupo havia elaborado uma espécie de norma grupal que, aparentemente, o paralisava. Sua mensagem tácita era "se ficarmos calados, ninguém vai se machucar..." e qualquer infringência a essa norma enfrentaria uma firme oposição. Pouco a pouco percebi que havia muita agressão antiga, reprimida, agressão que não podia ser expressada por medo de retaliação, abandono e culpa, que poderiam culminar em suicídio. Assim, a norma grupal "Vamos ficar calados..." representava para eles uma solução para o conflito focal do grupo, que parecia impossível de ser resolvido. Embora algumas das questões interpessoais tivessem que ficar sem atendimento, outras foram assumidas e trabalhadas com o grupo, o que teve resultados positivos para o processo grupal como um todo.

Funções da Resistência

Do que o protagonista tenta desviar-se? Os protagonistas resistentes evitam, na maior parte dos casos, o desconforto e sentimentos desagradáveis como ansiedade, culpa ou vergonha. Um jovem recusou-se a mostrar ao grupo como interagia com mulheres porque isto lhe trazia recordações dolorosas de fracasso e rejeição. Outro, ficou travado quando, repentinamente, sentiu o peso da culpa por haver dito à sua mãe que a odiava. Outro, ainda, bloqueou ao falar de sua vergonha por molhar a cama. As resistências podem ser vistas como aberta manifestação de mecanismos de defesa ou operações de segurança que as pessoas utilizam para fazer frente a ameaças internas e/ou externas. Ao perceber o perigo, as pessoas podem proteger-se tanto ofensivamente, através, por exemplo, de sarcasmo, crítica e ataque ou escapar defensivamente, através da repressão, fuga ou indiferença. Henry Kellerman define resistência como capacidade de lidar efetivamente com "aquilo", a ameaça presumida. Uma pessoa pode começar com negação e seguir depois uma lógica defensiva circular até, finalmente, encontrar a rota de fuga que funciona melhor.

> Negar é *não veja*. Se isso não funcionar, isole-se e *não sinta*. Se não funcionar, reprima e *não se lembre*. Se não der certo, faça alguma outra coisa em relação a isso na linha do *acting out*; ou pode regredir e chorar, ou compensar e tentar recuperar. Se nada disso resolver, pode fantasiar ou sonhar acordado. Se até mesmo isso não funcionar, você pode também criticar, ou projetar e *culpá-lo* por tudo; ou, melhor ainda, você pode deslocá-lo e *atacar algo que o represente*. Se todas essas tentativas se mostrarem inadequadas, você pode também *juntar-se a ele*. Como? Bem, você pode identificar-se com ele ou *ser como ele*. Uma boa maneira de ser como ele é introjetá-lo ou *tomá-lo para si*. Uma vez que você tenha, finalmente, tomado "aquilo" para si, é melhor não exibi-lo — de preferência, você poderia *recategorizá-lo* intelectualizando-o. Como isso é possível? Bem, você pode racionalizar ou *arranjar uma desculpa para isso*, ou... (1979, pp. 101-2)

Os protagonistas que insistem no fato de não sentirem "nada" ou de que estão "vazios" ou "bloqueados" optam por uma forma mais primitiva de fugir de seus sentimentos, por vezes denominada "isolamento". Seja por quais razões, essas pessoas preferem ocupar a posição de espectadores no teatro da vida e apresentam fortes resistências a se tornarem atores participantes. Se os seus sentimentos ficam isolados por muito tempo, as energias bloqueadas podem transformar-se em uma "couraça muscular" permanente, um bloqueio biofísico da motilidade, segundo conceito cunhado por Reich (1920/50). Essa couraça muscular, ou resistência de caráter, como é também chamada, pode exigir do psicodramatista um manuseio mais ativo dos aspectos físicos da pessoa através, por exemplo, da bioenergética, do *rolfing*, de exercícios respiratórios ou de movimentos expressivos.

Em seu trabalho sobre a teoria do choque psicodramático, Moreno descreve como um paciente que tinha se recuperado de um episódio psicótico demonstra violenta resistência para retornar a uma experiência alucinatória passada.

> Sua inclinação natural é a de esquecer — não falar sobre isso. Tem muito medo de que sua nova liberdade possa estilhaçar-se. Tanto a simples menção como, mais ainda, seu processo atual o amedrontam. (Moreno, 1939, p. 3)

Pela mesma razão, os indivíduos que passaram por uma crise — perda de um membro da família, acidente de automóvel ou interrupção da gravidez

— que lhes faça emergir sentimentos arrasadores de luto e ansiedade acompanhados de surtos de difusão da realidade e tumultos interiores, farão tudo para se resguardarem de reviver o evento traumático. Tendo lutado muito, após o trauma, para alcançarem um certo equilíbrio emocional (não importando quão adaptativo pode ser esse senso de equilíbrio), não desistirão dele com facilidade, ainda que seja por um momento.

Assim, chegamos à conclusão de que as resistências, em última análise, funcionam no sentido de manterem o equilíbrio psíquico do indivíduo, sendo melhor entendidas dentro da referência da psicologia psicanalítica do eu. Segundo essa teoria, os protagonistas podem ter egos mais ou menos fortes, e necessitam de defesas mais ou menos rígidas. As pessoas que têm "ego forte" usam as resistências para defender o *status quo* em suas neuroses. O objetivo do psicodrama, nesses casos, é ajudá-las a regredir, ab-reagir, progredir e alcançar uma nova integração. Os protagonistas que têm "ego fraco", no entanto, tais como os limítrofes e portadores de outros distúrbios de personalidade, fazem uso das resistências para manterem uma frágil homeostase emocional que os protege do excesso de ansiedade ou da fragmentação do ego. Com esses protagonistas, o objetivo do psicodrama é fortalecer as funções de seu ego e construir uma estrutura egótica independente, ao invés de estimular a regressão e a perda de controle. De acordo com Blank e Blank (1979) a resistência, nesses tipos de personalidades, representa tentativas malsucedidas de separação e individuação mais do que oposição ao tratamento. Se a ameaça aos protagonistas com ego fraco é muito grande, eles podem (adaptativamente) defender-se, seja resistindo, seja desistindo do tratamento:

> As decisões técnicas a serem tomadas quando se trabalha com manifestações de oposição, negativismo, teimosia, repressão, desconfiança etc., são mais complexas do que até agora se pensava. Nos casos em que a repressão ou a recusa, por exemplo, se encontram parcialmente a serviço do crescimento... temos que oferecer-lhe apoio para fortalecer os aspectos de desenvolvimento e de adaptabilidade. (Blank e Blank, 1979, p. 149)

Técnicas de Resolução das Resistências

Uma vez que tanto as manifestações como as funções da resistência diferem de protagonista para protagonista, as intervenções técnicas devem ser aplicadas diferentemente para cada indivíduo e para cada situação.

A principal questão que se coloca quando se trabalha com resistências é se devemos investigá-las analiticamente para melhor entendê-las e/ou se devemos driblá-las com a ajuda de técnicas manipulativas. Tomemos o caso de um protagonista que subitamente queira abandonar o palco. Uma possível intervenção seria perguntar-lhe: "O que você tem medo que aconteça no palco? O que você está evitando?". Outro tipo de intervenção, não muito comum entre psicodramatistas, seria simplesmente tomá-lo pela mão e sugerir-lhe: "Vamos fazer isso juntos. Eu vou lhe ajudar".

Investigar os motivos para o comportamento de resistência — a primeira das estratégias mencionadas acima — é um tipo de estratégia reconstrutiva, cujo objetivo é oferecer ao protagonista um melhor entendimento de seus processos defensivos, inclusive suas raízes históricas. A segunda, que é uma estratégia de reasseguramento um tanto manipulativa, tem como meta ajudar o protagonista a "superar" ou neutralizar os obstáculos à terapia, para assim atingir diretamente seus sentimentos. A primeira dessas estratégias pode ser comparada com o descascar de uma cebola, enquanto a segunda se assemelha mais ao picar, espremer e retirar o suco da cebola; embora ambas as estratégias provoquem algumas lágrimas, uma é mais suave que a outra.

Em minha opinião, tanto a análise como a neutralização podem ser efetivamente empregadas na solução da resistência psicodramática, com diferentes protagonistas e em estágios diferentes do processo de tratamento. Embora seja totalmente inadequado oferecer recomendações precisas quanto ao "quando" e "para quem" da resolução das resistências, uma orientação geral seria, conforme minha experiência, a *análise antes da neutralização*. Por isso mesmo, as técnicas envolvidas nessas duas estratégias serão descritas a seguir nessa ordem.

Análise

Um dos maiores desafios enfrentados pelos psicodramatistas é ajudar os protagonistas a examinarem sentimentos que ameaçam o sentido de controle. Os psicodramatistas tentam ir além do não envolvido, do "Não estou a fim", e atingir os pedidos de socorro do inconsciente do protagonista e, nesse processo, tentam investigar por detrás da fachada de resistências, procurando expressões de genuína espontaneidade.

Em psicodrama, a análise das resistências pode ser descrita, em linhas gerais, como um processo que se dá através dos três estágios seguintes:

1. O protagonista deve tomar consciência de que está resistindo. As resistências, então, devem ser identificadas como tal e verbalizadas ("Parece que você não quer se envolver emocionalmente nisto..."). Como a resistência se mostra localizada em um determinado tempo e espaço, o psicodramatista deve descobrir quando — se na fase inicial, no meio ou no fim) — e onde — em quais situações e cenas — o protagonista mostra resistência ("No final de toda sessão você se afasta e sai da sala minutos antes, sem se despedir..."). As manifestações de resistência são então investigadas em maiores detalhes sem esforço no sentido de neutralizá-las. Nas palavras de Z. T. Moreno (1965): "Primeiro temos que aceitar

essa incapacidade e ajudá-lo a aceitar-se a si mesmo; depois, gradualmente, tentamos libertá-lo de suas próprias amarras, através de vários métodos..." (p. 232). De acordo com Hart, Corriere e Binder (1975), "o primeiro passo no sentido de completar um sentimento é sentir as defesas que fazem determinados sentimentos incompletos. Por exemplo: uma paciente pode ser levada a sentir e expressar: "Eu não dou importância às pessoas" por um longo tempo antes que o "Eu não me importo" dê lugar a um "Eu me importo sim, não se importar machuca" (p. 40).

2. Os protagonistas são em seguida convidados a explorar o que os faz se resguardarem, o que eles preferem não sentir, pensar ou fazer. Mais do que focalizar a busca de respostas intelectuais à questão "Por que", esse processo é direcionado para a compreensão experiencial das funções da resistência, no aqui-e-agora ("Tenho medo de que você me abandone se eu disser que me preocupo com você").

3. Os protagonistas, finalmente, são encorajados a abandonarem suas resistências, identificando, primeiramente, sua fome de agir, seu movimento na direção da gratificação de seus desejos e sua necessidade de completar o ato ("Seria ótimo ser capaz de abraçar uma pessoa e me sentir realmente próximo a ela, sem nenhuma amarra ligada a essa proximidade..."). O psicodramatista tenta convencê-los, então, de que podem conquistar o que desejam, fazendo o que é sugerido.

Neutralização

A mais importante tarefa na neutralização das resistências, no psicodrama, consiste em estabelecer um contexto que fomente a espontaneidade. Segundo Blatner:

> As condições necessárias ao comportamento espontâneo incluem: 1. um sentimento de confiança e segurança; 2. normas que permitam a inclusão das dimensões do irracional e do intuitivo; 3. um certo sentido de distanciamento experimental, um dos elementos do lúdico; e 4. um movimento voltado para o assumir riscos e para a exploração da novidade. (1973, p. 36)

Exige-se, assim, algum tipo de atividade de aquecimento ao início da sessão de psicodrama. A resistência demonstrada no decorrer desse período não deve ser encarada como resistência em si, mas como uma fase necessária ao processo de inicialização. Os exercícios verbais e não-verbais, os jogos e outras atividades lúdicas aumentam a espontaneidade, diminuem a ansiedade e enfraquecem posicionamentos de resistência. Os membros do grupo podem, por exemplo, caminhar ao redor da sala, olhar uns aos outros nos olhos, tocar-se uns aos outros e falarem entre si, para estabelecerem uma atmosfera de tranqüilidade. Uma forma mais estruturada de aquecimento consiste em pedir a cada um dos membros do grupo que complete uma sentença do tipo, por exemplo: "O próximo passo que vou dar em minha vida será...".

Moreno (1972) recomenda que os protagonistas resistentes dêem início a seu psicodrama através de uma produção simbólica, anulando assim seu temor de envolvimento pessoal. Sugere-se que vejam o *role-playing* "como se fosse de verdade", o que, em si, tem o poder de neutralizar resistências. Fantoches e máscaras mostram-se especialmente úteis quando se trabalha com crianças e adolescentes. O distanciamento que essas figuras permitem dá aos participantes um sentimento seguro de poderem se esconder por detrás de uma máscara, embora estejam apresentando uma realidade interior que lhes é dolorosa. Por exemplo: uma menina que sofreu de abuso sexual pode falar a respeito dos sentimentos de culpa com a ajuda de um fantoche que ela chamou de Berta. "Berta era uma menina má. Ela não apenas tinha feito coisas sujas com seu pai, como também revelou o segredo deles e, por causa dessa traição, seu pai foi mandado para a prisão. Berta teve que ser severamente castigada!"

Quando um protagonista apresenta uma situação do passado, o psicodramatista ajuda a re-criar os sentimentos que prevaleciam naquele tempo e lugar. Quando monta o cenário, o protagonista é auxiliado a readquirir o sentido do "lá e então", através da reconstrução do ambiente físico, da descrição das cores, das texturas, do arranjo dos móveis etc. Isso o ajuda a reviver a memória, aumenta seu envolvimento e torna sua encenação mais autêntica. As resistências iniciais são, em geral, eliminadas quando os sentimentos autênticos ligados a essa fração de tempo e espaço são re-criados no aqui-e-agora.

Vou ilustrar esse processo com uma mulher resistente e deprimida, Dona A., que se queixava de insatisfação em relação a seu casamento. Quando lhe foi solicitado que mostrasse como ela interagia com seu marido ela se movimentou vagarosamente, aparentemente sem interesse e iniciativa e queixou-se de haver perdido todo prazer de viver. O diretor pediu-lhe que montasse o cenário, que mostrasse o aposento no qual ela costumava estar com seu marido. Mas Dona A. se recusou a fazê-lo: "Não há por que fazer isso. Vamos parar por aqui!". Apesar de sua resistência, o diretor continuou a perguntar a respeito do espaço: "Qual é a cor das paredes? O que se pode ver desta janela? Quem lhe deu este souvenir?". E mostrava sua reação: "Que bonito!". Apontando para cada objeto, o diretor conseguiu montar detalhadamente o cenário. Durante essa montagem, Dona A. lembrou-se de uma foto de seu marido, tirada antes do casamento. A foto, onde ele aparecia como soldado, foi personificada no palco por um jovem do grupo. Ao ver a foto assim recriada, Dona A. subitamente voltou à vida. Seus olhos brilhavam enquanto ela falava do marido como ela então o conhecera. A foto tornou-se uma espécie de "removedor de resistências" que permitiu que Dona A. se envolvesse emocionalmente e mostrasse seus sentimentos de desespero quando perdeu seu bebê recém-nascido, mais de trinta anos atrás.

A maior parte das técnicas psicodramáticas mais importantes podem ser utilizadas para a análise e/ou neutralização das resistências. Aqui, apenas as mais comuns (solilóquio, duplo, espelho, inversão de papéis, maximização e concretização) serão descritas, no que diz respeito à resolução das resistências.

Solilóquio

A técnica do solilóquio é útil para revelar pensamentos e sentimentos ocultos e para descobrir os motivos e as funções das manifestações de resistência. Tom era um membro do grupo ambivalente que, tendo se candidatado a participar do grupo com muito entusiasmo, tinha permanecido negativo durante várias sessões. Quando solicitado a fazer um solilóquio, Tom realizou por alguns momentos uma associação livre e então, em poucas palavras, expressou o medo que sentia em relação a uma determinada participante do grupo. Tom sentia que, caso se mostrasse, ela iria caçoar dele. Depois que essa resistência interpessoal foi rompida e aberta, o membro do grupo ameaçador demonstrou poder ser muito útil como auxiliar, para Tom, desempenhando o papel de sua mãe dominadora ridicularizadora.

Duplo

A técnica do duplo, utilizada para expressar verbalmente conteúdos não-explícitos da comunicação do protagonista, pode se tornar no mais efetivo instrumento para a compreensão das resistências. Jane, uma mulher tímida, freqüentou um grupo de psicodrama por mais de um ano sem nunca protagonizar voluntariamente. Quando o diretor fez desse fato um tema a ser explorado e pediu a Jane que falasse sobre o que sentia em relação ao grupo, ela respondeu que tinha medo de se mostrar porque se sentia menos segura que os demais. À sugestão do grupo, para que fosse protagonista para ver essa questão, Jane respondia sempre com um "Sim, mas...", que foi identificado como um jogo de resistência. Uma das participantes, escolhida para ser o duplo de Jane, focalizou seus sentimentos contraditórios: "Eu preciso de terapia, mas posso me arrumar sem ela. Quero participar, mas alguma coisa me impede de revelar meus reais sentimentos. Não sei o que eu quero...". Com a ajuda do duplo, a principal questão do psicodrama de Jane passou a ser sua ambivalência generalizada, tanto no grupo como em sua vida cotidiana. Depois do psicodrama Jane se sentiu orgulhosa de si mesma e satisfeita com sua sessão, oferecendo-se imediatamente para dar continuidade ao trabalho, na sessão seguinte.

Espelho

A técnica do espelho serve para retratar a comunicação não-verbal de resistência. Solicitou-se a William que deixasse o palco e contemplasse a produção especular dele mesmo, feita por um auxiliar. O auxiliar tomou seu lugar, sua postura corporal e imitou-o tanto verbal como não-verbalmente. Quando William se observou à distância e viu o quanto seu corpo expressava a mensagem "Não toque em mim!", exclamou: "Não, isso não é verdade! Quero que as pessoas me toquem, preciso ser tocado!". Moreno e Moreno sustentam:

> no caso de protagonistas resistentes o espelho pode ser exagerado, fazendo uso de técnicas de distorsão proposital para fazer com que o paciente dê um passo à frente e se transforme de espectador passivo em participante ativo, para corrigir o que ele sente como desempenho e interpretações incorretos de sua pessoa. (1969, p. 241)

Inversão de Papéis

Os protagonistas que resistem ao desempenhar seu próprio papel podem resistir menos quando representam outros personagens. Paulo, por exemplo, resistia a desempenhar o papel dele mesmo quando criança, preferindo atuar como seu próprio pai. Tendo compreendido, porém, que seu pai também tinha sido criança, Paulo pôde lidar mais facilmente com seu medo de entrar no "estado infantil de ego". Uma protagonista não assertiva, que se sentia vítima de agressão masculina, parecia apresentar-se sempre sem envolvimento emocional. Apenas quando invertia os papéis com seu agressor era capaz de dar expressão à sua raiva.

Uma técnica radical e pouco comum, empregada com protagonistas neuróticos muito resistentes e que não respondem a outras intervenções, é a de inverter os papéis com o psicodramatista que dirige a sessão. Os protagonistas vêem-se assim confrontados com o contrato terapêutico básico: se desejam ou não continuar a sessão. Se optam por dar continuidade, podem então tornar-se ativos como seus próprios terapeutas, o que poderá oferecer pistas importantes para o psicodramatista observador, a respeito dos possíveis caminhos para chegar ao protagonista. Nesse tipo de sessão, o psicodramatista tanto pode assumir o papel do protagonista como sair de cena e colocar uma cadeira vazia ou um auxiliar para representar o protagonista. A situação na qual a direção passa assim para as mãos do protagonista é denominada "auto" ou "monodrama".

Maximização

Os protagonistas resistentes são freqüentemente instruídos para maximizar suas contra-ações, para exagerar seus bloqueios e intensificar seu não-envolvimento. Nessas situações o psicodramatista controla o relacionamento, paradoxalmente, "prescrevendo o sintoma". Por exemplo: o protagonista que tende a intelectualizar pode ser solicitado a fazer uso apenas de discursos intelectuais, durante um determinado período; ou o protagonista muito dramático pode ser dirigido no sentido de maximizar seu desempenho dramático e exagerar o comportamento inautêntico. Ao maximizarem a maneira pela qual atuam suas resistências, os protagonistas aprendem a assumir a responsabilidade por suas ações, o que, como decorrência, aumenta sua capacidade de mudar. A idéia que está por trás dessa estratégia é que aqueles que podem produzir resistência à vontade, podem também resolvê-las e a cura é, assim, estimulada de uma maneira que permite uma mudança iniciada pelo próprio protagonista.

Concretização

A concretização é utilizada para se fazer com que as resistências abstratas se tornem mais tangíveis. As que se manifestam através de tensões corporais, por exemplo, pelo tremor das mãos, bloqueios no tórax ou dificuldades respiratórias podem ser fisicamente concretizadas. Marilyn afirmou que não poderia participar da sessão porque não gostava do líder. Sentia como se houvesse uma parede entre eles. A parede, que simbolizava as resistências de Marilyn, foi concretizada primeiramente pelos membros do grupo, que ficaram em pé formando uma linha entre Marilyn e o líder e depois pela própria Marilyn. Ao fazer o papel da parede e ao imaginar-se no papel de sua própria resistência, Marilyn pôde entender com mais facilidade contra o que se posicionava. No papel de parede ela anunciou suas funções: "Sou uma barreira para Marilyn — ela não pôde me atravessar! Mas eu também a protejo das ameaças! ". Depois dessa cena Marilyn pôde falar sobre seu desejo paralelo de aproximar-se do líder e de seu medo de ser rejeitada por ele, o que ela, de imediato, relacionou com os sentimentos em relação a seu pai. Daí então recebeu ajuda para lidar com seus sentimentos de ressentimento de maneira terapeuticamente útil.

Técnicas Adicionais

Nos casos em que a interação entre protagonista e diretor se tornar negativa, Z. T. Moreno (1965) sugere que o psicodramatista peça ao protagonista que escolha outro diretor ou que escolha outra cena; o psicodramatista pode também explicar a lógica de sua direção ou interromper a dramatização, retornando a ela mais tarde. Seabourne (1966) sugere várias abordagens para trabalhar com seus já previamente mencionados protagonistas "difíceis": montar cenas agradáveis, encorajar o protagonista a participar de várias experiências de palco diferentes, permitir que o protagonista desempenhe todos os papéis numa determinada situação, utilização de materiais de fantasia ou de cenas de confronto permitindo que o grupo reaja ou oferecimento de sessões verbais com o psicodramatista, antes da sessão.

Pode-se afirmar que toda a intervenção psicodramática se torna um paradoxo na medida em que sua meta é a espontaneidade, impossível de ser eliciada apenas com o poder da vontade. Dizer a alguém que seja espontâneo é o mesmo que dizer a uma pessoa que sorria diante de uma câmera fotográfica. Isso inibe mais do que libera a autenticidade. O fotógrafo pode fazer ou dizer algo que faça a pessoa sorrir, se esse sorriso tiver que ser genuíno. Cabe ao psicodramatista, da mesma forma, influenciar indiretamente o protagonista, utilizando o que Watzlawick, Weakland e Fish (1974) denominaram "mudança de segundo grau". Ao protagonista que não deseje subir ao palco pode-se dizer, por exemplo: "Quando, daqui a pouco, você subir ao palco, poderá tanto andar vagarosamente, tomando consciência de cada passo, como pode pular, levantar-se de chofre, engatinhar, ou caminhar com as mãos. O que você prefere?". Desta maneira, o próprio "subir" está disfarçado entre as alternativas oferecidas.

Estratégia Terapêutica

O manejo das resistências é a tarefa mais difícil de todo o labor terapêutico, a que mais põe em teste a arte do terapeuta. Não apenas é difícil saber o que fazer com um protagonista resistente como também os terapeutas, no mais das vezes, respondem com seus próprios sentimentos negativos ao lidarem com comportamentos de evitação e de hostilidade. Os pacientes teimosos ou que progridem vagarosamente podem mobilizar sentimentos de "contra-resistência" em seus terapeutas. Nessas situações, a interação entre pacientes e terapeutas pode assumir os contornos de uma batalha — "guerra de talentos" (Moreno e Enneis, 1950, p. 2) — que inclui manobras com o propósito de *vencer*.

Embora alguns psicoterapeutas estratégicos ainda vejam as interações nesses termos, acredito que a maioria dos psicodramatistas sustentam que as resistências são melhor resolvidas quando o terapeuta não se opõe a elas.

Tenho observado que, se o psicodramatista forma uma aliança *ad hoc* com a força de resistência, pode conseguir redirecioná-la, conferindo-lhe um potencial de progresso e de estímulo ao crescimento. Como o esquiador, você tenta manter os joelhos soltos, curva o corpo e acompanha as idas e vindas do protagonista e, embora trombando com bloqueios, você os evita, indo aonde os esquis o levam, buscando o caminho da menor resistência. "Se soubermos tirar vantagem dos sentimentos de agressividade para os quais o paciente está aquecido naquele momento, o paciente negativo e resistente pode tornar-se um agente produtivo e esclarecedor" (Moreno e Moreno, 1959, p. 97). Os terapeutas familiares utilizam a expressão "acoplamento" para designar o processo no qual o terapeuta entra no sistema familiar para mudá-lo de dentro dele. Ao entrar no sistema e encontrar os protagonistas dentro de seu próprio quadro de referência, o psicodramatista avalia com quais resistências o protagonista terá possibilidades de lidar e quais devem de momento ser evitadas. Nessa avaliação empática da personalidade dos protagonistas, o psicodramatista tenta avaliar a força de seu ego, sua tolerância à ansiedade, sua capacidade de defesa adaptativa e seu nível geral de espontaneidade, escolhendo então as técnicas apropriadas.

Conclusão

No psicodrama, o terapeuta trabalha com a resistência de maneira a evitar colocar-se em contraposição e dessa forma colocar em risco a aliança de trabalho e a tele-relação. Pressionar os protagonistas para que abram mão, prematuramente, de suas resistências, ocasionaria um aumento da ansiedade, uma diminuição da auto-estima e conseqüente repressão do mundo interno do protagonista.

Em vez disso, o psicodramatista deve deixar que "o processo de aquecimento se dê da periferia para o centro" (Z. T. Moreno, 1965), o que coincide com a recomendação de Blanck e Blanck (1979), de que o terapeuta "navegue com o vento e com a maré, fazendo deles o melhor uso para conduzir o paciente a um ponto um pouco mais distante do ponto em que se encontra" (p. 224). Blatner transmite a mesma mensagem:

Creio que quando o diretor trabalha com as resistências, quase sempre encontra um meio de gradualmente explorar os conflitos mais profundos. Dr. Moreno coloca isso da seguinte forma: "Não derrubamos os muros do protagonista; em vez disso, tentamos, simplesmente, mexer nos trincos de várias portas, verificando qual delas se abre". (1973, p. 63)

13
Encerramento

Os capítulos anteriores desta obra exploraram o processo terapêutico do psicodrama a partir de várias perspectivas. Para que o quadro se complete, resta-nos acrescentar o estudo do "encerramento", o significativo estágio final do psicodrama. De certa forma, esse estudo sumariza os vários princípios terapêuticos já discutidos, traduzindo-os em ação através do emprego de estratégias efetivas de finalização.

Finis Corona Opus: O fim coroa a obra. Geralmente, o final de uma produção psicodramática bem-sucedida inclui uma cena adequada, que encerre a dramatização de maneira que ela se complete. Essa cena é o ponto alto da sessão, que completa a ação propiciando ao protagonista e ao grupo uma sensação de fechamento.

Geralmente esta cena é chamada de *cena de encerramento*, e tem especial importância na conceitualização do processo terapêutico do psicodrama. Mas o encerramento tem sido largamente negligenciado nos principais manuais, e o término do psicodrama tem sido freqüentemente um processo conduzido de forma inadequada. Embora vários outros aspectos, tais como o processo de aquecimento, tenham sido amplamente discutidos, comparativamente pouco se tem escrito sobre o encerramento. Em decorrência disso, nosso entendimento do aspecto encerramento e da fase final do psicodrama permanece bastante limitado.

A importância do encerramento foi enfatizada por Yalom que afirma: "o término é mais do que um ato significativo do final da terapia; é parte integral do processo terapêutico e, quando adequadamente compreendido e administrado, pode-se constituir em um importante fator para a instigação da mudança" (1975, p. 365).

O objetivo deste capítulo é definir o conceito de encerramento no psicodrama e discutir seus propósitos terapêuticos. Além disso, e em consideração ao desafio técnico que o encerramento apresenta a todos os psicodramatistas, algumas cenas comuns de encerramento serão descritas suscintamente.

Conceito de Encerramento

A palavra encerramento não é um conceito psicodramático original e, tanto quanto eu sei, não consta dos escritos de Moreno. Encerramento (*closure*) pode ter entrado no vocabulário do psicodrama por intermédio da psicologia da gestalt ou da gestalt-terapia. Nesses campos ela é utilizada para se designar o processo de organização da percepção e da personalidade no qual se completa uma gestalt integrada e total.

Atualmente, a palavra é empregada no psicodrama a partir de dois diferentes pontos de vista.

Sob o ponto de vista da dramatização, o encerramento confere à experiência uma perspectiva temporal, e é usada para designar, simplesmente, a cena final de um psicodrama. É o ponto de parada da ação que se desenvolve sobre o palco, antes do compartilhamento pós-ação (Barbour, 1977). Como tal, o encerramento é encarado como o *grand finale*, o ponto culminante da dramatização. Torna-se um "problema de encenação para o diretor, que tenta finalizar a dramatização de uma forma esteticamente agradável" (Warner, 1975, p. 9).

Do ponto de vista da psicoterapia, o encerramento é um tipo de conclusão intrapsíquica, para o protagonista. Como tal, ele representa o amadurecimento de um processo de cura, a estação final de uma viagem terapêutica e a meta de uma sessão ensejando, idealmente, um sentimento de alívio emocional e de progresso terapêutico. É nessa fase de finalização da terapia psicodramática que se ancora o trabalho definido de resolução.

Essa resolução é importante não apenas para o protagonista mas também para os auxiliares, para o grupo e para o diretor. Os auxiliares podem ter seu encerramento através do *role feedback* e do *de-roling*. O grupo pode finalizar através da identificação e da discussão na fase de compartilhamento. E o diretor pode alcançar também o encerramento após a sessão, durante a fase de processamento do psicodrama.

O encerramento intrapsíquico pode ocorrer não apenas durante a parte de ação da sessão, mas a qualquer momento, depois da sessão. Esse encerramento implica o fato de que inexiste um final absoluto no processo terapêutico como tal. Como uma sessão leva à outra, é equivocado falarse de quaisquer conclusões intrapsíquicas definitivas. Pelo contrário, o protagonista experimentará mudanças contínuas depois de uma sessão psicodramática bem-sucedida e, espera-se, continuará a reintegrar novas experiências de crescimento durante toda sua vida.

Os princípios que norteiam o encerramento podem ser ilustrados através do psicodrama de Paula. Ela estava para casar-se mas sentia-se desconfortável com alguns aspectos de seu relacionamento com seu noivo. Ela tinha adotado uma atitude de auto-suficiência em relação a ele, que levou a uma incapacidade de pedir-lhe que cuidasse dela quando tinha necessidade disso. Refazendo a trajetória de seus sentimentos, até sua infância, apareceram inúmeras situações similares nas quais Paula se havia transformado em seu próprio genitor por ocasião das depressões de sua mãe. A lembrança dessas situações pretéritas fez aflorar sentimentos reprimidos e revelou uma grande quantidade de necessidades infantis de dependência não satisfeitas. Tendo conseguido alcançar um pouco de alívio emocional (e com a consciência de que estava representando um velho texto do passado), ela estava preparada para enfrentar novamente seu noivo, desta vez de maneira mais madura e satisfatória.

O psicodrama de Paula poderia ter terminado nesse ponto. Mas o diretor sentiu que havia necessidade de dramatizar uma última cena, que fecharia a sessão de forma mais terapêutica. O diretor sugeriu uma cena de encerramento em que cada membro do grupo fosse Paula para se empatizar com seu problema original. Paula foi então solicitada a ser seu próprio terapeuta e a dizer a cada um daqueles duplos o que fazer para daí em diante modificar o velho papel de uma figura parental forte e que nada exigia para si. Numa inversão de papéis, depois dessa dramatização, Paula ouviu de cada membro do grupo a repetição das palavras que ela lhes havia dirigido. Essa cena encerrou a dramatização e o diretor convidou o grupo a compartilhar com Paula.

O fato de se acrescentar essa cena de encerramento às demais do psicodrama de Paula foi importante por várias razões. Em primeiro lugar, a cena de encerramento deu início a um processo terapêutico que foi além de meros catarse e *insight*, na medida em que permitiu a tradução deles em ação comportamental. Além disso, ao explorar as possibilidades dessas ações no futuro, a cena de encerramento permitiu que a protagonista se confrontasse com a vida real, possibilitando-lhe agir depois do psicodrama e fora do ambiente terapêutico. E, ao assumir o papel de seu próprio terapeuta, Paula se viu diante da responsabilidade final de decidir o que fazer no futuro. Finalmente, por propiciar o envolvimento ativo dos demais membros de grupo no problema de Paula, a cena facilitou o compartilhamento e ajudou Paula a retornar ao grupo.

Muito pouco se tem escrito sobre o encerramento, na literatura do psicodrama e do *role-playing*. O texto mais conhecido talvez seja o de Weiner e Sacks (1969) sobre a sumarização, uma forma de encerramento que consiste em recapitular, de forma sucinta, os pontos altos da sessão. Barbour (1977) enfatiza o aspecto de encerramento contido no compartilhamento psicodramático. Outra conceitualização de encerramento é apresentada por Levy (1969), que descreve como as pessoas se aquecem para o envolvimento emocional e subjetivo no *role-playing* e como elas, mais tarde, se desaquecem até alcançarem um certo grau de objetividade e não-envolvimento. Esse tipo de raciocínio se baseia em uma visão simplificada dos indivíduos, que "se aquecem" ou "se abrem" no começo da sessão para depois "esfriarem" ou "se fecharem" no final. Essa atitude de ligar e desligar em relação a sentimentos é sem dúvida errônea e equivocada, e não descreve adequadamente os padrões humanos de abertura e fechamento.

É mais produtivo se descrever o encerramento como o fim de uma jornada terapêutica. De modo geral, o psicodrama clássico se desenrola em várias etapas (aquecimento, dramatização, encerramento e compartilhamento), ilustradas, por exemplo, através de uma curva "normal" (Hollander, 1969), uma espiral (Goldman e Morrison, 1984) ou por um ciclo de sentimento (Hart, Corriere e Binder, 1975). O encerramento constitui a fase de término desse processo, em vez de uma interrupção abrupta da atividade. "Uma vez atingido o pico emocional, o diretor deve auxiliar o protagonista a 'fechar' a dramatização. Ao invés de ser solicitado a explorar mais e mostrar, o protagonista é instado a concentrar-se no encerramento da sessão e na construção da integração no psicodrama" (Hollander, 1969, p. 5).

Outra conceituação de encerramento como uma fase específica do processo terapêutico do psicodrama nos é oferecida por Schramski (1979), que menciona a contribuição do *role training*, que parece ser uma espécie de encerramento porque ocorre depois da dramatização, mas antes do compartilhamento. Da mesma forma, Petzold (1978) descreve uma fase de encerramento da modificação de comportamento, que ele denomina "nova orientação"; ela é introduzida após a fase de anamnese diagnóstica e a fase psicocatártica, mas ocorre antes da fase final de *feedback* do compartilhamento psicodramático. Buchanan (1980) apresenta um quadro de referência para a estruturação da produção psicodramática — o "modelo de interesse central".

Se encararmos o psicodrama em termos de processo, como uma viagem da mente através da vida, o encerramento pode ser visto tanto como seu destino final (como o chegar ao topo de uma montanha, onde a visão é finalmente clara), ou como o retorno ao ponto de partida, completando um círculo. Um exemplo dessa última estratégia de fechamento é a repetição da primeira cena no final da sessão. Esses psicodramas têm início, em geral, com uma ou mais cenas do aqui-e-agora, seguidas de cenas do lá e então, retornando-se finalmente, na cena de encerramento, para o aqui-e-agora. Essa estratégia segue a recomendação de Z. T. Moreno (1965) de que as sessões devem caminhar "da periferia para o centro", devendo a sessão "completar o círculo, voltando ao presente" (Goldman e Morrison, 1984, p. 27).

Nos casos em que o encerramento não se faz, ou é feito de maneira insuficiente, o protagonista fica com uma sensação desconfortável de inquietação. Esse sentimento pode ser comparado com um despertar abrupto, no meio de um sonho dramático e que termina naturalmente. Em dramaterapia, a falta de encerramento se evidencia quando o diretor deixa de dar uma finalização à força catártica primal do drama; ele vai embora, "deixando esses Hamlets em potencial à beira de seus túmulos" (Landy, 1986, p. 115). No que diz respeito ao psicodrama, essa falta de encerramento faz surgir a necessidade de que a dramatização tenha continuidade na sessão seguinte, na qual o protagonista possa ter tempo suficiente para finalizar esse processo e completar sua ação.

Qual o ponto em que se pode considerar que o encerramento foi alcançado? Segundo Warner (1975) "o encerramento terá sido atingido quando já não se observem mais pontas soltas e quando tanto o protagonista como o grupo tenham alcançado uma sensação de completamento, mesmo que as afirmações finais apontem tensões não resolvidas e direcionamentos futuros" (p. 9).

Objetivos Terapêuticos das Cenas de Encerramento

Os diretores utilizam cenas de encerramento com objetivos específicos. De acordo com Goldman e Morrison (1984), um deles é o de se concluir o psicodrama "em tom maior ou alguma outra possibilidade positiva" (p. 31). Para Warner (1975) essas cenas evitam que o protagonista seja deixado a pão e água, ajudando-o a readquirir seu controle e equilíbrio emocional antes de deixar o palco do psicodrama. Segundo Kipper (1986), espera-se que a fase de encerramento possibilite: 1. que o protagonista se desfaça dos papéis que desempenhou na sessão; 2. a restauração da estabilidade emocional do protagonista; 3. o conforto de saber que os problemas são compartilhados pelos demais; 4. otimismo e esperança quanto à solução de seus problemas; 5. o aumento da compreensão do protagonista sobre si mesmo; e 6. ajuda na formulação de planos futuros. Alguns dos objetivos gerais das cenas de encerramento e das estratégias de finalização poderiam ser: 1. proporcionar gratificação simbólica ou real; 2. neutralizar a regressão e a transferência; 3. fazer da separação um evento de maturação; 4. transformar-se a realidade suplementar em realidade "comum"; 5. ensejar uma reorganização cognitiva ou uma reavaliação das experiências emocionais da sessão; 6. ensejar o aprendizado comportamental para o futuro; 7. facilitar o retorno ao mundo externo das responsabilidades cotidianas (a partir do mundo interno regressivo); e 8. maximizar a transferência do aprendizado para situações fora da terapia.

Finais Felizes

A principal controvérsia quanto ao encerramento é o emprego do assim chamado "final feliz" que, por vezes, é introduzido com a finalidade de se ensejar a gratificação dos desejos ao final da sessão. Hollander, por exemplo, acentuou que os estágios finais da cena psicodramática exigem a obediência a dois princípios: a realidade suplementar e a finalização plena de propósitos positivos:

> À medida que o protagonista faz com que sua sessão se encaminhe para seu final o diretor deve ajudá-lo, introduzindo ensaios de situações de vida, alternativas de correção, autoconfrontação ou finais psicodramáticos de ego-reparatórios. Ao fazê-lo, encoraja o protagonista a trazer espontaneamente maior criatividade em sua vida, sem temer represálias ou sentir-se envergonhado. O atuar psicodramático possui objetivos criativos e produtivos. Um dos princípios éticos inerentes a essa metodologia é o da supressão do comportamento destrutivo. Por isso, nenhuma sessão pode terminar com um ato de natureza destrutiva como suicídio ou assassinato, nem ser finalizado de maneira artificial. (1969, p. 6)

Os que defendem finais positivos afirmam que eles servem para evocar sentimentos de otimismo e esperança, oferecendo ao protagonista, ao deixar o palco, sentimentos positivos proporcionando alguma luz ao final do túnel. Os que criticam esses finais, no entanto, ou discutem esses benefícios ou os negam de forma absoluta, afirmam que as cenas de encerramento idealizadas tendem a distorcer a realidade ao enfatizarem apenas seus aspectos positivos; argumentam que, se o protagonista não experimenta nenhum processo de crescimento fundamental, seu progresso deverá ser visto como apenas superficial. Os que defendem os finais felizes, embora reconhecendo os aspectos imaginários de algumas cenas de encerramento, afirmam que as pessoas necessitam de sonhos que as ajudem a enfrentar a vida, da mesma forma como as crianças (e alguns adultos) encontram consolo nos clássicos finais felizes da literatura. Os críticos acham que tais finalizações mais enganam o protagonista, levando-o mais a aceitar ilusões do que a enfrentar a realidade.

Acredito que uma cena de encerramento "feliz" pode ter seu valor terapêutico, tanto quanto seu charme estético, especialmente por demonstrar como os conflitos podem ser resolvidos com sucesso — o que faz com que se aumentem as esperanças em relação ao futuro. Não penso, no entanto, que todas as sessões devem ser finalizadas com um tom otimista. Alguns psicodramas que terminam como contos de fada, com o protagonista-herói caminhando sobre seu cavalo em direção ao sol depois de alcançar uma "vitória perfeita", dando a ilusão de que viverá feliz para sempre, são decepcionantes caso não tenha ocorrido uma significativa elaboração dos conflitos. Nesses casos, pode ser mais produtivo introduzir uma cena de encerramento na qual o protagonista reconheça a existência de conflitos não resolvidos, encare situações difíceis ou se prepare para um futuro incerto. Essas cenas de encerramento são cenas de final aberto, significando que a própria vida está aberta a acontecimentos inesperados e que nada garante a felicidade futura. Essa forma de pensar assume que não existem sessões de psicodrama perfeitas, mas apenas mais ou menos honestas e humanas.

Assim, embora possamos ser suscetíveis, às vezes, à busca fantasiosa da "cura completa", devemos concordar com Freud (1937) que a psicoterapia é "interminável", que ela não poderá jamais resolver todos os problemas, remover todos os sintomas ou chegar à completa atualização do eu. Ela é, quando muito, preparatória: um lugar onde trocamos de trem para darmos continuidade a nossa viagem.

Exemplos de Cenas de Encerramento em Psicodrama

Cenas de encerramento que são úteis para um protagonista podem não servir a outro. Cada protagonista necessita concluir de uma maneira muito pessoal, de acordo com a viagem terapêutica específica que houver encetado. O encerramento deve ser coerente com a natureza do enfoque e das metas terapêuticas da sessão. Assim, Sarah finalizou seu psicodrama com uma dança espontânea cheia de alegria. O encerramento de Jill foi explosivo: ela pôs fim em seu alcoolismo quebrando garrafas e jogando-as ao lixo. Paul finalizou seu psicodrama sentando-se no colo de uma auxiliar que estava desempenhando o papel de seu pai ideal. Li fez um discurso para o grupo, afirmando seu direito de escolher o que fazer de sua vida. Tom dirigiu-se a cada componente do grupo perguntando como as pessoas se sentem em relação a ele depois de haver revelado seu segredo.

Conseguir cenas pessoais de encerramento adequadas exige uma compreensão não apenas do aparato psicológico do protagonista, mas também das experiências específicas de cura que cada pessoa necessita para progredir. Alguns protagonistas precisam do preenchimento simbólico de suas necessidades; outros, o perdão para suas culpas, sugestões concretas para seu futuro ou novas experiências que lhe possam inspirar confiança e esperança. Encontrar as cenas adequadas de encerramento é o principal desafio de todo diretor de psicodrama.

Em um plano ideal, as cenas de encerramento surgem naturalmente, a partir da dramatização, sendo iniciadas pelo próprio protagonista. Quando isso não acontece, o diretor pode sugerir uma cena de encerramento com base nas experiências e nas pistas fornecidas pela dramatização atual. As cenas de encerramento mais comuns, encontradas na literatura (Z. T. Moreno, 1965; Weiner e Sacks, 1969; Blatner, 1973; Warner, 1975; Stein e Kumar, 1990) e em minha própria experiência permitem a seguinte classificação:

Completamento da ação: O protagonista é encorajado a ir até o fim em suas fantasias; a fazer o que deixou de ser feito e a desfazer o que foi feito de maneira errada.

Analista da platéia: Um dos membros do grupo faz a síntese das reações apresentadas pela platéia frente a um psicodrama.

Experiência de premiação: O protagonista recebe um prêmio e é solicitado a fazer um discurso de agradecimento para o grupo.

Concretização: Constrói-se uma cena de encerramento em que todas as vertentes da sessão convirjam para um mesmo ponto (Goldman e Morrison, 1984, p. 31), criando-se, dessa forma, uma situação concreta e tangível.

Resolução de conflitos: Constrói-se uma cena de encerramento que permita o encontro de um equilíbrio entre, no mínimo, duas tendências internas que estão em conflito.

Correção: Dramatiza-se uma cena na qual, por exemplo, um crime ou uma injustiça sejam aceitos e perdoados.

Epílogo: Análise retrospectiva do passado à luz de como as coisas se tornaram concretamente.

Diálogo final: O protagonista estabelece uma conversação definitiva com uma pessoa significativa de sua vida.

Trabalho futuro: O protagonista planeja as futuras sessões com a ajuda, por exemplo, de cadeiras vazias que representam, cada uma, um problema não resolvido. Outra variante desse encerramento é planejar e dar lição de casa, que o protagonista deve fazer depois da sessão.

Projeção do futuro: Antecipa-se a continuação da vida. Um exemplo disso seria, por exemplo, dramatizar uma situação imaginária, a ser vivida dez anos depois.

Estabelecimento de metas: O protagonista é instado a ser específico a respeito de no mínimo alguns de seus planos para o futuro e a generalizar o aprendido durante a sessão para sua vida fora da terapia. Por exemplo: comprometer-se a utilizar algumas habilidades, depois da sessão de psicodrama.

Grand finale: No final, o protagonista renuncia, perdoa ou faz uma afirmação clara "em tom dramático" para um grande grupo de pessoas significativas.

Escolha grupal: O grupo sugere várias finalizações.

Final feliz: Dramatiza-se uma cena que apresente uma situação de realização de desejos, de amor, ou de vitória triunfante.

Ritual de despedida: Ajuda-se o protagonista a separar-se de uma pessoa importante, recorrendo-se a um ritual. Hart (1983) nos dá um exemplo de ritual: escrever cartas de despedida e depois queimá-las.

Finais abertos: Deixa-se a dramatização deliberadamente incompleta, provocando ações futuras e a continuação do trabalho após a sessão. Tal como um livro com capítulos por preencher, os psicodramas com final aberto acentuam o quanto a vida caminha através de experiências contínuas e de ciclos que vão mais além de qualquer das fases singulares que a compõem — nunca alcançando, portanto, seu ponto final.

Sala de recuperação: Por ter-se submetido a uma "cirurgia profunda, de natureza emocional" (Z. T. Moreno, 1990, p. 43), o protagonista é colocado em uma sala de recuperação, onde recebe cuidados carinhosos, amorosos e individualizados até readquirir seu equilíbrio.

Repetição de cenas: O protagonista repete a primeira cena ou qualquer outra cena importante do psicodrama, de maneira nova ou diferente.

Relaxamento: Ao término da sessão, proporciona-se ao protagonista e aos membros do grupo um momento de relaxamento físico, com uma música adequada.

Re-paternalização: O protagonista contracena com os membros do grupo, que desempenham o papel de pais bons, que o carregam e tomam conta dele de uma forma nova, propiciando-lhe assim uma experiência emocional corretiva.

Treinamento de papel: O protagonista aprende como desempenhar vários papéis e como comportar-se em situações difíceis.

Rituais: O grupo desempenha um ritual. Por exemplo, todos ficam em pé e formam um círculo, de mãos dadas, juntando-se ao protagonista em união espiritual.

Separação: O protagonista se separa de uma pessoa ou do grupo como um todo, com o objetivo de alcançar sua individuação. O "encerramento com separação", segundo Kempler (1973), "reconhece a dor da separação e, ao mesmo tempo, permite que se sinta a glória de se estar separado" (p. 95).

Síntese: Diretor e protagonista recapitulam tanto o processo como as cenas do psicodrama ou fazem um resumo de seus acontecimentos.

Apoio: Cada membro do grupo diz ao protagonista o que aprecia nele.

Realidade suplementar: Dramatiza-se uma cena fantasiosa que expresse materiais simbólicos. Por exemplo: a voz de Deus declarando que tudo vai dar certo.

Sinfonia: O grupo produz uma orquestração do átomo social; um improviso musical das relações entre as pessoas.

Fotografia: Faz-se uma foto real ou imaginária da cena final.

Presente de agradecimento: O protagonista oferece (ou recebe) um presente simbólico ou real aos membros de grupo.

Embora as cenas acima possam ajudar a descrever estratégias usuais de finalização e formas universais de encerramento, elas não podem substituir o uso criativo de finais específicos para cada psicodrama em particular. O sucesso do trabalho psicodramático depende em larga escala da flexibilidade artística do diretor. Qualquer mecanização da técnica que leve a formas previsíveis de encerramento, portanto, está completamente fora de lugar.

Conclusão: Para Além do Encerramento

Consummatum est. La commedia è finita.

O psicodrama está feito, terminado e concluído; as ações aconteceram; verteram-se lágrimas; sanaram-se as feridas; e o passado, agora, faz parte do nunca mais. Outro ciclo de vida se fecha. No entanto, embora o encerramento marque o término da viagem terapêutica que tem lugar no palco, ele não deve ser visto como um final absoluto. Nas palavras de Merlyn Pitzele (comunicação pessoal, 1987): "A rigor não existe isso de o encerramento impedir a morte. O que queremos é uma transição na qual conservemos o que temos sido mas toquemos nossa vida em frente. Ao final das contas, o fim último do encerramento no psicodrama é estender a dramatização para além de seu final natural e induzir uma transição para um novo começar. Na encruzilhada do encerramento o protagonista tem oportunidade de refletir sobre os acontecimentos do passado, de reconhecer o que existe no presente e de olhar na direção do futuro incerto que o espera. Quando adequadamente compreendido e conduzido, o encerramento psicodramático reforça o óbvio: mesmo que algo termine, ele sempre recomeçará. É a única coisa a respeito da qual podemos estar seguros.

14
Processamento

As sessões de treinamento psicodramático são geralmente seguidas de discussões didáticas nas quais se avalia o trabalho do diretor e se analisa o processo terapêutico da sessão. Essa discussão didática recebe o nome de análise do processo ou, simplesmente, processamento para conotar a investigação sistemática do processo de desenvolvimento no psicodrama. O principal objetivo do processamento é melhorar as habilidades profissionais dos estudantes em treinamento.

O procedimento do processamento psicodramático é único entre os métodos de treinamento e supervisão em psicoterapia, por várias razões. A primeira delas reside no fato de que se baseia na observação direta, ao vivo, do aluno pelo professor, não se baseando, portanto, em relatos de segunda mão ou em gravações audiovisuais. Em segundo lugar, os clientes são convidados a participar da sessão de supervisão e a ouvir o *feedback* que é oferecido ao diretor aluno. Terceiro, esse procedimento permite que sejam ensinadas e praticadas novas habilidades através de métodos experienciais de ação, que se agregam às descrições verbais.

A despeito dessas formas originais de treinamento, o processamento psicodramático não tem recebido suficiente atenção na literatura. O objetivo do presente capítulo é descrever o procedimento básico do processamento em psicodrama, bem como discutir seus aspectos problemáticos. Além disso, inclui um roteiro de processamento, como um auxílio sistemático para a avaliação da capacitação profissional dos diretores de psicodrama.

O Procedimento do Processamento

A fase de processamento deve ser claramente diferenciada da fase de compartilhamento. Embora ambas constituam uma espécie de "eco" dos membros do grupo a respeito do que experienciaram durante a sessão, cada uma delas possui diferentes objetivos e focaliza diferentes participantes. O compartilhamento, focalizado na universalidade e na validação existencial, encoraja a identificação com o protagonista de maneira pessoal e emocionalmente envolvida. O processamento, por outro lado, focaliza o aprender e compreender, estimulando assim a análise e a avaliação do diretor aluno, de forma mais distanciada e intelectualizada. Enquanto o compartilhamento dá continuidade ao processo de crescimento pessoal iniciado na sessão, o processamento introduz uma dimensão normativa que muitas vezes contrasta de forma chocante com o clima anterior de aceitação.

Por essa razão, o processamento não deve acontecer imediatamente após a fase de compartilhamento mas, no mínimo, após um pequeno intervalo. A duração dessa pausa varia de acordo com o tempo que os participantes necessitam para se distanciarem emocionalmente da sessão. Além disso, deve haver tempo suficiente para que o aluno possa fazer um registro do que aconteceu e preparar sua auto-avaliação. No entanto, se o intervalo entre a sessão e o processamento for muito longo, muito material significativo pode ser perdido, o que provocará uma falta de energia para a discussão subseqüente.

O processamento geralmente inclui a pessoa que protagonizou a sessão, o estudante (ou diretor aluno) que a dirigiu, os auxiliares, os membros do grupo (ou colegas alunos) e o professor (ou diretor professor), que terá sido um observador participante da sessão. Todos devem ter oportunidade de fazer seus comentários na fase de processamento.

Primeiramente, o protagonista — a pessoa mais importante da dramatização — apresenta sua opinião sobre a sessão e o diretor. Não se espera que o protagonista avalie o psicodrama sob o ponto de vista de seus efeitos terapêuticos. Estimula-se o protagonista a tecer comentários sobre as questões centrais apresentadas, sobre as cenas cruciais e os encontros com pessoas significativas, bem como sobre o tipo de relacionamentos interpessoais que se observaram durante a ação. Essa é uma excelente oportunidade para o protagonista integrar o material da sessão e conseguir um encerramento complementar.

Em segundo lugar, o diretor aluno — "o segundo protagonista" — avalia seu próprio trabalho. Isso pode ser feito através da exploração do tema básico, da seqüência das cenas, da técnica empregada, das escolhas e das pistas percebidas e/ou da lógica da direção. Nessa altura, podem-se verbalizar sugestões a respeito do que poderia ter sido feito diferentemente. Goldman e Morrison concluíram que o grau no qual o aluno é capaz de avaliar suas próprias habilidades reflete sua capacidade de entender o processamento psicodramático; "quando o diretor neófito toma consciência da pista que perdeu ou de seu equívoco, antes de que alguém lhe fale sobre isso, há uma menor probabilidade de que venha a repetir esse erro" (1984, p. 95).

Em terceiro lugar, os membros do grupo que atuaram na sessão como auxiliares dão seu *feedback*, não apenas sob a perspectiva dos papéis que desempenharam (*role-feedback*), mas também como terapeutas assistentes que se envolveram de forma ativa no trabalho e que podem contribuir com valiosas "informações do lado de dentro" da sessão.

Em quarto lugar, pede-se que avaliem a sessão os membros do grupo que se encontram em formação. Podem explicitar o que apreciaram ou não, ou o que fariam diferentemente se estivessem no papel de diretores ou ainda formular perguntas específicas sobre a direção. Numa tentativa de aumentar a eficiência do processamento, Goldman e Morrison (1984) sugeriram que não se repitam comentários já feitos, que estes se restrinjam a cenas e/ou a aspectos dinâmicos específicos e que os alunos elaborem perguntas e tentem respondê-las eles mesmos, em estilo socrático.

Finalmente, o professor faz uma apreciação geral da sessão, de forma direta mas sensível, oferecendo, além disso, comentários de caráter geral sobre os pontos de vista já mencionados. Fundamentando seus comentários em uma observação criteriosa e no registro da atuação do diretor, o professor terá oportunidade de exemplificar cada um dos pontos gerais com material específico da sessão.

Preferi não denominar "supervisor" os responsáveis pela formação psicodramática, porque, ao que me consta, eles nem "super-visionam" nem inspecionam o estudante. Como também não vêem a ação do alto, com uma "super visão". Eles devem ser vistos como colegas facilitadores, educadores e participantes, que compartilham com o grupo uma experiência. Sua principal tarefa é auxiliar os estudantes em formação a desenvolverem uma identidade profissional, ensinando-lhes habilidades de empatia e análise, terapêuticas, de direção cênica e de liderança grupal (como discutido no Capítulo 3).

Alguns professores consideram que sua tarefa é apresentar um resumo verbal de suas conclusões e identificar os pontos e questões problemáticas. Outros tentam traduzir suas descobertas em recomendações didáticas, e usar uma parte do tempo do processamento para um ensino sistematizado. Esse ensino pode abranger exercícios de treinamento especialmente adaptados e dicas (Warner, 1975), instruções com métodos de co-direção (Goldman, Morrison e Schramski, 1982) ou repetição experimental de cenas ou *role-playing* demonstrativo adequados a alunos nessa fase de desenvolvimento profissional (Emunah, 1989; Shalit, 1990). Além disso, os professores podem estimular seus alunos a conceituarem o processo psicodramático em termos de vários modelos teóricos, tais como aqueles apresentados por Goldman e Morrison (1984), Hale (1974), Hollander (1969) e/ou Schramski (1979). Segundo Kempler, "A arte de processar não é uma invenção sagaz da mente humana, mas sim uma rementalização, uma descoberta, uma tomada de consciência do mecanismo inerente à própria mente, que orienta o Homem em sua existência terrena" (1973, p. 61).

O processamento psicodramático se assemelha ao *Open Live Supervision* empregado na formação de terapeutas familiares (Olson e Pegg, 1979). Nesse tipo de supervisão, o supervisor e os supervisionados são apresentados junto com o terapeuta e a família, criando assim um complexo sistema de relações que tem influência sobre todo o processo.

Questões Problemáticas Ligadas ao Processamento

O processamento psicodramático cria uma situação complexa que, às vezes, pode ser difícil de ser conduzida. Quatro questões problemáticas específicas são comuns:

1. Enfoque

Um problema básico é causado pela variedade de metas e sentimentos contraditórios que os participantes parecem experimentar durante o processamento. Os protagonistas, por exemplo, desejam ser aceitos incondicionalmente e geralmente têm curiosidade de saber o que as pessoas pensam a seu respeito, depois do seu psicodrama. São também sensíveis às criticas ao seu diretor e tendem a defender seu trabalho.

Zerka Moreno relata (comunicação pessoal): "Conheço protagonistas que colocam o braço nos ombros do diretor que eles sentem que os ajudou e dizem: 'Mas ele fez um trabalho tão bom comigo!'. Isso é muito bom, sem dúvida, no entanto, eu tenho que explicar que se trata de um processo de treinamento, da mesma forma como foi um processo terapêutico". De forma semelhante, os diretores alunos freqüentemente protegem seus protagonistas e defendem seu próprio trabalho. Os auxiliares esperam receber reconhecimento e elogio. Alguns membros do grupo se sentem impacientes em relação a ele por estarem engajados nessas "viagens-cabeça" por tanto tempo. Outros se identificam com o diretor aluno e destacam apenas os aspectos positivos da direção. E os professores geralmente se sentem frustrados por não se sentirem capazes de ensinar.

Essas metas e sentimentos contraditórios tornam difícil para o grupo de formação decidir por um enfoque comum. Alguns prefeririam focalizar o diretor aluno, outros, o protagonista; outros, ainda, o grupo como um todo. Isto nos proporciona três variações no processamento, que tanto podem funcionar em separado como combinadas entre si: 1. processamento centrado no diretor, que focaliza o diretor aluno; 2.processamento centrado no protagonista, que focaliza o protagonista; e 3. processamento centrado no grupo, que focaliza o grupo como um todo.

Se o processamento tem como propósito o ensino do psicodrama e não fazer psicoterapia ou dinâmica de grupo, ele deve, em minha opinião, ser centralizado no diretor aluno. Isso inclui a análise do protagonista e do grupo feita pelo diretor, mas exclui a elaboração pelo protagonista e pelo grupo do que é verbalizado. Embora todo protagonista possa beneficiar-se do exame e da re-integração adicionais das questões levantadas num psicodrama prévio, isso não deve ser feito no decorrer do processamento, mas sim nas sessões seguintes. Da mesma forma, os conflitos que tendem a inibir o desenvolvimento do grupo podem ser trabalhados durante sessões especialmente agendadas para se trabalhar o grupo, mas não durante o processamento.

2. Habilidades profissionais ou personalidade

Uma segunda dificuldade no processamento diz respeito ao volume de *feedback* pessoal *versus* técnico a ser oferecido ao estudante.

Minha experiência me diz que o processamento se torna uma experiência mais construtiva de aprendizado quando o *feedback* se restringe de modo geral a habilidades profissionais e a questões metodológicas, que tende a ser mais facilmente assimilado de forma não defensiva e pode ser compartilhado pelo grupo todo. As dificuldades individuais de natureza pessoal, tais como traços de caráter, pontos cegos, aspectos contratransferenciais não resolvidos etc., que sem dúvida afetam o trabalho de qualquer diretor, podem ser mencionadas durante o processamento, mas devem ser trabalhadas posteriormente, em uma sessão de psicodrama ou dentro dos limites da psicoterapia/supervisão individual.

3. Presença do protagonista

Uma terceira dificuldade é a presença do protagonista no processamento. Ao explicarem o raciocínio lógico de sua direção, os diretores alunos não conseguem evitar analisar a personalidade do protagonista (atividade como regra inadequada em grupos de psicodrama).

Ao ouvir essa análise, o protagonista tanto pode concordar como discordar do diretor. Se concordar, pode ser uma boa oportunidade para um *insight* integrativo; se discordar, pode ocorrer um processo defensivo e a perda de pelo menos uma parte do ganho terapêutico obtido no psicodrama. A análise é totalmente inadequada nessas sessões, uma vez que falar sobre o protagonista na terceira pessoa, como se não estivesse ali presente, seria altamente inapropriado dentro do quadro de referência moreniano de encontro aberto.

A discussão extensiva da personalidade do protagonista serve a um único propósito que é o ensino de teoria da personalidade. Pode não ter nada a ver com o protagonista e deveria, portanto, ser reduzida ao mínimo quando o protagonista está presente. As várias contribuições feitas a essa discussão pelos demais membros do grupo devem também ser desencorajadas, para que a sessão de processamento não se transforme numa análise, pelo grupo, de um único indivíduo — ou, se o assunto se tornar ainda mais pessoal, em uma investigação sociométrica de relações interpessoais.

Caso haja necessidade didática de discutir características de personalidade do protagonista, isso deveria ser feito na ausência do protagonista e com o exclusivo objetivo de ampliar o conhecimento analítico dos alunos.

4. Estilo de professor

Uma quarta dificuldade geral em relação ao processamento diz respeito ao estilo pedagógico do professor. Há dois tipos extremos: o que dá apoio e o que critica.

Os mestres que dão apoio oferecem um *feedback* positivo na maior parte dos casos, realçam os pontos fortes do trabalho de cada aluno e favorecem um clima de aceitação incondicional. Formulam cuidadosamente seus comentários, transmitindo suas críticas, por exemplo, em termos de outras possíveis maneiras de dirigir, de forma a não ferir o ego do aluno nem criar a necessidade de defesas. Esses professores desenvolvem um clima de confiança e segurança entre seus alunos; mas, em virtude de suas exigências parecerem sempre relativamente fáceis de serem satisfeitas, com o passar do tempo seus pontos de vista se tornam menos importantes.

Os professores críticos são mais difíceis de serem atendidos. Oferecem *feedbacks* majoritariamente negativos, confrontando os alunos com seus erros e fraquezas, sem qualquer consideração. Esses professores argumentam que a avaliação externa é essencial a qualquer processo de aprendizado e acreditam que a crítica direta e honesta é o melhor caminho para se aprender as habilidades exigidas pelo psicodrama. Dependendo da resposta dos alunos, esses professores tendem a tornar-se figuras autoritárias que mobilizam tanto admiração como rebelião.

Para se fazer do processamento um evento educacional, os professores são orientados no sentido de assumirem um duplo papel ou então trabalharem em conjunto com alguém que possa assumir o papel complementar ao seu. Os alunos necessitam tanto da proteção e "maternagem" do professor que lhes dá apoio como da confrontação e "paternagem" do professor crítico. Sozinho, nenhum dos dois é completo. Os alunos se beneficiarão com a exposição tanto ao apoio como ao confronto, tanto ao elogio como à crítica. Esses dois elementos são necessários para impulsioná-los ou empurrá-los um passo além em seu crescimento profissional.

Métodos Sistemáticos de Processamento

São vários os métodos de observação e registro de sessões de psicodrama que têm sido empregados como base para o processamento. Os professores, de modo geral, observam as sessões de maneira assistemática, tomando notas do que consideram importante e levantando questões e comentários na medida em que vão surgindo, no decorrer do processo. No entanto, alguns programas de formação têm introduzido métodos mais sistemáticos de observação e registro, tais como fichas de avaliação com foco em elementos específicos, diagrama de papéis do psicodramatista (Frick, 1985), análise dramatúrgica (Hare, 1976) ou roteiros de processamento que descrevem os fenômenos observados em termos de categorias específicas.

Na medida em que o psicodrama vem se desenvolvendo como método mais estruturado de psicoterapia, a necessidade de instrumentos de avaliação sistemática vem aumentando. Desde que essas ferramentas não sejam empregadas como aparatos mecânicos e que não ameacem a criatividade do diretor, minha experiência mostra que são muito úteis nos programas de formação em psicodrama. Mais ainda, podem ajudar-nos a desenvolver um quadro de referência comum que se faz necessário para a elaboração de critérios padronizados, para a concessão de certificados. Uma ferramenta simples para avaliação do desempenho profissional dos diretores de psicodrama pode ser encontrada no "Roteiro de Processamento do Diretor do Psicodrama", que eu apresento no Apêndice 1. É uma lista composta de cem itens, que pode ser utilizada como questionário de avaliação de desempenho do psicodramatista, como um roteiro a ser seguido por membros dos grupos na observação, como um seu instrumento de auto-avaliação do diretor, como lista de tópicos a serem discutidos no processamento ou como critérios padronizados no exame de candidatos.

A maioria das questões surgiu de sessões concretas de processamento realizadas com meus próprios professores, Zerka Moreno e Merlyn Pitzele. As demais originaram-se dos ensinamentos de outros psicodramatistas, da literatura (Blatner, 1968; Kelly, 1977); de vários manuais de treinamento e padronização (*American Board of Examiners*, 1989; *Australian and New Zealand Psychodrama Association*, 1989) e de meus próprios alunos em formação.

O roteiro de processamento foi muito útil e foi um material estimulante no processo de avaliação, quando empregado experimentalmente em inúmeros grupos de formação, e na avaliação de psicodramatistas na Escandinávia e em Israel. Os métodos sistemáticos de processamento que se apresentam nessa área, tais como a lista aqui apresentada, podem ajudar-nos a clarificar o que desejamos saber mas esquecemos de perguntar. Apesar do tempo que exige e a despeito da ausência de dados experimentais sobre sua validade, essa ferramenta tem sido muito elogiada tanto por estudantes como por professores, tendo contribuído para o aumento da eficácia didática do processamento.

Conclusão

O processamento psicodramático baseia-se num conceito pedagógico alternativo que amplia consideravelmente o conceito educacional utilizado na supervisão psicoterápica clássica. O fato de o *feedback* ser oferecido em um contexto que inclui todos os participantes — clientes, alunos, professores e grupo — dá origem tanto a potenciais benefícios como a prejuízos potenciais. Se as dificuldades de conduzi-lo forem resolvidas, o processamento pode propiciar oportunidade para uma profunda experiência de aprendizado, contribuindo para a compreensão dos complexos processos ativados no psicodrama.

Apêndice
Roteiro de Processamento do
Diretor de Psicodrama

Em cada item, marque com um círculo a alternativa escolhida:

S - Sim (para desempenho adequado)
N - Não (desempenho incorreto), ou
? - Não sei (informação inadequada ou desempenho duvidoso).

A. AQUECIMENTO

1. O diretor foi capaz de estimular suficientemente cada membro do grupo e de aquecê-los para a ação? .... S N ?
2. O diretor foi capaz de construir uma coesão suficiente e um clima de trabalho construtivo no grupo? .... S N ?
3. O tipo de exercício de aquecimento escolhido foi adequado? S N ?
4. As instruções sobre o exercício de aquecimento foram suficientemente claras? .... S N ?
5. Houve um acompanhamento adequado dos exercícios de aquecimento? .... S N ?
6. O diretor foi capaz de ajudar o grupo a desenvolver um tema específico para ser focalizado? .... S N ?
7. O diretor levou em consideração suficientemente os aspectos de dinâmica de grupo e de sociometria no início da sessão? . S N ?
8. O diretor estava suficientemente aquecido para dirigir? .... S N ?

B. ESCOLHA DO PROTAGONISTA

9. O protagonista foi escolhido de forma adequada? .... S N ?
10. Os demais protagonistas em potencial foram considerados e cuidados? .... S N ?

C. Contrato de Tratamento (preparação para a ação)

11. Os limites de tempo da sessão foram suficientemente considerados antes de começar? .... S N ?
12. O palco ou espaço cênico foram suficientemente preparados? S N ?
13. Foi estabelecida uma aliança terapêutica télica? .... S N ?
14. O contrato de tratamento foi suficientemente negociado? ..... S N ?
15. O protagonista recebeu assistência adequada, na passagem da platéia para o palco, de modo a desenvolver seu processo de aquecimento? .... S N ?

D. Entrevista (focalização)

16. O tempo de duração da entrevista com o protagonista foi adequado — nem muito curto, nem muito longo? .... S N ?
17. Foi identificado corretamente o tema básico ou a questão focal? .... S N ?
18. O protagonista teve suficiente liberdade para selecionar o foco a ser explorado? .... S N ?
19. Foram identificadas adequadamente outras preocupações? ... S N ?
20. Foram identificadas as mensagens não verbais do protagonista? .... S N ?
21. Foi colhido um volume suficiente de informações de caráter anamnésico, sintomático e/ou de outros dados clínicos essenciais? .... S N ?

Fase de ação:

E. Posta em Cena

22. A primeira cena foi escolhida adequadamente em termos do aquecimento do protagonista e da relevância para a questão focal? .... S N ?
23. As cenas subseqüentes foram escolhidas com propriedade? . S N ?
24. As cenas foram suficientemente "ancoradas" no tempo (quando)? .... S N ?
25. As cenas foram suficientemente "ancoradas" no espaço (onde)? S N ?
26. As cenas simbólicas, representando o mundo imaginário, simbólico e onírico, foram apropriadamente encerradas? .... S N ?
27. O diretor foi capaz de captar adequadamente o clima global da locação, de modo a despertar a imaginação do grupo? ..... S N ?
28. Os recursos de som e luz foram adequadamente utilizados para realçar o clima desejado? .... S N ?

29. Os objetos relevantes (e/ou significativos) foram utilizados corretamente? .... S N ?
30. A transição entre as cenas foi corretamente manejada? .... S N ?
31. O grupo pode ver e ouvir a dramatização? .... S N ?
32. O palco foi adequadamente preparado para a ação (o posicionamento das paredes e dos móveis, por exemplo, foi considerado)? .... S N ?
33. O palco sofreu uma adequada "limpeza" entre as cenas? ...... S N ?
34. As pistas relevantes foram adequadamente aproveitadas? ..... S N ?

F. ALOCAÇÃO DOS AUXILIARES NOS PAPÉIS

35. A escolha dos auxiliares foi adequada? .... S N ?
36. Os auxiliares foram colocados em seus papéis de maneira apropriada, sendo suficientemente instruídos quanto ao seu desempenho? .... S N ?
37. Os auxiliares foram otimamente mobilizados para funcionar como extensões tanto do diretor como do protagonista? .... S N ?
38. Os auxiliares disfuncionais foram cuidadosamente dispensados? .... S N ?
39. Os auxiliares foram suficientemente protegidos contra danos físicos? .... S N ?

G. DRAMATIZAÇÃO

Início

40. O diretor se mostrou capaz de perceber pistas importantes, de identificar as questões centrais e de traduzi-las em ação? ..... S N ?
41. O protagonista foi instruído para atuar no aqui-e-agora? ...... S N ?
42. O protagonista foi orientado para "mostrar" ao grupo os acontecimentos mais do que falar a respeito deles? .... S N ?
43. As resistências foram adequadamente identificadas, concretizadas e trabalhadas antes e durante a dramatização? .... S N ?
44. A realidade foi encenada antes da realidade suplementar (afirmação antes da correção)? .... S N ?
45. As várias dimensões do tempo (passado, presente e futuro) foram apropriadamente diferenciadas? .... S N ?
46. As várias dimensões da realidade (subjetiva, objetiva e suplementar) foram apropriadamente diferenciadas? .... S N ?
47. O protagonista recebeu suficiente ajuda para fazer a transição do mundo da experiência para o mundo da representação? ... S N ?

Meio

48. A seqüência dos acontecimentos e das cenas se deu de maneira lógica? **S N ?**
49. A técnica de inversão de papéis foi corretamente empregada? **S N ?**
50. A técnica do duplo foi corretamente empregada?................... **S N ?**
51. A técnica do espelho foi corretamente empregada?............... **S N ?**
52. A técnica do solilóquio foi corretamente empregada?........... **S N ?**
53. As demais técnicas e métodos adicionais tais como sonho dirigido, axiodrama, bibliodrama, *playback theatre*, jornal vivo, loja mágica, hipnodrama e *role-training* foram corretamente empregadas?................... **S N ?**
54. A sessão se movimentou da periferia para o centro?............. **S N ?**
55. O contato físico estabelecido entre diretor e protagonista foi apropriado?................... **S N ?**
56. O ritmo do diretor foi o mesmo, ou em sintonia, com o do protagonista?................... **S N ?**
57. As abstrações foram corretamente concretizadas?................. **S N ?**
58. As expressões foram corretamente maximizadas, de acordo com as necessidades do protagonista?................... **S N ?**
59. Permitiu-se que a catarse surgisse espontaneamente, no seu próprio tempo?................... **S N ?**
60. Permitiu-se que a catarse fosse plenamente expressada?....... **S N ?**
61. O protagonista foi estimulado a completar suas ações, tendo lhe sido oferecida a oportunidade de "desfazer" e "fazer" novamente?................... **S N ?**
62. Os *insights* foram corretamente induzidos?...................... **S N ?**
63. Foram sugeridos e corretamente treinados novos comportamentos?................... **S N ?**
64. O envolvimento do grupo foi levado em consideração e o diretor manteve contato com o grupo durante a sessão?............. **S N ?**
65. O protagonista recebeu proteção adequada contra danos físicos?................... **S N ?**

Final

66. Permitiu-se que o psicodrama se desenvolvesse "por si só", sem uma estratégia ou "*script*" predeterminado?.................. **S N ?**
67. A ação foi finalizada no espaço da realidade?...................... **S N ?**
68. A ação foi finalizada no espaço do aqui-e-agora?................. **S N ?**
69. O protagonista se encontrava no papel dele mesmo ao final da ação?................... **S N ?**
70. As sugestões adequadas do grupo foram estimuladas?.......... **S N ?**

H. Encerramento

71. Foi oferecido um encerramento suficiente ao final da sessão? S N ?
72. O diretor ajudou o protagonista a integrar o material da sessão? .... S N ?
73. Foram propostos pontos a serem explorados posteriormente? S N ?
74. O diretor estimulou o grupo a oferecer um *feedback* construtivo e/ou soluções alternativas? .... S N ?
75. O protagonista recebeu ajuda suficiente para retornar ao grupo, após a sessão? .... S N ?

I. Compartilhamento

76. Foi satisfeita a necessidade do protagonista de um tempo de recuperação? .... S N ?
77. Na fase de compartilhamento da dramatização permitiu-se que a platéia tivesse sua catarse de integração? .... S N ?
78. Foi estimulada a saída do papel (*de-roling*) dos auxiliares? .. S N ?
79. Estimulou-se o *role-feedback*? .... S N ?
80. Permitiu-se que o grupo respondesse de forma honesta? ...... S N ?
81. O diretor foi capaz de proteger o protagonista contra conselhos bem-intencionados e interpretações? .... S N ?
82. O diretor compartilhou com o grupo? .... S N ?

J. Processamento

83. O diretor foi aberto para pedir ajuda quando bloqueado ou necessitado da assistência? .... S N ?
84. Havia, por trás da direção, uma lógica, um pressuposto teórico ou uma hipótese de trabalho? .... S N ?
85. O diretor foi capaz de oferecer uma avaliação consistente de seu próprio trabalho? .... S N ?

K. Tópicos Gerais

86. As instruções e intervenções foram verbalizadas de modo claro? .... S N ?
87. As questões de transferência foram adequadamente manejadas? .... S N ?
88. As questões de contratransferência foram adequadamente manejadas? .... S N ?
89. O diretor agiu de acordo com o código de ética (responsabilidade, padrões morais, confidencialidade, bem-estar do cliente, declarações públicas, relacionamento com os cliente etc.)? S N ?

90. O diretor demonstrou "compreender" o protagonista (capacidade de empatia)? .... S N ?
91. O diretor foi capaz de ouvir corretamente o que foi dito? S N ?
92. O diretor foi capaz de se identificar emocionalmente com o protagonista? .... S N ?
93. O diretor foi capaz de entender as mensagens que o protagonista comunicava nas entrelinhas? .... S N ?
94. O diretor foi capaz de dar retorno ao protagonista, no momento apropriado, sobre o que foi entendido (*timing*)? .... S N ?
95. O diretor foi capaz de certificar-se sobre seu entendimento e de corrigi-lo, caso estivesse equivocado? .... S N ?
96. O diretor encontrou um equilíbrio adequado entre as funções de apoio e confrontação? .... S N ?
97. O diretor funcionou bem no papel de líder grupal (estabelecer normas grupais, criar coesão, estimular a participação ativa de todos os membros e facilitar a interação)? .... S N ?
98. O diretor encontrou um equilíbrio adequado entre as funções de liderar e seguir (trabalhar em conjunto)? .... S N ?
99. O diretor funcionou bem no papel de terapeuta (influenciar, curar, mudar)? .... S N ?
100. O diretor deu mostras de confiar na força potencial do método psicodramático? .... S N ?

Referências Bibliográficas

ABT, L., e WEISSMAN, S. (eds.) (1965). *Acting out: theoretical and clinical aspects*. Nova York, Grune & Stratton.

ADLER, A. (1930). Individual Psychology. In: MURCHION C. (ed.) *Psychology of 1930*. Worcester, Mass., Clark University Press.

_____ (1936). *The practice and theory of individual psychology*. Paterson, N. J., Littlefield Adams.

ADORNO, T. W.; FRENKEL-BRUSWIK, E.; LEVINSON, D. J., SANFORD, R. N. (1950). *The authoritarian personality*. Nova York, Norton.

AGUILAR, J. e WOOD, V. N. (1976). Therapy through death ritual. *Social Work*, 21:49-54.

AHSEN, A. (1968). *Basic concepts in eidetic psychotherapy*. Nova York, Brandon House.

_____ (1984). Imagery, drama and transformation. *Journal of Mental Imagery*, 8:53-78.

ALEXANDER, F. e FRENCH, T. (1946). *Psychoanalytic therapy*. Nova York, Ronald Press. American Board of Examiners in Psychodrama, Sociometry and Group Psychotherapy (1989). *Practitioner Evaluation Form*.

ANZIEU, D. (1960). Aspects of analytical psychodrama applied to children. *International Journal of Sociometry*, 2:42-7.

APPELBAUN, S. A. (1988). Psychoanalytic therapy: a subset of healing. *Psychotherapy*, 25:201-8.

ARISTOTLE (1941). *The basic works of Aristotle*. Nova York, Random House.

ASSAGIOLI, R. (1973). *The act of will*. Londres, Wildwood House.

AULICINO, J. (1954). Critique of Moreno's spontaneity Theory. *Group Psychotherapy*, 7:148-58. Australian and New Zealand Psychodrama Association, Inc. (1989). Board of Examiners. *Training and Standards Manual*.

BALES, R. F. e COHEN, E. (1979). *Symlog: a system for multiple level observation of groups*. Nova York, McMillan, Free Press.

BANDLER, R. e GRINDER, J. (1975). *The structure of magic*: 1. Palo Alto, Science and Behaviour Books.

_____ (1979). Frogs into princes. *Neurolinguistic programming*. Moab, Utah, Real People Press. No Brasil, *Sapos em príncipes*. São Paulo, Summus.

BANDURA, A. (1971). *Social learning theory*. Englewood Cliffs, N. J., Prentice-Hall.

199

BANDURA, A. (1977). Self-efficacy: toward a unified theory of behavioral change. *Psychological Review*, 84:191-215.

BANDURA A. e WALTERS, R. H. (1965). *Social learning and personality development*. Nova York, Holt, Rinehart & Winston.

BARBOUR, A. (1977). Variations on psychodramatic sharing. Group Psychotherapy. *Psychodrama & Sociometry*, 30:122-6.

BATESON, G. (1972). *Steps in the ecology of mind*. Nova York, Ballantine.

BELLAK, L.; HURVICH, H.; GEDIMAN, H. K. (1973). *Ego functions in schizophrenics, neurotics, and normals*. Nova York, Wiley.

BENTLEY, E. (1967). Theatre and therapy. In: ANDERSON W. (ed.). *Therapy and the arts: tools of consciousness*. Nova York, Harper & Row.

BERGSON, H. (1928). L'evolution creatrice. Paris.

BERKOWITZ, L.; GREEN, J. A.; MACANLEY, J. R. (1962). Hostility catharsis as the reduction of emotional tension. *Psychiatry*, 25:23-31.

BERMAN, E. (1982). Authority and authoritarianism in group psychotherapy. *International Journal of Group Psychotherapy*, 32:189-200.

BERZON, B.; PIOUS, C.; PARSON, R. (1963). The therapeutic event in group psychotherapy: a study of subjective reports by group members. *Journal of Individual Psychology*, 19:204-12.

BRIBING, E. (1954). Psychoanalysis and the dinamic psychotherapies. *Journal of the American Psychoanalytic Association*, 2:745-70.

BINSTOCK, W. A. (1973). Purgation through pity and terror. *International Journal of Psychoanalysis*, 54:499-504.

BION, W. R. (1961). *Experiences in groups*. Londres, Tavistock Publications.

BISCHOF, L. J. (1964). *Interpreting personality theories*. Nova York, Harper & Row (2ª ed., 1970).

BLANCK, G. e BLANCK, R. (1974). *Ego psychology,* vol. 1. Nova York, Columbia University Press.

_____ (1979). *Ego psychology,* vol. 2. Nova York, Columbia University Press.

BLATNER, H. A. (ed.) (1966). *Psychodrama, role playing and action methods; a syllabus*. Thetford, Inglaterra, Author (2ª ed., 1968).

BLATNER, H. A. (1968). Pitfalls in directing. In: BLATNER, H. A. (ed.). *Psychodrama, role playing and action methods; a syllabus*. Thetford, Inglaterra, Author, pp. 71-4.

_____ (ed.) (1970). *Practical aspects of psychodrama*. Belmont, California, Author.

_____ (1973). *Acting-in: practical applications of psychodramatic methods*. Nova York, Springer.

_____ (1985). The dynamics of catharsis. *Journal of Group Psychotherapy, Psychodrama & Sociometry*, 37:157-66.

BLATNER, A. e BLATNER, A. (1985). *Foundations of psychodrama: history, theory & practice*. 3ª ed., Nova York, Springer.

BLOCH, S. e CROUCH, E. (1985). *Therapeutic Factors in Group Psychotherapy*. Oxford, Oxford University Press.

BOESKY, D. (1982). Acting out: a reconsideration on the concept. *International Journal of Psychoanalysis*, 63:39-55.

BOHART, A. C. (1980). Toward a cognitive theory of catharsis. *Psychotherapy: Theory, Research & Practice*, 17:192-201.

BOHART, A. C. e WUGALTER, S. (1991). Change in experiential knowing as a common dimension in psychotherapy. *Journal of Integrative and Ecletic Psychotherapy*, 10:14-37.

BORIA, G. (1989). Conceptual clarity in psychodrama training. *Journal of Group Psychotherapy, Psychodrama & Sociometry*, 42:166-72.

BOWERS, W.; GAURONE, E.; MINES, R. (1984). Training of group psychotherapists: an evaluation procedure. *Small Group Behavior*, 15:125-37.

BREUER, J. e FREUD, S. (1893). *Studies on hysteria*. Standard Edition, vol. 2. Londres, Hogarth Press.

BROMBERG, W. (1958). Acting and acting out. *American Journal of Psychotherapy*, 12:264-8.

BUBER, M. (1923). *Ich un du*. (Traduzido para o inglês sob o título de: *I and Thou*. Nova York, Scribner, 1937.)

BUCHANAN, D. R. (1980). The central concern model. A framework for structuring psychodramatic production. *Journal of Group Psychotherapy, Psychodrama & Sociometry*, 33:47-62.

BUCHANAN, D. R. e LITTLE, D. (1983). Neuro-linguistic programming and psychodrama: theoretical and clinical similarities. *Journal of Group Psychotherapy, Psychodrama & Sociometry*, 36:114-22.

BUCHANAN, D. R. e TAYLOR, J. A. (1986). Jungian typology of professional psychodramatists: Myers-Briggs Type Indicator Analysis of Certified Psychodramatists. *Psychological Reports*, 58:391-400.

BUER, F. (ed.) (1989). *Morenos therapeutisch philosophie*. Opladen, Leske & Budrich.

BUHLER, C. (1979). Humanistic psychology. *Journal of Humanistic Psychology*, 19:5-22.

BUTCHER, J. e KOSS, M. (1978). Research on brief and crises oriented therapies. In: S. GARFIELD e BERGIN (eds.). *Handbook of psychotherapy and behavior change*. 2ª ed., Nova York, Wiley.

BUTLER, T. e FUHRIMAN, A. (1980). Patient perspectives on the curative process. A comparison of day treatment and outpatient psychotherapy groups. *Small Group Behavior*, 11:371-88.

_____ (1983). Curative factors in group therapy: a review of the recent literature. *Small Group Behavior*, 14:131-42.

BUXBAUM, H. (1972). The psychodramatic phenomenon of "Illumination". *Group Psychotherapy and Psychodrama*, 25:160-62.

COLLOMB, H. e PRENEUF, C. (1979). N´doep und Psychodrama. *Integrative Therapie*, 5:303-12.

CORIAT, I. H. (1923). Suggestion as a form of medical magic. *Journal of Abnormal Psychology*, 18.

CORNYETZ, P. (1947). Action catharsis and intensive psychotherapy. *Sociatry*, 1:59-63.

CORSINI, R. J. (1967). *Role playing in psychotherapy: a manual*. Chicago, Aldine Publications.

CORSINI, R. J. e ROSENBERG, B. (1955). Mechanisms of group psychotherapy: processes and dynamics. *Journal of Abnormal and Social Psychology*, 51:406-10.

CURTIS, J. M. (1982). The effect of therapist self-disclosure. *Psychotherapy: Theory, Research & Practice*, 19:54-62.

D'AMATO, R. C. e DEAN, R. S. (1988). Psychodrama research: therapy and theory: a critical analysis of an arrested modality. *Psychology in the Schools*, 25:305-13.

DAVIES, M. H. (1976). The origins and practice of psychodrama. *The British Journal of Psychiatry*, 129:201-5.

DESOILLE, R. (1965). *The directed daydream*. Nova York, Psychosynthesis Research Foundation.

DEUTSCH, A. (1980). Tenacity of attachment to a cult leader: a psychiatric perspective. *American Journal of Psychiatry*, 137:1569-73.

DEWALD, P. A. (1964). *Psychotherapy: a dynamic approach*. Nova York, Basic Books.

DICKOFF, H. e LAKIN, M. (1963). Patient's view of group psychotherapy: restrospections and interpretations. *International Journal of Group Psychotherapy*, 13:61-73.

DIDEROT, D. (1951). *Le paradoxe du comedien, de la poésie dramatique*. Paris, Oeuvres (obra originalmente publicada em 1830).

DIES, R. R. (1977). Group therapist transparency: a critique of theory and research. *International Journal of Group Psychotherapy*, 27:177-97.

DILTHEY, W. (1944). Selected passages from Dilthey. In: HODGES, H. (ed.). *Wilhelm Dilthey: an introduction*. Londres, Routledge.

DOLLARD, J.; DOEB, L. W.; MILLER, N. E.; MOWERER, O. H.; SEARS, R. R. (1939). *Frustration and agression*. New Haven, Yale University Press.

DOSSEY, L. (1982). *Space, time & medicine*. Londres, Shambala.

EHRENWALD, J. (1967). The therapeutic process and the rival school. *American Journal of Psychotherapy*, 21:44-53.

EIDELBERG, L. (1968). *Encyclopedia of psychoanalysis*. Nova York, Free Press.

EKSTEIN, R. e FRIEDMAN, S. W. (1957). Acting out, play action and acting. *Journal of the American Psychoanalytic Association*, 5:581-629.

EMUNAH, R. (1989). The use of dramatic enactment in the training of drama therapists. *The Arts in Psychotherapy*, 16:29-36.

FARSON, R. (1978). The technology of humanism. *Journal of Humanistic Psychology*, 18:5- 36.

FENICHEL, O. (1946). *The psychoanalytic theory of neurosis*. Londres, Routledge & Kegan Paul.

FERENCZI, S. e RANK, O. (1925). *The development of psychoanalysis*. Washington, Nervous & Mental Disease Publishing.

FESHBACH, S. (1956). The catharsis hypothesis and some consequences of interaction with agressive and neutral play objects. *Journal of Personality*, 24:449-62.

FINE, L. J. (1979). Psychodrama. In: CORSINI, R. J. (ed.). *Current psychotherapies*. Itasca, Ill., Peacock, pp. 428-59.

_____ (1959). Nonverbal aspects of psychodrama. In: MASSERMAN, J. e MORENO, J. L. (eds.). *Progress in psychotherapy*, vol. 4. Nova York, Grune & Stratton.

FISKE, D. W.; LUBORSKY, L.; PARLOFF, M. B.; HUNT, H. F.; ORNE, M. T.; REISER, M. F.; TUMA, A. H. (1970). Planning of research on effectiveness of psychotherapy. *American Psychologist*, 25:727-37.

FOX, L. J. (1972). *Psychology as a philosophy, science and art*. Pacific Palisades, Cal., Goodyear Publishing Company.

FOX, J. (ed.). (1987). *The essential Moreno: writtings on psychodrama, group method, and spontaneity by J. L. Moreno*. Nova York, Springer.

FRAIBERG, S. H. (1958). *The magic years*. Nova York, Charles Scribner's Sons.

FRANK, J. D. (1961). *Persuasion and healing: a comparative study of psychotherapy*. Baltimore, John Hopkins University Press (ed. revista, 1973).

_____ (1969). Common features account for effectiveness. *International Journal of Psychiatry*, 7:122-7.

_____ (1971). Therapeutic factors in psychotherapy. *American Journal of Psychotherapy*. 25:350-61.

FRAZER, J. G. (1951). *The magic art and the evolution of kings*. Nova York, The MacMillan Company.

FRETIGNY, R. e VIREL, A. (1968). *L'imagerie mentale*. Genebra, Mont-Blanc.

FREUD, A. (1965). *Normality and pathology in childhood*. Nova York, International University Press.

_____ (1968). Symposium: acting out and its role in the psychoanalytic process. *International Journal of Psychoanalysis*, 49:165-70.

FREUD, S. (1894). *The neuro-psychoses of defence*. Standard Edition, vol. 3. Londres, Hogarth Press.

_____ (1908). *Creative writers and day-dreaming*. Standard Edition, vol. 11. Londres, Hogarth Press.

_____ (1910). *Five lectures on psycho-analysis*. Standard Edition, vol. 11. Londres, Hogarth Press.

_____ (1913-14). *Totem and taboo*. Standard Edition, vol. 13, Londres, Hogarth Press, 1953.

_____ (1914). *Remembering repeating and working through*. Standard Edition, vol. 12. Londres, Hogarth Press.

_____ (1921). *Group psychology and the analysis of the ego*. Standard Edition, vol. 18. Londres, Hogarth Press, 1955.

_____ (1931). *Libidinal types*. Standard Edition, vol. 21. Londres, Hogarth Press, 1961.

_____ (1937). *Analysis terminable and interminable*. Standard Edition, vol. 23. Londres, Hogarth Press.

FRICK, L. C. (1985). Role diagram of the psychodrama director. In: HALE, A. (ed.). *Conducting clinical sociometric explorations*. Roannoke, Va, Royal (pp. 140-6).

FROMM, E. (1965). *Escape from freedom*. Nova York, Avon (obra originalmente publicada em 1941).

FROMM-REICHMANN, F. (1950). *Principles of intensive psychotherapy*. Chicago, University of Chicago Press.

GASSNER, J. (1974). *Tenessee Williams: the glass menagerie*. Best Plays of the Modern American Theatre, Second Series. Nova York, Crown Publishers.

GELLER, D. M. (1978). Involvement in role-playing simulations: a demonstration with studies on obedience. *Journal of Personality and Social Psychology*, 36:219-35.

GENDLIN, E. T. (1961). Experiencing: a variable in the process of psychotherapy change. *American Journal of Psychology*, 15:233-45.

_____ (1964). A theory of personality change. In: WORCHEL, P. e BYRNE (eds.). *Personality change*. Nova York, Wiley.

GINN, I. B. (1973). Catharsis: its ocurrence in Aristotle, psychodrama, and psychoanalysis. *Group Psychotherapy and Psychodrama*, 26:7-22.

GINN, R. (1974). Psychodrama, a theatre of our time. *Group Psychotherapy and Psychodrama*, 27:123-46.

GIORGI, A. (1970). *Psychology as a human science*. Nova York, Harper & Row.

GITELSON, M. (1973). *Psychoanalysis: science and profession*. Nova York, International Universities Press.

GOLDFRIED, M. R. e DAVIDSON, G. C. (1976). *Clinical behavior therapy*. Nova York, Holt, Rinehart & Winston.

GOLDMAN, E. E.; MORRISON, D. S.; SCHRAMSKI, R. G. (1982). Co-directing: a method for psychodramatist training. *Journal of Group Psychotherapy, Psychodrama & Sociometry*, 35:65-9.

GOLDMAN, E. E. e MORRISON, D. S. (1984). *Psychodrama: experience and process*. Dubuque, Iowa, Kendall/Hunt.

GOLDSTEIN, A. P. (1960). Patient's expectations and non-specific therapy as a basis for (un)spontaneous remission. *Journal of Clinical Psychology*, 16:399-403.

GONEN, J. Y. (1971). The use of psychodrama combined with videotape playback on an inpatient floor. *Psychiatry*, 34:198-213.

GONSETH, J. P. e ZOLLER, W. W. (1982). Das figurative psychodrama; eine Eïnfuhrung. *Integrative Therapie*, 8:24-37.

GOODMAN, G. e DOOLEY, D. (1976). A framework for help-intended communication. *Psychotherapy: Theory, Research & Practice*, 12:106-17.

GOULD, R. (1972). *Child studies through fantasy*. Nova York, Quadrangle.

GREBEN, S. E. (1983). Bad theater in psychotherapy: the case for therapists' liberation. *American Journal of Psychotherapy*, 37:69-76.

GREENBERG, I. A. (ed.) (1974). *Psychodrama: theory and therapy*. Nova York, Behavioral Publications.

GREENSON, R. R. (1967). *The technique and practice of psychoanalysis*. Nova York, International University Press.

GROTJAHN, M. (1976). A discussion of acting out incidents in groups. In: WOLBERG, L. R. e ARONSON, M. L. (eds.). *Group Therapy*. Nova York, Intercontinental Medical Books.

HALE, A. E. (1974). Warm-up to a sociometric exploration. *Group Psychotherapy and Psychodrama*, 27:157-72.

_____ (1985). *Condicting clinical sociometric explorations* (ed. revista). Roanoke, Virgínia, Royal Publishing Co.

HALL, I. (1977). *The effect of an intensive weekend psychodrama vs. spaced psychodrama sessions on anxiety, distress and attitude toward group interaction in nursing students*. (Dissertação de doutorado não publicado. Universidade do Novo México).

HARE, A. P. (1976). *Handbook of small group research*. 2ª ed., Nova York, Free Press.

_____ (1976). A category system for dramaturgical analysis. *Group Psychotherapy, Psychodrama & Sociometry*, 29:1-22.

_____ (1987). The complete bibliography of Moreno's writing. *Group Psychotherapy, Psychodrama & Sociometry*, 39:95-128.

HART, J.; CORRIERE, R.; BINDER, J. (1975). *Going sane: an introduction to feeling therapy*. Nova York, Dell.

HART VAN DEER, O. (1983). *Rituals in psychotherapy: transition and continuity*. Nova York, Irvington.

HART VAN DER, O. e EBBERS, J. (1981). Rites of separation in strategic. *Psychotherapy: Theory, Research & Practice*, 18:188-94.

HARTMANN, H. (1964). *On rational and irrational action. Essays on ego psychology*. Nova York, International Universities Press.

HASKELL, M. R. (1975). *Socioanalysis: self direction via sociometry and psychodrama*. Long Beach, Cal., Role Training Associates.

HEIDER, J. (1974). Catharsis in human potential encounter. *Journal of Humanistic Psychology*, 14:27-47.

HEIMANN, P. (1950). On countertransference. *International Journal of Psycho-Analysis*, 31:81-4.

HEMPEL, C .G. (1965). *Aspects of scientific explanation and other essays in the philosophy of science*. Nova York, The Free Press.

HENNE, A. (1979). Psychodrama im Rahmen der Analytischen Psychologie von C. G. Jung. *Integrative Therapie*, 5:79-98.

HOBBS, N. (1962). Sources of gain in psychotherapy. *American Psychologist*, 17:741-7.

HOKANSON, J. E. (1970). Psychophysiological evaluation of the catharsis hypothesis. In: MEDGARGEE, E . I. e HOJANSON, J. E. (eds.). *The dynamics of aggression*. Nova York, Harper & Row.

HOLLANDER, C. (1969). *A process for psychodrama training: the Hollander psychodrama curve*. Denver, Colorado, Evergreen Institute Press [monografia].

HOLLANDER, E. P. (1967). Leadership innovation and influence: an overview. In: HOLLANDER, E. P. e HUNT, R. G. (eds.). *Current perspectives in social psychology.* Nova York, Oxford University Press.

HOLMES, P. e KARP, M. (1991). *Psychodrama: inspiration and technique.* Londres, Tavistock/Routledge. (No Brasil, *Psicodrama: Inspiração e técnica.* São Paulo, Ágora, 1992.)

HORNEY, K. (1950). *Neurosis and human growth.* Nova York, Norton.

HORSLEY, J. S. (1943). *Narco-analysis.* Londres, Oxford University Press.

HULSE, W. C. (1958) (diretor do painel de debates). Acting out in group psychotherapy. *American Journal of Psychotherapy*, 12:87-105.

ISAACS, S. (1952). The nature and function of phantasy. In: RIVIERE, J. (ed.). *Developments of psycho-analysis.* Londres, Hogarth Press.

JACOBSON, E. (1964). *The self and the object world.* Nova York, International Universities Press.

JAMES, W. (1909). *A pluralistic universe.* Nova York, Longmans, Green & Co.

JANOV, A. (1970). *The primal scream.* Nova York, Putnam's Sons.

JANZEN, W. B. e MYERS, D. V. (1981). Assertion for therapists. *Psychotherapy: Theory, Research & Practice*, 18:291-8.

JENNINGS, H. H. (1950). *Leadership in isolation.* Nova York, Longmans.

JENNINGS, S. (1986). *Creative drama in groupwork.* Nova York, Winslow Press.

JUNG, C. G. (1967). The symbolic life (trad. de R. F. Hull). *Collected Works of C. G. Jung*, vol. 18. Princeton, Princeton University Press (obra originalmente publicada em 1935).

KAHN, M. (1966). The physiology of catharsis. *Journal of Personality and Social Psychology*, 3:278-86.

KAHN, S. (1964). *Psychodrama explained.* Nova York, Phil. Library.

KARLE, W.; CORRIERE, R.; HART, J. (1973). Psychophysiological changes in abreactive therapy: Study 1, Primal Therapy. *Psychotherapy: Theory, Research & Practice*, 10:117-22.

KARP, M. (1988). Psychodrama in Britain: prophecy and legacy. *Group Psychotherapy, Psychodrama & Sociometry*, 41:45-50.

KAZDIN, A. E. (1979). Nonspecific treatment of factors in psychotherapy outcome research. *Journal of Consulting & Clinic, Psychology*, 47:846-57.

KELLERMAN, H. (1979). *Group psychotherapy and personality: intersecting structures.* Nova York, Grune & Stratton.

KELLERMAN, P. F. (1979). Transference, countertransference, and tele. *Group Psychotherapy, Psychodrama & Sociometry*, 32:38-55.

_____ (1982). Psychodrama - Eine 'Als-Ob'-Erfahrung. *Integrative Therapie*, 8:13-23.

_____ (1983). Resistance in psychodrama. *Journal of Group Psychotherapy, Psychodrama & Sociometry*, 36:30-43.

_____ (1984a). Acting out in psychodrama and in psychoanalytic group psychotherapy. *Group Analysis*, 17:195-203.

_____ (1984b). The place of catharsis in psychodrama. *Group Psychotherapy, Psychodrama & Sociometry*, 37:1-13.

_____ (1985a). Charismatic leadership in psychodrama. *Group Psychotherapy, Psychodrama & Sociometry*, 38:84-95.

_____ (1985b). Participants' perception of therapeutic factors in psychodrama. *Group Psychotherapy, Psychodrama & Sociometry*, 38:123-32.

_____ (1986). *Therapeutic aspects of psychodrama.* Tese de doutorado, Universidade de Estocolmo, Suécia.

_____ (1987a). Outcome research in classical psychodrama. *Small Group Behavior*, 18:459-69.

_____ (1987b). A proposed definition of psychodrama. *Group Psychotherapy, Psychodrama & Sociometry*, 40:76-80.

_____ (1987c). Psychodrama participants' perception of therapeutic factors. *Small Group Behavior*, 18:408-19.

_____ (1988). Closure in psychodrama. *Group Psychotherapy, Psychodrama & Sociometry*, 41:21-9.

_____ (1991). An essay on the metascience of psychodrama. *Group Psychotherapy, Psychodrama & Sociometry*, 44:19-32.

KELLY, G. A. (1955). *The psychology of personal constructs*. Nova York, Norton.

KELLY, G. R. (1977) Training mental health professionals through psychodramatic techniques. *Group Psychotherapy, Psychodrama & Sociometry*, 30:60-9.

KEMPLER, W. (1973). *Principles of gestalt family therapy*. Oslo, Nordahl.

KERNBERG, O. F.; BURSTEIN, E. D.; COYNE, L.; APPELBAUM, A.; HORWITZ, L.; VOTH, H. (1972). *Psychotherapy and psychoanalysis: final report of the menninger foundation's psychotherapy research project*. Topeka, Menninger Foundation.

KERNBERG, O. (1976). *Object relation theory and clinical psycho-analysis*. Nova York, Jason Aronson.

KIEV, A. (1964). *Magic, faith and healing: studies in primitive psychiatry today*. Nova York, Free Press.

KIPPER, D. A. (1967). Spontaneity and the warming-up process in a new light. *Group Psychotherapy & Psychodrama*, 20:62-73.

_____ (1978). Trends in the research on the effectiveness of psychodrama: retrospect and prospect. *Group Psychotherapy, Psychodrama & Sociometry*, 31:5-18.

_____ (1983). Book review. *Group Psychotherapy, Psychodrama & Sociometry*, 36:123-5.

_____ (1986). *Psychotherapy through clinical role playing*. Nova York, Brunner/Mazel.

_____ (1988). On the definition of psychodrama: another view. *Group Psychotherapy, Psychodrama & Sociometry*, 41:164-8.

_____ (1989). Psychodrama research and the study of small groups. *International Journal of Small Group Research*, 5:4-27.

KNIGHT, M. (1950). *William James*. Middlesex, Penguin Books.

KOBLER, J. (1974). The theater heals men's minds. In: GREENBERG, I. A. (ed.). *Psychodrama: theory and therapy*. Nova York, Behavioral Publications (obra originalmente publicada em 1962).

KOESTLER, A. (1969). *The act of creation*. Londres, Hutchinson.

KOHUT, H. (1978). *The search for the self*. Nova York, International Universities Press.

_____ (1984). *How does analysis cure?* Chicago, University of Chicago Press.

KORN, R. (1975). The self as agent and the self as object. *Group Psychotherapy and Psychodrama*, 28:184-210.

KRIS, E. (1952). *Psychoanalytic explorations in art*. Nova York, International Universities Press.

KUHN, T. (1970). *The structure of scientific revolutions*. 2ª ed., Chicago, University of Chicago Press.

KRUGER, R. T. (1980). Gruppendynamik und Widerstandsbearbeitung im Psychodrama. *Gruppenpsychotherapie und Gruppendynamic*, 15:243-70.

KUTTER, P. (1985). "Insight" and "corrective emotional experience" - Two important curative factors in psychoanalytic group therapy. *Group Analysis*, 18:18-24.

LACOURSIERE, R. B. (1980). *The life of groups: group developmental stage theory*. Nova York, Human Science Press.

LANDY, R. (1986). *Dramatherapy: concept and practice*. Nova York, Charles Springer.

LAZARUS, A. A. (1973). Multimodal behavior therapy: Treating the "basic Id". *Journal of Nervous and Mental Disease*, 156:404-11.

LEBOVICI, S. (1958). Psychoanalytic applications of psychodrama. *Journal of Social Therapy*, 2:280-91.

_____ (1960). Uses of psychodrama in psychiatric diagnosis. *International Journal of Sociometry and Sociatry*, 3:175-81.

_____ (1974). A combination of psychodrama and group therapy. In: DE SCHILL (ed.). *The challenge for group psychotherapy*. Nova York, International Universities Press.

LESCHE, C. (1962). *A metascientific study of psychosomatic theories and their application in medicine*. Nova York, Humanities Press.

LESHAN, L. (1966). *The medium, the mystic, and the physicist*. Nova York, Ballantine.

LEUNER, H. (1978). Basic principles and therapeutic efficacy of guided affective imagery (GAI). In: SINGER, J. L. e POPE, K. S. (eds.). *The power of human imagination: new methods in psychotherapy*. Nova York e Londres, Plenum.

LEUTZ, G. A. (1971). Transference, empathy and tele: the role of the psychodramatist as compared with the role of the psychoanalyst. *Group Psychotherapy and Psychodrama*, 24:111-6.

_____ (1974). *Psychodrama, theorie und praxis*. Berlim, Springer.

_____ (1976). Jacob Morenos Therapeutische Trieade. In: UCHTENHAGEN, A. (ed.). *Gruppentherapie und Soziale Umwelt*. Berna, Huber.

_____ (1977). The integrative force of psychodrama in a present-day psychotherapy. *Group Psychotherapy, Psychodrama & Sociometry*, 30:163-72.

_____ (1985a). Psychodrama in psychiatry: its imaginary reality and auxiliary world. In: PICHOT, P.; BERNER, P.; WOLF R.; THAU, K. (eds.). *Psychiatry*, vol 4. Nova York, Plenum, pp. 245-50).

_____ (1985b). What is effective in psychodrama? In: LEUTZ, G. A. *Mettre sa vie en scene*. Paris, Epi.

LEVETON, E. (1977). *Psychodrama for the timid clinician*. Nova York, Springer Publishing Company.

LEVI-STRAUSS, C. (1949). L'efficacité symbolique. *Revue d'Histoire des Religions*, 135:5-27.

LEVY, R. B. (1969). *Human relations: a conceptual approach*. Nova York, International Textbook.

LEWIN, K. (1951). *Field theory and social science: selected theoretical papers*. Nova York, Harper & Row.

LIEBERMAN, M. A.; YALOM, I. D.; MILES, M. B. (1973). *Encounter groups: first facts*. Nova York, Basic Books.

LIFF, Z. A. (1975). The charismatic leader. In: LIFF, Z. A. (ed.). *The leader in the group*. Nova York, Aronson.

LIPPIT, R. (1959). The auxiliary chair technique. *Group Psychotherapy*, 11:8-23.

LIPPIT, R. e WHITE, R. K. (1958). An experimental study of leadership and group life. In: MACCOBY, E. E.; NEWCOMB, T. M.; HARTLEY, E. L. (eds.). *Readings in social psychology*. Nova York, Holt.

LITTLE, M. (1951). Countertransference and the patients response to it. *International Journal of Psycho-Analysis*, 32:32-40.

LOWEN, A. (1975). *Bioenergetics*. Nova York, Coward, McCann & Geoghegan.

LUBORSKY, L.; CRITS-CHRISTOPH, P.; ALEXANDER, L.; MARGOLIS, M.; COHEN, M. (1983). Two helping alliance methods of predicting outcomes of psychotherapy. *Journal of Nervous and Mental Disease*, 171:480-91.

LUHRMAN, T. M. (1989). The magic of secrecy. *Ethos*, 17:131-65.

MAGNUSSON, D. e ENDLER, N. S. (eds.) (1977). *Personality at the crossroad: current issues in interactional psychology.* Hillsdale, N. J., Wiley.

MAHLER, M. S. (1968). *On human symbiosis and the vicissitudes of individuation.* Nova York, International Universities Press.

MAHONEY, M. J. (1974). *Cognition and behavior modification.* Cambridge, Mass., Ballinger.

MALAN, D. H. (1976a). *The frontier of brief psychotherapy.* Nova York, Plenum Press.

_____ (1976b). *Toward the validation of dynamic psychotherapy.* Nova York, Plenum Press.

MALINOWSKY, B. (1954). *Magic, science and religion, and other essays.* Londres, Doubleday.

MALLICK, S. K. e MCCANDLESS, B. R. (1966). A study of catharsis of aggression. *Journal of Personality and Social Psychology*, 4:591-6.

MARINEAU, R. F. (1989). *Jacob Levy Moreno 1889-1974. International Library of Group Psychotherapy and Group Process.* Londres e Nova York, Tavistock/Routledge. (No Brasil traduzido pela Editora Ágora, São Paulo, 1992.)

MARKER. L. e MARKER, F. J. (1982). *Ingmar Bergman: four decades in the theater.* Cambridge, Cambridge University Press.

MARMOR, J. (1962). Psychoanalytic therapy as an educational process. In, MASSERMAN, J. H. (ed.). *Science and psychoanalysis*, vol. 5. Nova York, Grune & Stratton (pp. 286-99).

MARTIN, R. B. (1991). The assessment of involvement in role-playing. *Journal of Clinical Psychology*, 47:587-96.

MASLOW, A. H. (1968). *Toward a psychology of being.* Nova York, Van Nostrand.

_____ (1971). *The farther reaches of human nature.* Nova York, Penguin Books.

MEAD, G. H. (1934). *Mind, self & society.* Chicago, University of Chicago Press.

MENNINGER, K. A. e HOLSMAN, P. S. (1973). *Theory of psychoanalytic technique.* Nova York, Basic Books.

MIDDLETON, J. (1967). *Magic, witchcraft, and curing.* Nova York, Natural History Press.

MONTAGNA, P. L. (1982). "Acting out" und Psychodrama. *Integrative Therapie*, 8:113-21.

MORENO, J. D. (1974). Psychodrama and the future of social sciences. *Group Psychotherapy & Psychodrama*, 27:59-70.

MORENO, J. L. (1914). *Einladung zu einer begegnung.* Viena, Anzengruber Verlag.

_____ (1920). *Das testaments des vaters.* Berlim, Gustav Kiepenheuer. (Traduzido para o inglês sob o título: *The words of the father*, Nova York, Beacon House, 1941; 1971.)

_____ (1923). *Das stegreiftheater.* Potsdam, Kiepenheuer. (Traduzido para o inglês sob o título: *The spontaneity theatre*, Nova York, Beacon House, 1947; 1970.)

_____ (1937). Interpersonal therapy and the psychopathology of interpersonal relations. *Sociometry.* (Reeditado em *Psychodrama*, vol. 1, 1972.)

_____ (1939). Psychodramatic shock therapy. *Sociometry*, 2.

_____ (1940). Mental catharsis and the psychodrama. *Sociometry*, 3:209-44.

MORENO, J. L. e ENNEIS, J. M. (1950). Hypnodrama and psychodrama. *Group Psychotherapy*, 3:1-10.

MORENO, J. L. (1951). *Sociometry, experimental method and the science of society.* Nova York, Beacon House.

_____ (1953). *Who shall survive? A new approach to the problem of human interrelations.* Washington, Nervous and Mental Disease Publishing Co. (obra originalmente publicada em 1934).

_____ (1954). Transference, countertransference and tele: their relation to group research and group psychotherapy. *Group Psychotherapy* (outubro de 1954), 7(2).

MORENO, J. L. (1959). *Psychodrama*. In: ARIETI, S. (ed.). *American Handbook of Psychiatry*, vol. 2. Nova York, Basic Books.

MORENO, J. L. e MORENO, Z. T. (1959). *Psychodrama*, vol. 2: *Foundations of Psychotherapy*. Nova York, Beacon House.

MORENO, J. L. (ed.) (1960a). *The sociometry reader*. Glencoe, Ill., The Free Press of Glencoe.

_____ (1960b). Concept of the encounter. *Journal of Existential Psychiatry*, 1:144-54.

_____ (1961). The role concept, a bridge between psychyatry and sociology. *American Journal of Psychiatry*, 188:518-23.

_____ (1963). Behavior therapy. *American Journal of Psychiatry*, 120:194-6.

_____ (1966). Psychiatry of the twentieth century: function of the universalia: time, space, reality and cosmos. *Group Psychotherapy*, 19 (reeditado em *Psychodrama*, vol. 3).

_____ (1968). The validity of psychodrama. *Group Psychotherapy*, 21:3.

MORENO, J. L. e MORENO, Z. T. (1969). *Psychodrama*, vol. 3: *Action therapy & principles of practice*. Nova York, Beacon House.

MORENO, J. L. (1971). *Psychodrama*. In: KAPLAN, H. I. e SADOCK, B. (eds.). *Comprehensive group psychotherapy*. Baltimore, Williams & Wilkins.

_____ (1972). *Psychodrama*, vol. 1. Nova York, Beacon House (Obra originalmente publicada em 1946.)

_____ (1969). The magic charter of psychodrama. *Group Psychotherapy & Psicodrama*, 1972:25-131.

_____ (1959). A Survey of Psychodramatic Techniques. *Group Psychotherapy*, 12:5-14.

_____ (1965). Psychodramatic rules, techniques, and adjuntive methods. *Group Psychotherapy*. 18:73-86.

_____ (1971). Beyond Aristotle, Breuer and Freud: Moreno's contribution to the concept of catharsis. *Group Psychotherapy & Psychodrama*, 24:34-43.

_____ (1976). In memoriam: Jacob Levy Moreno. *Group Psychotherapy, Psychodrama & Sociometry*, 29:130-5.

_____ (1990). Note on some forms of resistance to psychodrama. *Group Psychotherapy, Psychodrama & Sociometry*, 43:43-4.

MOZAK, H. H. (1979). Adlerian psychotherapy. In: CORSINI, R. J. (ed.). *Current psychotherapies*. Itasca, Ill., Peacock.

NEWMAN, R. G. (1983). Thoughts on superstars of charisma: pipers in our midst. *American Journal of Orthopsychiatry*, 53:201-8.

NICHOLS, M. P. (1974). Outcome of brief cathartic psychotherapy. *Journal of Consulting and Clinical Psychology*, 42:403-10.

NICHOLS, M. P. e ZAX, M. (1977). *Catharsis in psychotherapy*. Nova York, Gardner.

NICHOLS, M. P. e EFRAN, J. S. (1985). Catharsis in psychotherapy: a new perspective. *Psychotherapy: Theory, Research, and Practice*, 22:46-58.

NOLTE, J.; WEISTART, J.; WYATT, J. (1977). Psychodramatic production of dreams: 'the end of the road'. *Group Psychotherapy & Psychodrama*, 30:37-48.

OLSON, U. J. e PEGG, P. (1979). Direct open supervision: a team Approach. *Family Process*, 18:463-9.

ORCUTT, T. L. (1977). Roles and rules: the kinship and territoriality of psychodrama and gestalt therapy. *Group Psychotherapy, Psychodrama and Sociometry*, 30:97-107.

ORLINSKY, D. E. e HOWARD, K. I. (1978). The relationship of process to outcome in psychotherapy. In: GARFIELD, S. e BERGIN, A. (eds.). *Handbook of psychotherapy and behavior change*. 2ª ed., Nova York, Wiley.

OSSORIO, A. G. e FINE, L. J. (1959). Psychodrama as a Catalyst for Social Change in a Mental Hospital. In: MORENO J. L. (ed.). *Progress in Psychotherapy*, vol. V. Nova York, Grune & Stratton, pp. 212-8.

PALMER, R. E. (1969). *Hermeneutics*. Evanston, Northwestern University Press.

PARSONS, T. (1967). *Social theory and modern society*. Nova York, Free Press.

PARSONS, T. e SHILS, E. A. (1985). *Toward a general theory of action*. Mass., Cambridge University Press.

PEIRCE, C. S. (1931). *Principles of philosophy*. Cambridge, Harvard University Press.

PERLS, F. S. (1969). *Gestalt therapy verbatim*. Moab, Utah, Real People Press.

PERLS, F. S.; HEFFERLINE, R.; GOODMAN, P. (1950). *Gestalt therapy: excitment and growth in the human personality*. Nova York, Brunner/Mazel.

PETZOLD, H. (ed.) (1978). *Angewandtes psychodrama*. Paderborn, Junfermann-Verlag.

_____ 1978). Die Therapeutischen Moglichkeiten der psychodramatischen. "Magic-Shop-Technik". In: PETZOLD, H. (ed.). *Angeswandtes Psychodrama*. Paderborn, Junfermann-Verlag, pp. 159-77.

_____ (1979). *Psychodrama-therapie, methoden, anweding in der arbeit mit alten menschen*. Paderborn, Junfermann-Verlag.

_____ (1980). Modelle und Konzept su Integrativen Ansatzen der Therapie. *Integrative Therapie*, 6:323-50.

POLANSKY, N. A. (1982). Ego functions in psychodrama. In: POLANSKY, N. (ed.). *Integrated ego psychology* (capítulo 11). Nova York, Aldine.

POLANSKY. N. A. e HARKINS, E. B. (1969). Psychodrama as an element in hospital treatment. *Psychiatry*, 32:74-87.

POLANYI, M. (1962). *Personal knowledge*. Londres, Routledge & Kegan Paul.

PIAGET, J. (1951). *Play, dreams and imitation in childhood*. Londres, Routledge & Kegan Paul.

PITZELE, P. (1991). Adolescents inside out: intrapsychic psychodrama. In: HOLMES, P. e KARP, M. (eds.). *Psychodrama: inspiration and technique*. Londres, Tavistock/Routledge, pp. 15-32.

QUIN, B. J. (1991). Healing the healers: psychodrama with therapists. In: HOLMES, P. e KARP, M. (eds.). *Psychodrama: inspiration and technique*. Londres, Tavistock/Routledge, pp. 227-44.

RACKER, H. (1968). *Transference and countertransference*. Londres, Hogarth Press.

RADNITZKY, G. (1970). *Contemporary schools of metascience*. Goteborg, Akademiforlaget.

RANK, O. (1957). *Will therapy and truth and reality*. Nova York, Alfred A. Knopf.

RAPAPORT, D. (1960). *The structure of psychoanalytic theory, psychological issues*. Nova York, International Universities Press.

RAPOPORT, L. (1970). Crisis intervention as a mode of brief treatment. In: ROBERTS e NEE (eds.). *Theories of social case work*. Chicago, University of Chicago Press.

REICH, W. (1929). *Character analysis*. Londres, Vision Press, 1950.

REXFORD, E. N. (ed.) (1966). *A developmental approach to problems of acting out*. Nova York, International Universities Press.

RIEBEL, L. (1990). Doctor, teacher, Indian chef: metaphor and the search for inherent identity. *Journal of Integrative and Ecletic Psychotherapy*, 9:119-35.

RIOCH, M. J. (1970). The world of Wilfred Bion on groups. *Psychiatry*, 33:56-66.

_____ (1971). "All we like sheep-" (Isaiah 53:6): Followers and leaders. *Psychiatry*, 34:258-68.

ROBERTIELLO, R. C. (1965). Acting out or acting through. In: ABT, L. e WEISSMAN, S. (eds.). *Acting out*. Nova York, Grune & Stratton.

ROGERS, C. R. (1957). The necessary and sufficient conditions of therapeutic personality change. *Journal of Consulting Psychology*, 21:95-103.

_____ (1969). *Freedom to Learn*. Columbus, Ohio, Bell & Howell.

ROSE, S. (1976). Intense feeling therapy. In: OLSEN, P. (ed.). *Emotional flooding*. Nova York, Human Sciences Press.

ROSEN, J. (1965). The concept of acting. In: ABT, L. e WEISSMAN, S. (eds.). *Acting out*. Nova York, Grunne & Stratton.

ROUCHY, J. C. e KARP, M. (1985). Commentary. *Group Analysis*, 18:63-5.

RUTAN, J. S. e RICE, C. A. (1981). The charismatic leader: asset or liability? *Psychotherapy: Theory, Research & Practice*, 18:487-92.

RYCROFT, C. (1968). *A critical dictionary of psychoanalysis*. Nova York, Penguin Books.

SACKS, J. M. (1965). The judgement technique in psychodrama. *Group Psychotherapy*, 18:69-72.

SACKS, J. M. (1976a). The psychodrama group: formation and beginning. *Group Process*, 7:59-78.

_____ (1976b). Shut up! A psychodramatic technique for releasing anger. In: OLSEN, P. (ed.). *Emotional flooding*. Nova York, Human Sciences Press.

SANDLER, J.; DARE, C.; HOLDER, A. (1973). *The patient and the analyst*. Nova York, International Universities Press.

SANDLER, J. e ROSENBLATT, B. (1962). The concept of the representational world. *Psychoanalytic Study of the Child*, 17:128-45.

SARBIN, R. R. (1972). Imagining as muted role taking. In: SHEEHAN (ed.). *The function and nature of imagery*. Nova York, Academic Press.

SARBIN, T. e ALLEN, V. (1968). Role theory. In: LINDZEY, G. e ARONSON, E. (eds.). *The handbook of social psychology*, vol. 1. Reading, MA., Addison-Wesley.

SCHAFER, R. (1976). *A new language for psychoanalysis*. New Haven, Yale University Press.

SCHAFFER, N. D. (1983). The utility of measuring the skillfulness of therapeutic techniques. *Psychotherapy: Theory, Research & Practice*, 20:330-6.

SHECTER, D. W. (1973). On the emergence of human relatedness. In: WITENBERG, E. G. (ed.). *Interpersonal explorations in psychoanalysis*. Nova York, Basic Books.

SCHEFF, T. J. (1979). *Catharsis in healing, ritual, and drama*. Los Angeles, University of California Press.

SCHEIDLINGER, S. (1982). *Focus on group psychotherapy*. Nova York, International Universities Press.

SCHIFFER, I. (1973). *Charisma: a psychoanalytic look at mass society*. Toronto, University of Toronto Press.

SCHNEIDER-DUKER, M. (1991). Psychodrama als Forschungsmethode und Forschungsgegenstand. In: VORWERG, M. e ALBERG, T. (eds.). *Psychodrama Psychotherapie und Grenzgebiete. Band 12*. Heidelberg, Johann Ambrosius Barth.

SCHRAMSKI, T. G. (1979) A systematic model of psychodrama. *Group Psychotherapy, Psychodrama & Sociometry*, 32:20-30.

SCHRAMSKI, T. G. e FELDMAN, C. A. (1984). *Selected abstracts of outcome research and evaluation in the action methods*. Obra inédita. Tucson Center for Psychodrama.

SCHUTZ, W. C. (1966). *Firo: the interpersonal underworld*. Palo Alto, Science & Behavior Books (obra originalmente publicada em 1960).

_____ (1971). *Here comes everybody*. Nova York, Harper & Row.

SCHUTZENBERGER, A. A. (1970). *Precis de psychodrame* (ed. revista), Paris, Editions Universitaires (obra originalmente publicada em 1966).

SEABOURNE, B. (1953). The action sociogram. *Group Psychotherapy and Psychodrama*, 16:144-55.

SEABOURNE, B. (1966). Some hints on dealing with various kinds of protagonists. In: BLATNER, A. (ed.). *Psychodrama, role-playing and action methods: theory and practice: a syllabus* (2ª ed., 1970).

SEEMAN, H. e WEINER, D. (1985). Comparing and using psychodrama with family therapy: some cautions. *Group Psychotherapy, Psychodrama & Sociometry*, 37:143-56.

SELVINI-PALAZZOLI, M.; BOSCOLO, L.; CECCHIN, G. F.; PRATA, G. (1977). Family rituals: a powerful tool in family therapy. *Family Process*, 16:445-54.

SHALIT, E. (1990). Experiential supervision as an adjunct to regular supervision of psychotherapy. *The Clinical Supervisor*, 8:109-30.

SHAPIRO, A. K. (1971). Placebo effects in medicine, psychotherapy and psychoanalysis, In: BERGIN, A. E. e GARFIELD, S. L. (eds.). *Handbook of psychotherapy and behavior change*. Nova York, Wiley.

SINGER, E. (1970). *Key concepts in psychotherapy*. 2ª ed., Nova York, Random House.

SINGER, J. L. (1974). *Imagery and daydreaming methods in psychotherapy and behavior modification*. Nova York, Academic Press.

_____ (1977). Imagination and make-believe play in early childhood: some educational implications. *Journal of Mental Imagery*, 1:127-44.

SINGER, J. L. e POPE, K. S. (eds.) (1978). *The power of human imagination: new methods in psychotherapy*. Nova York e Londres, Plenum.

SIROKA, R. W. e SCHLOSS, G. A. (1968). The death scene in psychodrama. *Psychotherapy: Theory, Research & Practice*, 5:355-61.

SIROKA, R. W.; SIROKA, E.; SCHLOSS, G. (eds.) (1971). *Sensitivity training and group encounter*. Nova York, Grosset & Dunlap.

SLAVSON, S. R. (1951). Catharsis in group psychotherapy. *Psychoanalytic Review*, 38:39-52.

SLOANE, R. B.; STAPLES, F. R.; CRISTOL, A. H.; YORKSTON, N. J.; WHIPPLE, K. (1975). *Psychotherapy versus behavior therapy*. Cambridge, Harvard University Press.

STANISLAVSKI, C. (1936). *An actor prepares*. Nova York, Theatre Art Books.

STARR, A. (1977). *Psychodrama: rehearsal for living*. Chicago, Nelson Hall.

STERN, W. (1938).*General psychology*. Nova York, Macmillan.

STONE, L. (1981). Notes on the noninterpretative elements on the psychoanalytic situation and process. *Journal of the American Psychoanalytic Association*, 29:89-118.

STRACHEY, J. (1934). The nature of the therapeutic action of psycho-Analysis.*International Journal of Psycho-Analysis*, 15:127-59.

STRUPP, H. H. (1972). On the technology of psychotherapy. *Archives of General Psychiatry*, 26:270-8.

_____ (1973). On the basic ingredient of psychotherapy. *Journal of Consulting and Clinical Psychology*, 41:1-8.

STRUPP, H. H. e HADLEY, S. W. (1979). Specific versus nonspecific factors in psychotherapy: a controlled study of outcome. *Archives of General Psychiatry*. 36:1125-36.

STURM, I. E. (1965). The behavioristic aspects of psychodrama. *Group Psychotherapy and Psychodrama*, 18:50-64.

SULLIVAN, H. S. (1953). *The interpersonal theory of psychiatry*. Nova York, Norton.

SUNDBERG, N. D. e TYLER, L.E. (1962). *Clinical psychology*. Nova York, Appleton-Century-Crofts.

TAVRIS, C. (1982). Anger defused. *Psychology Today*, de 16 de novembro, pp. 25-35.

TELLEGEN, A. e ATKINSON, G. (1974). Openness to absorbing and self-altering experiences ("absortion"), a trait related to hypnotic suscetibility. *Journal of Abnormal Psychology*, 83:268-77.

TEMERLIN, M. K. e TEMERLIN, J. W. (1982). Psychotherapy cults: an iatrogenic perversion. *Psychotherapy: Theory, Research & Practice*, 19:113-41.

THORNE, F. C. (1973). Conclusion. In: JURJEVICH, R. M. (ed.). *Direct psychotherapy: american originals*. Florida, University of Miami Press, pp. 847-84.

TREADWELL, T. W.; STEIN, S.; KUMAR, V. K. (1990). A survey of psychodramatic action and closure techniques. *Group Psychotherapy, Psychodrama & Sociometry*, 42:102-15.

VAIHINGER, H. (1991). *Philosophie des als ob*. Berlim, Reunter & Reinhard. (Traduzido para o inglês sob o título: *The philosophy of as-if.*)

VERSLUIS, A. (1986). *The philosophy of magic*. Londres, Arkana.

VIDERMAN, M. (1991). The real person of the analyst and his role in the process of psychoanalytic cure. *Journal of the American Psychoanalytic Association*, 39:451-98.

VOLKAN, V. D. (1980). Narcissistic personality organization and "reparative" leadership. *International Journal of Group Psychotherapy*, 30:131-52.

WACHTEL, P. L. (ed.) (1982). *Resistance: psychodynamic and behavioral approaches*. Nova York, Plenum.

WALLAS, G. (1926). *The art of thought*. Nova York, Harcort & Brace.

WARNER, G. D. (1975). *Psychodrama training tips*. Hagerstown, Md., Maryland Psychodrama Institute.

WARREN, R. e KURLYCHEK, R. T. (1981). Treatment of maladaptative anger. *Journal of Behavior Technology, Methods & Therapy*, 27:135-9.

WATZLAWICK, P.; WEAKLAND, J.; FISH. R. (1974). *Change — Principles of problem formation and problem resolution*. Nova York, Norton.

WEBER, M. (1953). *The sociology of religion*. Boston, Beacon Press.

WEINER, H. B. (1959). *Psychodrama and the chronic alcholic with a discussing of the magic shop technique*. Michigan Institute of Group Psychotherapy and Psycho-drama [monografia].

_____ (1967). The identity of the psychodramatist. *Group Psychotherapy*, 20:114-7.

_____ (1974). Toward a body therapy. *Psychoanalytic Review*, 61:45-52.

WEINER, H. B. e SACKS, J. M. (1969). Warm up and sum up. *Group Psychotherapy*, 22:85-102.

WEINER, M. F. (1977). Catharsis: a review. *Group Process*, 7:173-84.

WHEELIS, A. (1950). The place of action in personality change. *Psychiatry*, 13:135-48.

WHITAKER, D. S. e LIEBERMAN, M. A. (1964). *Psychotherapy through the group process*, Nova York. Atherton Press.

WILLIAMS, A. (1989). *The passionate technique: strategic psychodrama with individuals, families and groups*. Routledge, Chapman & Hall.

WILLIS, S. T. (1991). Who goes there?: Group-analytic drama for disturbed adolescents. In: HOLMES, P. e KARP, M. (eds.). *Psychodrama: inspiration and technique*. Londres, Routledge.

WINNICOTT, D. W. (1965). *The maturational processes and the facilitating environment*. Londres, Hogarth Press.

_____ (1971). *Playing and reality*. Londres, Tavistock Publications.

WITENBERG, E. G. (ed.) (1973). *Interpersonal explorations in psychoanalysis*. Nova York, Basic Books.

WITTGENSTEIN, L. (1992). *Tractus logicus-philosophicus*. Londres, Routledge and Kegan, p. 1889.

WITZTUM, E.; VAN DER HART, O.; FRIEDMAN, B. (1988). The use of metaphors in psychotherapy. *Journal of Contemporary Psychotherapy*, 18:270-90.

WOGAN, M. e NORCROSS, J. C. (1983). Dimensions of psychotherapists activity. *Psychotherapy: Theory, Research & Practice*, 20:67-74.

WOLBERG, L. R. (1977). *The technique of psychotherapy*. 3ª ed., Nova York, Grune & Stratton.

WOLSON, P. (1974). Loss of impulse control in psychodrama on inpatient services. In: GREENBERG, I. A (ed.). *Psychodrama: theory and therapy*. Nova York, Behavioral Publications.

YABLONSKY, L. (1976). *Psychodrama: resolving emotional problems through role playing*. Nova York, Basic Books.

YABLONSKY, L. e ENNEIS, J. M. (1956). Psychodrama theory and practice. In: FROMM-REICHMANN e MORENO, J. L. (eds.). *Progress in psychotherapy*, vol. 1. Nova York, Grune & Stratton.

YALOM, I. D. (1975). *The theory and practice of group psychotherapy*. 2ª ed. rev., Nova York, Basic Books.

YARDLEY, K. M. (1982). On enagaging actors in as-if experiments. *Journal for the Theory of Social Behavior*, 12:291-304.

ZALEZNIK, A. (1974). Charismatic and consensus leaders: a psychological comparison. *Bulletin of the Menninger Clinic*, 38:222-38.

ZELIGS, M. (1957). Acting in. *Journal of the American Psychoanalytic Association*, 5:685-706.

ZUMKLEY, H. (1978). *Aggression und katharsis*. Saarbrucken, Gottingen, Hogrefe.

Peter Felix Kellermann qualificou-se como psicodramatista no Instituto Moreno, em Nova York. Leciona na Universidade Hebraica de Jerusalém e mantém cursos de formação na Escandinávia.

Atualmente, é diretor do Centro de Psicodrama e Terapia de Grupo, em Jerusalém, e preside o comitê de certificados da Associação de Psicodrama de Israel.

Impresso pelo Depto Gráfico **do**
CENTRO DE ESTUDOS
VIDA E CONSCIÊNCIA EDITORA LTDA
R. Santo Irineu, 170 / F.: 549-8344